CUIDADOS NO INÍCIO DA VIDA

Clínica, instituição, pesquisa e
metapsicologia

LOU MUNIZ ATEM
(Org.)

CUIDADOS NO INÍCIO DA VIDA

Clínica, instituição, pesquisa e metapsicologia

© 2008 CasaPsi Livraria e Editora e Gráfica Ltda.
É proibida a reprodução total ou parcial desta publicação, para qualquer finalidade, sem autorização por escrito dos editores.

1ª edição
2008

Editores
Ingo Bernd Güntert e Christiane Gradvohl Colas

Assistente Editorial
Aparecida Ferraz da Silva

Capa e Produção Gráfica
Ana Karina Rodrigues Caetano

Editoração Eletrônica
Sergio Gzeschnik

Revisão
Flavia Okumura Bortolon

Dados Internacionais de Catalogação na Publicação (CIP)
(Câmara Brasileira do Livro, SP, Brasil)

Cuidados no início da vida: clínica, instituição, pesquisa e metapsicologia / Lou Muniz Atem (org.) — São Paulo: Casa do Psicólogo®, 2008.

Bibliografia.
ISBN 978-85-7396-560-5

1. Bebês - Cuidados 2. Bebês - Psicologia 3. Psicanálise I. Atem, Lou Muniz.

08-02997   CDD-155.422

Índices para catálogo sistemático:
1. Bebês: Cuidados :
Psicologia infantil 155.422

Printed in Brazil

Reservados todos os direitos de publicação em língua portuguesa à

CasaPsi Livraria, Editora e Gráfica Ltda.
Rua Santo Antonio, 1010 Jardim México 13253-400 Itatiba/SP Brasil
Tel.: (11) 4524-6997 Site: www.casadopsicologo.com.br

Sumário

Apresentação 9
Lou Muniz Atem

PARTE 1 - Novas propostas e intervenções em escolas, berçários e maternidades 17

Educar e cuidar da saúde dos bebês: desafios da mesma competência 19
Damaris Gomes Maranhão, Julia Kerr Catunda Machado, Débora Checchinatto

A escola de educação infantil e seus bebês 29
Simone Mädke Brenner

"Colo – cuidado": abrindo a possibilidade de um encontro 39
Eloísa Maria Fava Simionato

Cuidando da dor, da morte e da vida 51
Maiana Rappaport

O bebê, a chupeta e o outro 61
Ana Maria Campello Lima

PARTE 2 - Bebês e crianças pequenas em abrigos 69

Uma criança em busca de uma janela: função materna e trauma 71
Silvia Abu-Jamra Zornig, Lídia Levy

"Bebês sábios": impasses entre a institucionalização, a constituição da subjetividade e a ética psicanalítica 83
Luciana Almeida Lima, Mara Lúcia Evangelista

Mãe social: o mito da reprodução do amor materno nas instituições de abrigo 91
Dirce Barroso França

PARTE 3 - ATUALIDADES EM PESQUISAS E PROJETOS VOLTADOS AO BEBÊ E SUA FAMÍLIA 101

Depressão na gravidez: repercussões no bebê 103
Virgínia Loreto

As interações entre a mãe adolescente e o bebê no período neonatal 113
Diana Dadoorian

A avaliação psicanalítica das crianças da Pesquisa Multicêntrica de Indicadores Clínicos para o Desenvolvimento Infantil: impasses teóricos e clínicos 123
Leda Mariza Fischer Bernardino

Novas psicopatologias precoces de zero a cinco anos: é possível fazer prevenção? 129
Léa Maria Martins Sales, Carolina Valério Barros, Marivana Raimunda Rodrigues Perdigão

Desafios da prática no terceiro setor: construindo projetos e redes de atendimento 139
Íris Simone Franco, Lou Muniz Atem

PARTE 4 - QUESTÕES METAPSICOLÓGICAS SOBRE A CLÍNICA COM BEBÊS 153

Do som à música, da música à voz: os passos da fundação do sujeito 155
Inês Catão

Temporalidade e clínica com bebês 167
Julieta Jerusalinsky

Quem é esse bebê, tão próximo, tão distante? 179
Regina Orth de Aragão

"Quem dera o doce peito eu habitasse...": Uma articulação entre
voz e autismo 189
Severina Sílvia Ferreira

A angústia inicial de transitar entre duas clínicas ou o exercício da
castração que a interdisciplinaridade requer 199
Eloisa Tavares de Lacerda

PARTE 5 - Escrever, pensar, reformular: reflexões sobre a clínica com bebês 211

Anorexia neonatal e intervenções precoces 213
Sonia Pereira Pinto da Motta

Um caso clínico de interação com alto risco biopsicossocial 223
Mãe aidética, bebê HIV negativo. Construindo pontes com a
neurociência
Iole da Cunha

Caso clínico: a pequena Elizabeth. A separação e suas metábolas 233
Wagner Ranña

Cuidar do bebê, cuidar da mãe: sobre recursos e limites da
terapia conjunta 249
Patrícia Cardoso de Mello

Risco e resiliência em problemas de alimentação infantil – um
olhar para a digestão da experiência emocional na relação pais/
bebê 263
Mariângela Mendes de Almeida

Apresentação

Lou Muniz Atem

Em 1999 acontecia, em São Paulo, o primeiro dos Encontros Nacionais sobre o Bebê. Naquele momento, poucas pessoas conheciam este trabalho, poucas instituições o haviam documentado, poucos haviam escrito suas notas e observações. Podemos dizer, então, que naquele ano um período fértil se iniciava, período esse que iria se desdobrar a cada ano ou a cada dois anos, com a ocorrência de um novo Encontro Nacional.

Após aquele ano, nos *Encontramos* em Recife, Curitiba, Brasília, Belo Horizonte, novamente em São Paulo e Rio de Janeiro.

Este livro traz alguns dos trabalhos apresentados no Encontro de 2006, realizado em São Paulo. Como vem ocorrendo após cada Encontro, é sempre produzido um livro que é lançado no Encontro seguinte. Isso faz com que a produção de cada Encontro fique resguardada, possa ser lida após o calor das discussões, assim como permite que a qualidade das apresentações e dos artigos produzidos a cada ano aumente valiosamente!

Isso é o que poderemos comprovar neste livro: a variedade dos temas e a grande qualidade dos artigos escritos. Pude acompanhar a evolução dos Encontros desde o primeiro e, neste último, ao participar da comissão organizadora, acompanhei

10 CUIDADOS NO INÍCIO DA VIDA: CLÍNICA, INSTITUIÇÃO, PESQUISA E METAPSICOLOGIA

desde a chegada dos resumos enviados até as apresentações, para em seguida realizar a leitura de todos os trabalhos, culminando com a organização deste livro.

Ao organizador cabe a tarefa de ler cada artigo em seu detalhe, o que permite conhecê-los a fundo, travar um diálogo imaginário entre eles, imaginar novos debates e mesas-redondas, conversar e discutir com cada autor, seja real ou imaginariamente, numa troca que dura praticamente toda a organização do livro. Por fim, é preciso fazer os artigos casarem e descasarem na organização dos capítulos, até encontrar uma justa medida, em que todos se encaixem e dialoguem entre si, provocando no leitor o desejo de ler e querer saber mais.

Tendo isso em mente, este livro está organizado em cinco partes. A primeira, intitulada "Novas propostas e intervenções em escolas, berçários e maternidades"; a segunda, "Bebês e crianças pequenas em abrigos"; a terceira "Atualidades em pesquisas e projetos voltados ao bebê e sua família"; a quarta "Questões metapsicológicas sobre a clínica com bebês" e a quinta, "Escrever, pensar, reformular: reflexões sobre a clínica com bebês".

A organização das partes se deu a partir de grandes eixos que emergiram quando os artigos foram distribuídos em temas semelhantes entre si. Os eixos que surgiram quando da distribuição dos artigos foram: intervenções em escolas e hospitais, bebês em abrigamento, pesquisas e projetos e questões metapsicológicas sobre a clínica bem como reflexões sobre o caso clínico.

Dessa forma, há artigos que poderiam estar tanto numa quanto noutra parte, mas foi priorizado aquilo que se destacava no texto como sendo sua discussão fundamental. Exemplificando, o texto de Eloísa Tavares de Lacerda poderia estar no capítulo sobre metapsicologia e, também, no capítulo sobre a clínica, pois parte de um caso clínico para suas reflexões. Porém, considerei que o objetivo da autora era o de enfatizar a discussão sobre a interdisciplina e não o de discutir aquele caso clínico em especial, o que determinou a decisão de manter o artigo no capítulo de metapsicologia.

O artigo de Léa Martins Sales também poderia se incluir tanto no eixo de metapsicologia, quanto no eixo de pesquisas e projetos. Optei pelo eixo de pesquisas e projetos, pois apesar de tocar em pontos da metapsicologia, tais como a concepção de sujeito psíquico e alguns conceitos fundamentais da psicanálise, aponta norteadores para a pesquisa psicanalítica a partir de quadros sintomatológicos em crianças, pesquisados pelo Serviço de Psicologia do Hospital Universitário da Universidade Federal do Pará.

O trabalho de Eloísa Maria Fava Simionato, incluído no capítulo sobre propostas e intervenções em escolas, berçários e maternidades, poderia também estar no eixo de pesquisas e projetos, uma vez que é o relato de um projeto realizado em hospital. Porém, ainda que seja o relato de um projeto, enfoca o trabalho realizado com bebês em hospital a partir de sua principal ferramenta: a fala com os bebês — o que motivou a escolha por incluí-lo no capítulo sobre novas propostas e intervenções!

Como se demonstrou a cada Encontro, a clínica com o bebê e a prevenção precoce cresceram muito no Brasil. A cada ano, são novas experiências de trabalho, novos serviços que se montam, novos projetos que se criam, mais profissionais interessados. Porém, acredito que ainda encontramos dificuldades para que essa prática possa firmar-se como legítima, uma prática que *crie raízes e mostre que veio para ficar*, pois me parece que nosso país e nossa cultura reconhecem como legítima a prática de detectar a doença e a medicar, não estando, ainda, acostumada à chamada cultura da prevenção.

Sabemos o quanto é difícil mudar culturas e pensamentos e propor que se escute e fale com bebês pode soar como uma prática "caseira" aos olhos mais desavisados. Porém, ao ler os relatos, elaborações, formulações e propostas contidas neste livro, bem como nos anteriores, conclui-se que nossos profissionais estão cada vez mais prontos a mostrarem sua prática e seu modo de atuar, sem rodeios nem firulas! Se nosso país não possui a cultura da prevenção, esses profissionais parecem estar imbuídos da forte noção do peso que seu trabalho possui: o de trazer à população e aos governantes a idéia de que será muito melhor, do ponto de vista psíquico, e menos custoso, do ponto de vista econômico, se se puder atender às crianças e suas famílias o quanto mais cedo possível.

Como diz o velho ditado, se é em passos de formiga que se chega lá, penso que o testemunho deste livro seja o melhor exemplo de um grande passo de várias formigas, que, incansáveis, todos os dias vão à luta na tentativa de escutar, falar e tratar os bebês e suas famílias. A resposta chega a cada dia, a cada novo bebê atendido ou a cada novo serviço que aceita um profissional que realiza estes cuidados no início da vida.

Porém, nos anos em que venho trabalhando com bebês e acompanhando outras pessoas que realizam este trabalho, tenho visto várias situações que me chamam a atenção tais como: pessoas desistirem do trabalho que começaram, instituições não aceitarem psicólogos, desentendimentos entre profissionais que atuavam próximos há vários anos. Então, me pergunto se em cada lugar onde se propõe a trabalhar com o bebê e a criança pequena, ocorreria o movimento de afastamento e defesa provocado pelo bebê a que se refere Bernard Golse[1]. Para Golse, o bebê induziria ao mesmo tempo, tanto a um grande desejo de nos ocuparmos dele quanto ao medo e ao afastamento. A partir desse medo é que teríamos, diante do bebê, movimentos de retração e defesa, pois trabalhar com ele é ser tocado em nossas partes mais arcaicas, mais vulneráveis, mais depressivas[2].

Mas, de que forma o bebê causa essas sensações, essas defesas e nos remete às nossas partes mais arcaicas e às posições depressivas mais primárias? É preciso que levemos esse questionamento até o fim, para podermos realmente entender o que causa o bebê, podendo dar assim, continuidade à nossa prática e projetos!

---

[1] GOLSE, B. *Sobre a psicoterapia pais-bebê: narratividade, filiação e transmissão*. São Paulo: Casa do Psicólogo, 2003, p. 29.
[2] Idem, p. 28.

É por sua própria imagem e com sua presença que o bebê evoca todas essas coisas. Com sua presença, ele possui a capacidade de ativar no adulto tanto emoções atuais quanto conteúdos inconscientes bastante arcaicos, primitivos, dos primeiros tempos de nossa constituição. Algo a que o adulto não pode ter acesso, algo que está perdido para ele desde o nascimento e o remete – além de sentimentos bons, como os evocados quando se olha o bebê, por sua pureza, calma, tranqüilidade – a essas partes arcaicas a que se refere Golse: angústias primitivas, medos, fortes posições depressivas. Afinal, não é por acaso que tantas mães solicitam ajuda e sofrem após darem à luz, mesmo que não saibam explicar o porquê. Algumas entram em depressão (não falo aqui do *baby blues*), desenvolvem uma psicose puerperal, outras se sentem vazias ou passam pela fobia de impulsão, na qual sentem o impulso de machucar seus bebês. Esses eventos ocorrem justamente porque ocupar-se do bebê não é algo que se faça impunemente, mas sim, como diz Golse, é aceitar ser tocado em nossas partes mais profundas. Quanto mais um adulto se ocupa do bebê, mais esse adulto será tocado. Ou; como muitas vezes fazemos, não aceitaremos ser tocados e, através dos mecanismos de defesa, nos afastaremos e retrairemos.

Além dos mecanismos de defesa pessoais e individuais, há também os coletivos e institucionais. Mellier[3] nos mostra como a instituição, assim como os indivíduos, organiza e põe em marcha seus mecanismos de defesa, realizando negações, repetições, etc. Então, além daquilo que acontece individualmente, temos que considerar também o nível institucional, se quisermos entender o funcionamento das instituições que tratam de bebês.

Golse chama a atenção para outra forma de os adultos realizarem o afastamento daquilo que lhes causa desconforto, no caso os conteúdos inconscientes primitivos suscitados pelos bebês:

---

[3] MELLIER, D. *L'inconscient à la creche. Dynamique des equipes et accueil des bébés*. Ramonville Saint-Agne: Érès, 2005.

criando conflitos entre si e disputando quem possui maior poder sobre o bebê. Essa outra forma de afastamento, uma vez que, ao criar conflitos os adultos se afastam do trabalho em si, pode ser tomada como uma estratégia institucional, já que é uma estratégia maior, e atinge no mínimo mais de uma pessoa, podendo chegar a mobilizar grupos.

A instituição, assim, mobiliza também suas defesas, sendo necessário, muitas vezes, um grande esforço no sentido contrário para que se dê continuidade ao trabalho. Acredito que muito ainda está por ser pesquisado sobre a questão institucional, as defesas e o afastamento provocado pelos bebês quando se trabalha com eles.

Após estas palavras sobre o que nos afasta do bebê, gostaria de falar também sobre o que nos aproxima dele. Então, algumas palavras sobre o júbilo, pois, se não fosse este contraponto, como seria possível que tantos profissionais se mantivessem com tanto afinco e paixão nesse trabalho?

A psicanalista húngara Radmila Zygouris diz achar demasiada a atenção dada na teoria psicanalítica às castrações, frustrações e renúncias, em detrimento de outros processos que, segundo ela, também seriam constitutivos do sujeito. Fala especificamente da série que denomina *jubilatória*[4].

A angústia é o afeto mais precoce e junto a ela só haveria outro que podemos considerar anterior à socialização: *a alegria*[5]. A alegria advém, já nos primeiros tempos, quando a criança, ainda bebê, obtém pelas primeiras vezes o amor do adulto. Assim, a criança se submete ao adulto por duas razões: pela dependência relativa a seu estado e também para a obtenção de amor. Porém, para a autora, uma vez que há submissão, para o humano haverá sempre o desejo de libertação. É a partir daí que irá propor a

---

[4] ZYGOURIS, R. A criança do júbilo. *Pulsional – Revista de Psicanálise*, ano XIII, número 138, outubro de 2000.
[5] Idem, p. 36.

trilogia *submissão-libertação-júbilo* na qual: a *submissão* vem da entrega ao outro em função da necessidade de obtenção de amor; a *libertação* seria o ato desgarrado do sujeito no sentido de libertar-se da submissão ao outro ou ao social e o *júbilo*, quando a libertação é bem-sucedida – momento no qual o sujeito se regozija por sua conquista.

Para Zygouris, esta série é constitutiva do sujeito, assim como a série das castrações o é. O júbilo estaria presente nos principais momentos de constituição do sujeito, teorizados pelos grandes autores da teoria psicanalítica: no estágio do espelho (quando a criança se reconhece e ri para sua própria imagem, parecendo perceber a maior autonomia que passará a ter a partir dali), na descoberta do objeto transicional (quando a criança se dá conta das novas possibilidades que ganha ao possuir aquele novo objeto) e, ainda, no momento do *Fort Da* (quando a criança ri ao brincar com o carretel, como se adquirisse o controle de uma situação que antes lhe causava dependência – a impossibilidade de separação da mãe).

Assim, o júbilo parece ser prova de uma libertação, qualquer que seja ela, e está presente nos momentos mais simples da vida. Creio que isso seja sentido por cada profissional que trabalha com o bebê, pois, ainda que esteja frente a frente com situações de morte, luto, abandono, depressão, etc., o profissional é sempre perpassado por este júbilo, que não deixa de estar presente quando uma situação que envolve a criança pequena tem uma "boa resolução". É por esses momentos que nos fazemos presentes e que damos aqui o testemunho de nossa prática.

Encerro aqui meu relato e furto-me ao trabalho de resumir cada artigo presente neste livro, deixando ao leitor a possibilidade de surpreender-se com a leitura e esperando que possam encontrar em cada novo texto o prazer e o júbilo que tive ao organizar o livro que agora lhes ofereço!

PARTE 1

NOVAS PROPOSTAS E INTERVENÇÕES EM ESCOLAS, BERÇÁRIOS E MATERNIDADES

EDUCAR E CUIDAR DA SAÚDE DOS BEBÊS: DESAFIOS DA MESMA COMPETÊNCIA

Damaris Gomes Maranhão[1]
Julia Kerr Catunda Machado[2]
Débora Checchinatto[3]

Quando os pais procuram um serviço para compartilhar os cuidados e a educação do filho, esperam encontrar, além de uma proposta educativa compatível com seus princípios e projeto de vida, um ambiente que ofereça segurança e continuidade dos cuidados prestados em casa. Coordenadores e educadores infantis que atuam com essa faixa etária sabem que os cuidados com o ambiente, o acolhimento inicial, o processo de adaptação bem planejado contribui para a relação entre criança, família e equipe. Sabem também que episódios de adoecimento, como resfriados, febre, entre outros agravos freqüentes, assim como alteração no sono, recusa alimentar, pequenos acidentes como mordidas de outros bebês, podem suscitar insegurança mesmo em pais que já têm uma relação estabelecida com os educadores, manifestada

---

[1] Enfermeira especialista em Saúde Pública do Centro de Desenvolvimento Profissional e Educacional – CEDUC. Mestre em Enfermagem Pediátrica e doutora em Ciências pela UNIFESP. Professora Adjunta da UNISA.
[2] Pediatra do CEDUC. Mestranda do Programa de Pós-graduação da Faculdade de Medicina da Santa Casa de São Paulo.
[3] Coordenadora da Creche Unilever / CEDUC. Pedagoga pela UNICAMP.

por reiteradas recomendações relativas aos cuidados cotidianos na creche ou até mesmo resultando no afastamento da criança do convívio coletivo.

Uma polêmica presente entre os especialistas em educação infantil é a respeito da inserção de profissionais de saúde na equipe da creche, alguns favoráveis e outros contra. A insuficiente reflexão sobre a interface entre cuidar-educar e sobre o papel da instituição de educação infantil em relação ao cuidado de saúde da criança pode resultar em negação desse aspecto da prestação de serviço, com comprometimento da qualidade e do direito de todas as crianças a um ambiente seguro e saudável. A base conceitual desse debate foi aprofundada em outros artigos (Maranhão, 1999; 2000[a], 2000[b]; Maranhão e Sarti, 2007; Maranhão e Sarti, 2008). A premissa é que o cuidado cotidiano da criança no âmbito da família ou da escola é base da promoção da saúde, assim como, possibilita uma interação entre quem cuida e quem é cuidado, propiciando ambiente para a construção da identidade, da socialização e autonomia pela criança.

As ações de promoção à saúde no contexto de educação infantil são constituídas pelos cuidados compartilhados com os familiares e que são também componentes da ação educativa: acolher, alimentar, confortar, limpar, trocar, proteger, promover brincadeiras e ambiente seguro e desafiador para que as crianças cresçam e desenvolvam suas potencialidades.

Cuidados integrados à ação educativa requerem planejamento de um espaço apropriado às diversas faixas etárias, formação inicial e continuada da equipe profissional; planejamento, operacionalização e avaliação contínua da rotina, das atitudes e dos procedimentos dos educadores ao atender crianças e familiares. O planejamento da rotina, das atitudes e procedimentos deve prever a participação da criança no cuidado de seu corpo, gradativamente, conforme seu processo de desenvolvimento, aprendendo a cuidar de si, do outro e do ambiente.

Além dos cuidados cotidianos, o atendimento coletivo requer um sistema de registro e análise periódica dos problemas de saúde que acometem as crianças com a finalidade de aprimorar a qualidade das atitudes e procedimentos que os compõe, bem como a adoção oportuna de medidas que visam à prevenção de doenças e acidentes que podem atingir os diversos grupos etários. Esse sistema que compõe o que tecnicamente se denomina "Vigilância da Saúde" é alimentado pelos registros dos educadores sobre todo problema de saúde que observam na criança ou que tenham sido informados pelos familiares.

Considerando essas ações como parte dos serviços da creche, um aspecto fundamental para sua operacionalização é a formação inicial e continuada da equipe para que preste cuidados adequados às necessidades individuais em contexto coletivo.

Os profissionais de saúde da creche, integrados à equipe pedagógica, participam dessa formação. Eles também oferecem suporte aos pais e educadores para lidar com os problemas de saúde das crianças, assumindo um significado que extrapolam a dimensão biológica, pois podem gerar ansiedade, angústia, insegurança e conflitos, já que podem ser interpretados como conseqüência de descuido.

Com base em larga experiência profissional em instituições de educação infantil pública, particular ou de empresa, consideramos fundamental explicitar para as famílias e equipe a diferença do papel dos profissionais de saúde que acompanham regularmente a criança levada ao serviço de saúde por sua família, e daqueles que compõe a equipe da creche. Todos devem compartilhar do conceito de que o objetivo dos profissionais de saúde da creche não é a assistência individual, mas a promoção da saúde do coletivo infantil, embora a dimensão pessoal não possa ser deixada de lado.

A partir dessas considerações, este trabalho visa relatar a experiência de uma enfermeira sanitarista e de uma médica pediatra que assessoram uma creche de empresa privada na cidade de São Paulo, descrevendo o processo de inserção e o trabalho

22 CUIDADOS NO INÍCIO DA VIDA: CLÍNICA, INSTITUIÇÃO, PESQUISA E METAPSICOLOGIA

desenvolvido nos dois primeiros anos de existência da creche, apresentando as principais demandas dos educadores e pais em relação à saúde das crianças e o significado que as intercorrências assumem na relação entre equipe e família.

Como tudo começou

A composição da equipe por profissionais de saúde, a princípio, foi uma demanda da empresa que mantém a creche, considerando que, mesmo terceirizando a administração dos serviços, é co-responsável pelas ocorrências sanitárias do atendimento infantil em suas dependências.

Definiram-se inicialmente as ações de saúde que deveriam ser desenvolvidas na creche, as semelhanças e diferenças do papel de cada especialista de saúde na equipe e as prioridades no plano de trabalho da creche e de cada profissional.

Enfermeira: implantação e supervisão dos cuidados de conforto, higiene pessoal e ambiental, alimentação, banho de sol, sono, ressaltando-se tanto a integração com as atividades educativas como as precauções-padrão para prevenção de doenças e acidentes. Implantação, treinamento, supervisão e avaliação do sistema de Vigilância à Saúde.

Pediatra: elaboração de protocolo de cuidados especiais com crianças com alterações no estado de saúde durante o período em que se encontram na creche; prevenção de acidentes e protocolo para emergências. Avaliação clínica de crianças que apresentem problemas de saúde, orientação da coordenação, educadores e familiares.

Os dois profissionais participam da formação da equipe e orientação dos educadores e familiares em relação aos cuidados com a saúde, promoção do crescimento e desenvolvimento saudável em contexto educativo. A seguir as principais demandas dos profissionais e familiares para os profissionais de saúde da creche.

Principais demandas dos educadores e familiares nos dois primeiros anos de funcionamento da creche na empresa. São Paulo, 2006.

Educadores	Familiares
Recusa da mamadeira, como oferecer leite materno ordenhado.	Manutenção ou problemas relativos ao aleitamento materno e alimentação complementar.
Recusa e seletividade alimentar associado com perda de peso.	Recusa e seletividade alimentar.
Dificuldade para dormir, constipação intestinal, choro freqüente.	Alterações na curva de peso e altura
O que fazer diante de sinais e sintomas apresentados pelas crianças (dermatites, estomatite, coriza, resfriados, pneumonia, diarréia, otite, febre e outras)	Infecções respiratórias freqüentes.
	Critérios de inclusão e exclusão de crianças na creche por agravos à saúde.
Critérios de inclusão e exclusão de crianças na creche por agravos a saúde.	Medo de contágio.
Medo de contágio.	Uso de medicamentos e inalação.
Uso de medicamentos e inalação.	Problemas de saúde que a criança apresentou em algum período, condutas em casa e no berçário.
Agravos específicos de saúde que uma criança apresentou no período, condutas, observações e recomendações dos pais.	Insegurança, dúvida em relação às condutas e recomendações do pediatra da criança.
Queixas das mães que as crianças adoecem, condutas relativas ao banho, ficar ou não descalço, ir ou não no tanque de areia, dormir ou acalentar no colo ou no bebê conforto.	
Primeiros socorros.	
Registros dos sinais e sintomas.	

Discussão

Observa-se que as principais demandas dos educadores e familiares referem-se aos problemas mais freqüentes entre as crianças menores de três anos e para os quais os responsáveis pelos cuidados cotidianos necessitam de informação, aconselhamento e, sobretudo, de profissional habilitado para escutá-los em suas dúvidas e angústias. A preocupação com a alimentação da criança é freqüente e intensa, revelando grande investimento afetivo das mães e educadores nesse tipo de cuidado.

Associado à alimentação, o ganho insuficiente ou excessivo de peso, o retardo do crescimento também são queixas freqüentes para o profissional de saúde, uma vez que "denunciam" que algo não vai bem. Observa-se em algumas crianças que o processo de retorno da mãe ao trabalho e a adaptação na creche afetam a curva ponderal ou de crescimento, preocupando tanto a família como o profissional que assiste à criança e o educador, e pode ser motivo de desligamento da criança da creche. A partir dessa observação recomenda-se atenção especial aos cuidados com a alimentação no processo de transição casa-creche e, sobretudo, no significado que esse aspecto do cuidado representa para a família, para o médico que assiste a criança e para o educador.

Dificuldades para conciliar o sono e modificações no período de vigília-sono após entrar na creche também são preocupações freqüentes dos pais e um desafio para os educadores, uma vez que os rituais domésticos nem sempre são possíveis de serem mantidos no ambiente da creche – por exemplo, dormir mamando no seio, ao lado da mãe na cama, no carro em movimento, assistindo televisão – além de que o próprio processo de adaptação ao novo ambiente e às pessoas pode resultar em emoções intensas que interferem nesse ciclo.

O medo do contágio de doença resultante do contato com as outras crianças e entre crianças e educadores também representa uma grande demanda aos profissionais de saúde e revela preconceitos, desinformação e aspectos relativos à interação social que requerem não apenas conhecimentos da fisiopatologia e epidemiologia dos agravos à saúde, mas compreensão dos fenômenos psicológicos e antropológicos da relação social com o diferente, conflitos entre o público e o privado.

O receio da ocorrência de acidentes e o que fazer com a criança que engasga, cai ou convulsiona revela tanto preocupações relativas à proteção familiar, mas também preocupações legais dos professores, coordenadores e empresa. A cada semestre são desenvolvidas oficinas de atualização para todos os educadores sobre primeiros socorros, bem como sobre as atitudes e procedimentos de cuidados cotidianos incluindo-se tanto os aspectos relacionais como as precauções-padrão visando à prevenção de infecções, ao conforto e à proteção da criança. Entretanto percebe-se que a formação deve ir além dos aspectos objetivos, mas trabalhar a subjetividade no sentido de explicitar as angústias, delimitar os limites de atuação e co-responsabilidade com famílias e empresa.

A equipe de educadores, a partir da formação inicial e continuada torna-se habilitada para cuidar das crianças de forma integrada às atividades educativas, embora haja ainda dificuldades para que incorporem o registro de problemas de saúde como parte do trabalho pedagógico.

Educadores e familiares têm procurado espontaneamente os profissionais de saúde para solicitar informações, esclarecer dúvidas, aprofundar algum tema abordado em momentos de formação inicial ou continuada, colocar problemas a serem debatidos e solucionados em conjunto.

Dois anos após o início desse trabalho a atuação dos profissionais de saúde na creche foi avaliada e estendida para outras cinco creches situadas em três grandes empresas da Grande São Paulo.

Considerações finais

Educar e cuidar da saúde da criança constitui desafio da mesma competência uma vez que requer do educador habilidades para interagir com a criança, promover ambiente e atividades desafiadoras e seguras para as diversas faixas etárias atendidas na instituição de educação infantil, bem como registrar para documentar, acompanhar, avaliar, planejar cuidados e brincadeiras.

A inserção dos profissionais de saúde na equipe da creche contribui para que os familiares tenham tranqüilidade em relação aos cuidados com as crianças, embora o processo de construção de confiança seja contínuo e possa ser abalado a cada problema de saúde que acomete a criança, demandando apoio e diálogo permanentes.

Um dos aspectos mais importantes desse trabalho interdisciplinar é a reflexão contínua com a coordenação e os educadores infantis sobre o significado que a doença assume na avaliação da família, sobre o cuidado prestado ao seu filho na creche e na relação estabelecida com a equipe. Essa reflexão também envolve os pais, em contatos individuais ou em reuniões, formando uma consciência de que saúde é uma construção social e coletiva, que depende das condições ambientais, das escolhas individuais, que por sua vez são influenciadas pelo contexto cultural.

Referências

MARANHÃO, D. G. Reflexões sobre a participação dos enfermeiros na creche. *Acta Paul. Enf.*, v 12, n 2, maio/ag., 1999.

_____. O cuidado como elo entre saúde e educação. *Cadernos de Pesquisa*, n.111, p. 115-133, dezembro/2000[a].

_____. O processo saúde-doença na perspectiva dos educadores infantis. *Cad. Saúde Pública*, Rio de Janeiro, 16(4):1143-1148, out-dez, 2000b.

_____. Cuidado compartilhado: negociações entre famílias e profissionais de uma creche. *Interface – Comunic., Saúde, Educ.* v.11, n.22, maio/ag.2007.

_____. Creche e família: uma parceria necessária. *Cadernos de Pesquisa. Fundação Carlos Chagas* (no prelo, publicação prevista para março de 2008).

A ESCOLA DE EDUCAÇÃO INFANTIL E SEUS BEBÊS

Simone Mädke Brenner[1]

Há tempos venho tendo a excelente oportunidade de trabalhar em escolas de educação infantil com professoras e atendentes de berçários[2], trabalho que vem me convocando a pensar muitas questões sobre as quais refletirei neste texto.

Para começar, penso ser importante trazer alguns comentários que fui escutando nessa minha caminhada, pois eles me fizeram pensar sobre as particularidades de um trabalho com bebês e os efeitos de como nos ocupamos de uma criança nesta época da vida, bem como ir modificando a leitura clínica dos bebês:

— "quanto antes um bebê entrar na escola melhor, mais fácil é ele se adaptar à escola e à professora",

— "aqui a adaptação é feita sem a mãe, pois nossa experiência nos mostra que os bebês se sentem atrapalhados por elas, regridem quando as vêem, choram mais, e não querem a professora";

— "esse bebê só quer colo, colo de manha, por isso não dou, tem que se acostumar a repartir a atenção com os outros, senão será muito egoísta, vai querer tudo só para ele";

— "quando eles choram, eu dou o bico, senão a sala de aula fica uma loucura, uma choradeira sem fim";

---

[1] Psicóloga, psicanalista – Rio Grande do Sul.
[2] Trabalho com crianças de 4 meses a 2 anos e 6 meses de idade.

— "com os meus, eu sempre fazia assim e deu muito certo, assim faço com esses. Se for um choro sem lágrimas, deixo até que pare, pois se não tem lágrimas não é choro de verdade, é uma farsa, manha, aí não dou bola";

— "ela está muito bem. Entrou semana passada e não incomoda, fica assim sentadinha, quietinha o tempo que eu quiser. Não chora, não reclama, parece que tudo está bem para ela e acho mesmo que tudo está bem para ela" (relato de uma professora sobre um bebê de um ano e um mês);

— "esse bebê está muito bem, faz tudo muito mais cedo que os demais: caminhou com nove meses; é muito esperto, tanto que não me pede ajuda para nada, resolve tudo sozinho" (bebê de 11 meses).

Frases como essas me convocaram a pensar, em primeiro lugar, sobre o nascimento de um ser humano.

Ao nascer, um bebê se vê diante de muitas modificações e inaugurações para as quais ele não tem estrutura orgânica nem psíquica para dar conta. Tem um corpo extremamente frágil, razão pela qual precisa vitalmente ser tomado por funções parentais que coloquem em ato essas inaugurações. Vê-se diante de um ar que ele desconhecia e que, de agora em diante, penetrará seu corpo sem parar; de imagens que se apresentam contrastando com a penumbra e escuridão do útero materno; de sons que se mostram de outro jeito do que intra-útero; um aparelho digestivo que começa a funcionar e que aos poucos lhe dá a sensação de fome e saciedade; um intestino que também começa a encher e esvaziar; seu corpo que não está mais o tempo todo contido pelo corpo materno e que lhe faz sentir sensações novas, tanto de bem-estar quanto de desconforto. Enfim, poderíamos enumerar tantas inaugurações ou modificações quantos órgãos e funções o corpo de um bebê possui.

A angústia, essa "primeira castração", como Françoise Dolto dizia, só é possível ser bem suportada e se transformar em vida se o bebê tiver pais e, nesse momento, uma mãe que inaugure o veículo de toda e qualquer inscrição psíquica: o laço social. Que ela vá humanizando todas as manifestações corporais na medida em que as insere na linguagem. Esse é um trabalho lento, que exige da mãe o dom da interpretação, da dedicação, para que o bebê, por volta dos dois anos, possa aos poucos começar a "andar" sozinho, começar a fazer consigo mesmo o que até então foi construindo junto com a mãe, até aqui personagem fundamental dessa primeira introdução no laço social. Para que ele possa um dia saber se está com fome, com sede, com frio, com calor, se está triste, alegre, com dor, com saudades, com medo, necessariamente precisou de alguém com quem fazer essas primeiras inscrições simbólico-imaginárias. Nesse sentido, a sujeição ao Outro estará condicionada a este primeiro momento de co-participação de experiências psíquico-corporais com a mãe.

Falo da mãe, porque tudo isso que vai se alinhavando desde o nascimento com um bebê – os cuidados com o corpo, com seus sentimentos, com seus desejos que começam a se manifestar – precisa estar ligado diretamente aos seus pais, num primeiro momento representado pela mãe, pois neste trabalho de inscrição ela indica o patrimônio fantasmático das famílias que ele vem integrar. Isso é o que há de mais fundamental em uma criança e que dá sustentação para todas as outras aquisições que virão. É a possibilidade de ela construir, no início da sua vida, laços que não só a fazem se sentir saciada, limpa, quentinha, mas que também, e necessariamente junto a isso, ela se sinta pertencente a uma história, que logo começa a ser marcada no corpo. Esse é um ato de filiação, sem o qual nenhuma criança se organiza subjetivamente. Na sua ausência, nos deparamos com as mais graves patologias da infância: o autismo e as psicoses.

Quando falo de um dom materno, quero significar que é isso que faz uma mãe tornar, por exemplo, uma mamada uma situação cheia de acontecimentos, na qual, com o leite, ela oferece muitos outros dons que tem a dar: suas palavras, seu carinho, seu olhar, o seu próprio corpo que o bebê aos poucos

32 CUIDADOS NO INÍCIO DA VIDA: CLÍNICA, INSTITUIÇÃO, PESQUISA E METAPSICOLOGIA

começa a explorar, o seu colo que o aconchega e o acalma para poder se alimentar.

Aprendemos isso com os próprios bebês quando, por exemplo, nos deparamos com crianças que não conseguem ou não desejam comer (apesar de não estarem doentes), com bebês que não se aconchegam no colo não conseguindo, por conseqüência, ser acalmados, ser aninhados para dormir, bebês que apresentam doenças de repetição e põem, muitas vezes, o pediatra a se perguntar por que não consegue curá-los. Enfim, esses bebês nos fazem aprender o quanto a falta de uma inscrição materna, mediada por um pai[3], tem efeitos devastadores. O que tais bebês nos ensinam é que um leite não vale nada se for tomado como puro alimento nutricional e não estiver para a mãe como alimento recoberto pelo desejo; que um colo não é simplesmente ter alguém que o pegue, mas sim, sentir-se aconchegado e ter diante de seu choro alguém que o ajude a entender o que lhe acontece. Sem essa função interpretativa materna o corpo falará no lugar da mãe que não o fala.

Um corpo que somatiza, que adoece, muito diz de um sujeito que clama por ser ajudado a entender essa parte de seu corpo que ainda lhe é estrangeira. E quando se fala de bebês estamos por excelência diante de um ser cujo corpo somático é, ao nascer, estrangeiro a si próprio. É a função materna que tornará o corpo compreensível e apreensível para ele.

---

[3] Quando falo sobre a mediação paterna refiro-me a uma função isto é, ao efeito de um terceiro entre uma mãe e seu bebê, função esta que torna possível a ela tomar seu bebê numa posição de sujeito e não de objeto. Sujeito porque o mesmo representa e significa um filho que é seu, mas não só: também é do pai e do social. Esta operação tem muitas conseqüências, entre elas a possibilidade de uma mãe se interrogar sobre o que seu bebê deseja (sendo que esta interrogação só é possível a uma mãe que não toma seu filho como um prolongamento de si), criando aí as possibilidades deste se constituir como um sujeito. Portanto, o que torna possível o nascimento de um sujeito se refere a uma operação materna sustentada por uma função paterna, a qual vai além da existência de um pai real. Refere-se a um pai real, simbólico e imaginário.

Compreensão que ele constrói no trabalho de apropriação da sua história. Com isto quero dizer, por exemplo, que a mãe faça do choro de cólica um momento em que ela manifeste, entre outras coisas, saber do que se trata, que isto incomoda muito, mas também que vai passar e que, enquanto não passar, ela estará junto dele, compartilhando este momento. Ter na mãe a garantia de ser escutado, entendido, apesar de nem sempre ter seu sofrimento cessado, é essencial, pois, muito cedo, o bebê já se dá conta de que a mãe não consegue resolver todos os seus problemas (e é importante que logo se dê conta disso) e, na verdade, não é isso que ele pede. Do que ele precisa é de uma mãe que o compreenda e ora possa ajudá-lo a resolver seu problema, ora saiba dizer que isso a ela é impossível, mas que se pode pedir ajuda a outro, ora saiba dizer que tal situação não tem remédio, mas mesmo assim ela estará ali compartilhando o momento, enfim, tornando essa impossibilidade algo possível de ser falado.

Diante deste resumo do que seria a função materna diante de um bebê, até em torno dos dois anos de idade, nos perguntamos como deveria ser a entrada de uma professora nesse momento. Penso que, em primeiro lugar, ser professora de um bebê exige também algo de um dom. Um dom, porque ninguém ensina uma mãe a ser mãe: ou ela tem condições de aprender, e vai à busca de ajuda para saber mais sobre seu bebê, ou confina o filho e a si própria na ilusão de que ou sabe tudo sobre ele, ou não sabe nada, quem sabe é o outro. Ser mãe e professora de um bebê implica uma difícil dialética em que, ao mesmo tempo, é necessário haver um saber (inconsciente) prévio do adulto acerca da criança, bem como esse deve estar atento a como o bebê acolhe esta interpretação para poder, aos poucos, escutar o saber e a verdade da criança que está nascendo. Nascendo, porque esse é o segundo momento do nascimento, o nascimento do sujeito, que se comunica a partir da suposição materna, apesar de ainda não falar, e que já o deseja a partir da capacidade de ler as imagens que lhe dizem do desejo da sua mãe por ele. O trabalho da professora

34 CUIDADOS NO INÍCIO DA VIDA: CLÍNICA, INSTITUIÇÃO, PESQUISA E METAPSICOLOGIA

de berçário será, por excelência, dar continuidade ao que o bebê já vem construindo com seus pais. Portanto, terá de desempenhar uma função materna complementar, isto é, dar seguimento às operações necessárias para que a estruturação subjetiva da criança continue se armando mesmo na ausência da mãe.[4]

A professora de berçário precisa, com cada bebê, entrar na história familiar, se dispor a ser uma a mais a descobrir, com os pais, as singularidades do bebê, para que isso possa ter continuidade no novo lugar. Isso inclui o como a criança se alimenta, como se acalma, como dorme, como brinca; e se dispor a transmitir aos pais as modificações que vão surgindo nos hábitos da vida diária neste novo espaço. Uma "mãe suficientemente boa", usando uma expressão de Winnicott, só sai da escola depois de ter a garantia de que a professora se inteirou da história e pode dar seguimento a ela. Esse é o período da adaptação, o qual, portanto, não pode ter uma duração previamente estipulada, pois depende da situação de cada criança.

Outro ponto importante a ser levado em conta é o que faz a criança entrar na escola. O ideal seria poder entrar numa instituição escolar quando já tivesse certa autonomia para poder se colocar, se defender no social, no grupo. Isso inclui já ter certa autonomia com seu corpo, ter condições de linguagem para ser entendida fora do eixo familiar e ter construído o suficiente sobre seu eu, a ponto de não se sentir perdida na sua identidade diante dos outros. No entanto, atualmente o mundo exige que cada vez mais cedo as crianças entrem nas instituições de Educação Infantil, demanda que não é da criança, mas sim necessidade dos pais. Acho importante frisar isso, pois entramos numa época da vida na qual se a criança (amparada) pudesse escolher, preferiria ficar em casa, em

---

[4] Refiro-me aqui a uma função que possibilita uma constituição subjetiva, isto é, uma função materna que primordialmente é exercida pela mãe, mas não só por ela. Existem na vida de um bebê outros, além da mãe, que ocupam o lugar de auxiliar no exercício desta função – é o que chamo uma *função materna complementar.*

companhia de seus familiares. O que não quer dizer excluída do social, pois todos os bebês que estão bem querem muito passear, ir a lugares em que haja outras crianças, mas nesses momentos ainda precisam muito que a mãe interprete esses lugares, essas pessoas. Precisam que a mãe faça com o social o mesmo que fez com o seu corpo, ajudando a entender, a se defender.

Alinhavando isto com as falas de professoras que têm dificuldade de entender do que se trata este momento da vida, trago o relato de outra professora que me ensinou muito:

— "quero que tu me ajudes a pensar sobre este bebezinho, pois é estranho o fato de ele já saber engatinhar, já chama pelo meu nome, brinca bastante, mas tudo isso só quando eu estou diante do seu olhar. Quando eu me afasto, e eu sempre digo para ele aonde vou e que já volto, ele se senta, esquece que já sabe engatinhar e falar, e aí chora um choro muito sofrido, parece um choro mudo, e também tem tremores como os dos bebês bem pequenos quando ficam pelados, parece um tremor de estar abandonado. É estranho, porque ele nunca, nesses momentos, foi atrás de mim, ou me chamou, ele parece ficar preso no seu desespero."

— "quero que tu dês uma olhada neste bebê (sete meses) junto comigo porque, apesar de todo mundo achar que ele está ótimo porque ele é muito adiantado, já sabe engatinhar, vai a todos os lados da sala, eu me preocupo com ele, pois toda vez que eu acho que ele precisaria de mim pertinho dele, ele parece não suportar o contato com alguém. Ele chora muito na hora de dormir e eu tento aninhá-lo, converso, canto, e parece que tudo isso que os outros bebês me mostram que é tão importante, ele detesta. Acho estranho um bebê tão independente, ele parece ser muito pequeno para tanta autonomia."

— "estou com dificuldades com este bebê, pois quando ele quer dormir só consegue se estiver chupando uma mamadeira de leite. Já tentei ajudá-lo de diversas maneiras, mas parece que só tem sentido para ele quando sente a mamadeira de leite e nada mais."

Diante de tais relatos, e considerando que a última professora sequer tem o curso de magistério e nunca pôde estudar formalmente sobre a infância, como pensarmos sobre o que uma professora de berçário precisa saber para que seu trabalho ajude a criança a se estruturar subjetivamente?

Compreender o que um bebê está falando pela via de seus diferentes choros e manifestações corporais só é possível a um adulto que teve isso e pôde saber na própria carne, literalmente, do que se trata. Ter podido ser interpretado, ter sido acompanhado em seus sofrimentos e alegrias, ter alguém que humanizou seu corpo é o que faz ser possível a alguém repassar este saber a outro, a um bebê.

Uma professora de berçário dá aos bebês exatamente o que também lhe deram (e podemos nos perguntar sobre os efeitos de quando não recebeu estas "dádivas" de seus pais), pois o bebê exige de quem cuida dele uma doação, que essa pessoa lhe empreste seu corpo, sua fala, seus sentimentos, seus movimentos. Enfim, cuidar de um bebê vai muito além do "reparar" (simplesmente olhar); implica construir junto, estar verdadeiramente ali, sentar e rolar junto, entrar na cena dele, enfim fazer a ponte dele com o mundo nesse momento em que, ainda sozinho, não consegue. Alguém que fica só olhando, "reparando" os bebês coloca-os numa solidão que tem dimensão de abandono.

O trabalho de uma professora de berçário vai além da posição de ensinar o que aprendeu pedagogicamente, implica dar o que recebeu numa época da vida em que se aprende por excelência com a própria vida de relação, sem ainda nenhum instrumento claro de aprendizagem. Por isso, é muito difícil a escolha da professora de berçário, pois não segue critério acadêmico; é preciso um critério psíquico: ou tem condições de maternar, de se doar, de simbolizar o que ainda não está simbolizado, ou não pode se ocupar de um bebê sem que isso tenha conseqüências negativas.

Por tudo isso, é necessário pensarmos sobre que professoras podem entrar na vida dos bebês e que terão um efeito estruturante, de continuidade ao que já vem sendo construído com seus pais, e quais professoras não podem deles se ocupar por terem uma surdez iatrogênica que pode, exatamente pela sua rigidez, produzir sintomas graves nas crianças com as quais trabalham. Falo isso, pois, nos berçários, é muito comum aparecerem bebês que não estão bem subjetivamente, abandonados psiquicamente e que muitas vezes têm na escola, na professora, a possibilidade de serem humanizados. Bebês que desde os quatro meses ficam os dois turnos na escola, chegam de manhã dormindo e saem à noite novamente dormindo, e que quem conta as novidades das suas aquisições não é a mãe à professora, mas a professora para os pais.

Esses são os casos que mais nos exigem pensar na importância de uma professora em maternar um bebê[5], situações em que, se não levarmos isso em conta, corremos o risco de termos bebês institucionalizados, bebês filhos de uma instituição que os alimenta, troca suas fraldas dá-lhes banho, coloca-os para dormir, mas que não os situa no mundo humano, não sustenta o nascimento e a constituição de um sujeito.

Essa situação não é indiferente na estruturação subjetiva de uma pequena criança. Colocar essas construções tão fundamentais a cargo da escola tem, com certeza, seu preço. No entanto, na clínica com crianças e também com adultos nos deparamos com sujeitos que nos fazem pensar como foi possível se organizarem subjetivamente com a história familiar que tiveram. Muitas vezes na construção dessas histórias encontramos no social, muitas vezes nas escolas, sementes que foram colocadas e depois deram frutos. Digo isso porque a primeira pergunta que fazemos é de que adianta a criança ter na escola uma professora que consiga tomá-la como sujeito, ajudando a construir marcas fundamentais da sua vida, sem que tais construções possam ter

---

[5] Refiro-me aqui à professora poder exercer o que chamei anteriormente de Função Materna Complementar.

CUIDADOS NO INÍCIO DA VIDA: CLÍNICA, INSTITUIÇÃO, PESQUISA E METAPSICOLOGIA

continuidade em casa, com seus familiares. Refiro-me a casos de bebês que pais jogam numa posição de abandono subjetivo grave, diante dos quais, se ninguém se ocupar de ajudá-los na tarefa de organizá-los subjetivamente com um recurso simbólico importante, correm o risco de adoecer gravemente do ponto de vista psíquico, como também, e em conseqüência, ter atrasos importantes no desenvolvimento.

REFERÊNCIAS

DOLTO, F. *A imagem inconsciente do corpo*. São Paulo, São Paulo: Perspectiva, 1984.

WANDERLEY, D. *Palavras em torno do berço*. Salvador: Ágalma, 1997.

WINNICOTT, D.W. *Os bebês e suas mães*. São Paulo, São Paulo: Martins Fontes, 1988.

"COLO – CUIDADO": ABRINDO A POSSIBILIDADE DE UM ENCONTRO

Eloísa Maria Fava Simionato[1]

"O desafio que permanece é sempre o de se aliar competência técnico-científica com humanismo, expresso no ato de cuidar com ternura e sensibilidade ética".
(Leo Pessini)

O **Colo-Cuidado*** é um projeto de atendimento diferenciado aos bebês internados em UTI Neonatal e em Berçário e às suas famílias que foi idealizado, originalmente, pela equipe de Neonatologia e de Psicologia da Maternidade Amparo Maternal em 2003.

É um **trabalho psicológico** desenvolvido sob a égide de ser: **um conjunto de práticas éticas voltadas para o bem-estar da mãe e do bebê.** Refere-se a práticas de atendimento ao bebê, desde seu

---

[1] Psicóloga Clínica em consultório e em atendimento domiciliar na Clinica Mãe-Bebê e Amamentação, Psicóloga do Grupo de Atendimento ao Berçário, UTI Neonatal e ao Puerpério na Maternidade Amparo Maternal-SP, Membro efetivo do INFANS – Unidade de Atendimento ao Bebê, SP.
*Trabalho elaborado e desenvolvido por Eloísa Maria Fava Simionato e Maiana Rappaport na Maternidade Amparo Maternal, em consultório e em atendimento domiciliar.

40   CUIDADOS NO INÍCIO DA VIDA: CLÍNICA, INSTITUIÇÃO, PESQUISA E METAPSICOLOGIA

nascimento, priorizando a oportunidade de contato precoce deste com suas mães, a fim de incentivar o estabelecimento do vínculo mãe-bebê. Visa a promover uma iniciativa que possa auxiliar na recuperação e desenvolvimento do recém-nascido, prematuro ou a termo, internado no setor Neonatal, com a perspectiva de garantir-lhe uma forma mais digna e respeitosa de internação, junto à sua mãe.

Inicialmente, para o projeto Colo-Cuidado, a equipe médica sugeriu um trabalho de contato corpo-a-corpo personalizado, que viesse a atender os bebês cujas famílias estavam pouco presentes ou ausentes durante seu período de internação, que se apresentavam prostrados e, cujo estado clínico era atribuído pela equipe a uma possível falta de atenção, comunicação e contato humano mais efetivo.

Crespin (2004, p.15) diz que "é preciso sempre deixar margens para hipóteses de déficit de comunicação. Quer dizer, algo que não seja da ordem do equipamento sensorial, do funcionamento do órgão, mas de uma aparelhagem do significante". E estas hipóteses, felizmente, foram levantadas. Sugeriu-se, então um colo. Mas que colo seria este?

O Colo-Cuidado refere-se a um "colo diferenciado", que pode envolver ou não, o contato corpo-a-corpo, está sempre acompanhado de palavras e deve ser realizado por profissionais capacitados para tal função, a fim de consolidarem seu papel integrador entre o bebê e sua família. É importante salientar que o profissional do "Colo-Cuidado" não deve se limitar, ao "pegar no colo". Deve ser visto como um elo entre o bebê e sua família. Este profissional não é, de forma alguma, substituto da mãe. Não está lá para preencher um vazio ou suprir uma falta, mas, sim, para significar a situação de internação para o bebê, por meio de palavras, dando significado e traduzindo a realidade vivida por ele.

Considerando-se o contato físico e relacional como algo extremamente saudável e importante para o desenvolvimento global do bebê, é oferecido um atendimento individualizado àqueles que não contam com a presença constante de suas mães no setor, pelas mais diferentes razões, que podem ser socioeconômicas e/ou emocionais. O atendimento realizado aos bebês pelos profissionais do Colo-Cuidado visa a oferecer-lhes um contato humano mais freqüente, apenas enquanto suas mães ainda não conseguem fazê-lo, frente às dificuldades que enfrentam diante da situação de internação de seus recém-nascidos, a fim de não privá-los desta forma de relação.

Sabe-se que o recém-nascido internado em UTI vivencia, após o nascimento, uma separação abrupta de sua mãe, que dificulta o primeiro encontro entre eles. A relação corpo-a-corpo, olho-no-olho, que promove a troca de sensações e emoções e oferece ao bebê e à mãe conforto e segurança, é impedida. Não há tempo para um momento de reconhecimento, de sedução e de conquista. Não há tempo para palavras, para "conversas íntimas". E, sem ter a possibilidade de ser compreendido, o recém-nascido poderá sentir-se desamparado. Durante o período da internação necessária e inevitável, sem a companhia freqüente de sua mãe, muitas vezes o bebê necessita de um "olhar humano"; necessita de uma pessoa que o acolha, ofereça-lhe continência e lhe restitua a sensação de segurança, significando, para ele, por meio de palavras, sua vivência hospitalar.

Estudos recentes nas neurociências (Wilheim, 2002) demonstram as capacidades perceptivas e motoras do feto, sua capacidade de comunicação, de perceber luz, som, engolir, de escolher sua posição preferida, de distinguir a voz de sua mãe. Ao mesmo tempo, demonstram que o bebê apresenta traços de personalidade definidos e próprios, é capaz de reconhecer o rosto de sua mãe, de reconhecê-la pelo cheiro e de estabelecer com ela um contato de olhar e de imitar suas expressões faciais.

Os estudos revelam, também, que o feto tem vida física e que, no período de vida intra-uterina, as experiências vivenciadas ficam registradas em sua memória e farão parte de sua bagagem emocional. Ele tem preferências, sensações de dor e prazer e é capaz de se relacionar com a mãe, captando seu estado emocional, assim como sua disponibilidade afetiva; é dotado de capacidade de comunicação "empática" com ela desde o período pré-natal e após o nascimento. Pode-se dizer que o conjunto de todos os acontecimentos biológicos e psicológicos, vivenciados por este pequeno ser, constituirá sua bagagem existencial.

Atualmente, por meio dos inúmeros estudos realizados na psicologia (Orth, 2004), houve total transformação do olhar para o bebê. Aquele que era tido como passivo, inativo é, hoje, visto como um ser inteligente, sensível, competente, com traços de personalidade definidos: um ser eminentemente interativo e participante nas relações com os adultos.

É sabido que a constituição do sujeito se dá na relação com o "outro". Um bebê não existe sozinho. Segundo Winnicott (1999), *"não há um bebê se não houver uma mãe"*, sugerindo que, para emergir um indivíduo, deve haver uma interação. Ele precisa de um "outro" que o identifique e o valorize, que reconheça seus sinais e seus gestos, que estabeleça com ele uma comunicação, possibilitando, portanto, que seu desenvolvimento ocorra. Assim, sendo o bebê visto como um ser de relação e de comunicação e que, ao nascer, está destinado a falar, é importantíssimo que se fale com ele sobre sua história de vida: sua pré-história – história de seus pais, o projeto de gravidez, sua vida durante o período gestacional – e sua história familiar (Szejer, 1999).

As novas descobertas da psicologia e da psicanálise ocorridas nas últimas décadas ofereceram ao bebê uma nova forma de olhar – um olhar para uma dimensão subjetiva –, até então desconhecida e, talvez, por isso, pouco valorizada.

É na visão de bebê interativo que se baseia o trabalho do Colo-Cuidado. Refere-se a **um trabalho de intervenção psicológica** por meio de palavras dirigidas ao recém-nascido, a palavra da verdade, a "palavra verdadeira" (Dolto, 1999), embasado na premissa de que o bebê é um ser humano envolvido pela linguagem desde que o desejo de sua concepção se iniciou. Um trabalho voltado para as atenções e comunicações do bebê por meio dos sinais de seu corpo; um bebê que fala como pode, por meio de seus gestos, gritos e choros, únicos recursos dos quais dispõe ao nascer.

O psicólogo do Colo-Cuidado tem como principal característica significar para o bebê a situação em que ele se encontra: sua internação, seu nascimento e a situação de sua própria família em relação à sua existência. Sua função é ser um interlocutor entre o bebê e sua família; uma "ponte" entre eles, a fim de reassegurar aos pais o lugar de figuras primordiais e insubstituíveis para seus recém-nascidos. Procura, assim, promover um encontro entre eles, uma vez que o bebê pertence a uma família e com ela estará, após a alta hospitalar. Como diz Goldestein, (1998), *"não é possível, portanto, entender o bebê dissociado de sua família. Mais ainda, é impossível entender o bebê sem entender a história desse bebê e de sua família"*. Para tanto, o psicólogo do Colo-Cuidado deve conhecer a família do bebê, sua história, as expectativas e o lugar que a família reserva para ele e "conversar" com o recém-nascido de tudo o que souber sobre ele e sua família, com a finalidade de "alimentar" a relação entre eles.

Esse profissional precisa, também, compreender a necessidade da mãe/família de ter um tempo para uma adaptação à situação nova que está enfrentando neste "território" (UTI), absolutamente desconhecido para ela. Segundo Mathelin (1999), "(...) o encontro com o psicanalista talvez permita aos pais colocarem palavras no que estão vivendo, reencontrarem o filho e se reencontrarem com eles mesmos, contanto que lhes seja dado tempo, sem preconceito e sem *a priori*". Para isto, propõe-se a oferecer-lhe um "tempo cuidado", um tempo para que ocorra um "ajuste" entre o bebê esperado e o bebê que se tornou real para ela. Um tempo para que possa lidar com esse bebê que nasceu tão diferente do esperado. Tempo que permita superar a perda do bebê a termo idealizado e dê condições de aceitar o bebê tão frágil com o qual está se deparando. Trata-se, portanto, da compreensão de que essas famílias precisam ser maternadas, para poderem maternar seus bebês.

Winnicott (1999) considera que toda mãe tem um saber intuitivo. Sabe cuidar de seu bebê, independentemente de aprendizagem e que é extremamente necessário "incentivá-la a conservar e defender esse conhecimento, que não pode ser ensinado (...), ajudá-la a reconhecer aquilo que faz para que possa ter consciência desta capacidade natural que possui". No entanto, a mãe que se defronta com seu bebê recém-nascido internado em UTI tem, muitas vezes, esse saber paralisado. Cabe, assim, aos profissionais do setor acolhê-la neste momento de crise, encorajá-la a resgatar esta capacidade e ajudá-la no resgate de sua função de mãe. Incentivá-la a estar junto de seu bebê, a tocá-lo, quando possível, e a "conversar" com ele, com seu jeito todo peculiar. Isso lhe permitirá reconhecer, aos poucos, seu recém-nascido e iniciar, então, uma interação com ele, permeada de afeto. Com o nascimento de um bebê prematuro ou com alguma patologia, medos, angústias, culpas, sentimentos de fracasso e de incapacidade de gerar um bebê "completo" e perfeito se tornam presentes. As expectativas e os sonhos são colocados em questão. Tudo muda de forma absolutamente abrupta, desorganiza-se, e o bebê não está e nem pode estar em seus braços, pois requer cuidados especiais. Muitas vezes, a recém-mãe tem, inicialmente, dificuldade de aproximar-se e fazer algum contato com seu filho. A proposta dos psicólogos do Colo-Cuidado é a de viabilizar o encontro do bebê e sua mãe o mais precocemente possível, quando a internação no setor da UTI neonatal e berçário se torna inevitável, estimulando o estabelecimento do vínculo mãe-bebê.

O projeto Colo-Cuidado, inicialmente voltado para o atendimento aos bebês, teve seus desdobramentos, sofreu transformações e ampliou seus enfoques de atendimento, significativamente.

A ideologia que envolve o contato pele-a-pele, corpo-a-corpo precoce entre a mãe e o bebê, com suas vantagens para o desenvolvimento clínico do bebê e para o estabelecimento do vínculo entre o bebê e sua mãe, já era familiar à equipe hospitalar. No entanto, não era familiar a forma de trabalho proposta pela equipe de psicologia: um trabalho precoce com bebês, por meio das palavras, com significações das vivências hospitalares às quais estavam submetidos; que tivesse um fim terapêutico e profilático, altamente voltado para a vida psíquica do bebê e realizado sob uma visão de que o bebê é um ser interativo, eminentemente participante nas relações com os adultos.

No Colo-Cuidado o atendimento é realizado no colo, desde que viável, oportuno e necessário, dependendo do estado clínico do bebê, ou na incubadora, no berço ou no bebê-conforto, estando esse encontro sempre acompanhado de um *"banho de linguagem"* (Szejer,1999). São as chamadas **"conversas com os bebês"**, realizadas por meio de palavras dirigidas diretamente a ele, "as palavras que contêm o significado verdadeiro do que está acontecendo com o bebê" (Dolto, 1999). Exemplificando uma "conversa" com o bebê, em um primeiro encontro, dirijo-me a ele da seguinte forma: *"Olá, bebê, sou a psicóloga que conversa com os bebês... Sabe, estou aqui para contar-lhe que você nasceu, precisou se separar de sua mãe, pois precisa de cuidados... Está na UTI do hospital... Você está usando um aparelho para ajudar você respirar, mas você precisa aprender a respirar sozinho... Você tem pai e mãe, mas parece que está difícil para eles virem visitar você; Estamos tentando compreender o que está acontecendo com a mamãe e o papai..."* e assim por diante.

O "conversar com o bebê", o dar significado à sua situação de internação dirigido diretamente a ele pelos profissionais do Colo-Cuidado, influenciou a escuta e o olhar das equipes para com os bebês e propiciou uma forma de relação diferente entre os profissionais do setor da UTI Neonatal.

46 CUIDADOS NO INÍCIO DA VIDA: CLÍNICA, INSTITUIÇÃO, PESQUISA E METAPSICOLOGIA

A vida psíquica dos bebês encontrou um lugar diante da equipe hospitalar. Tornou-se evidente que deve haver preocupação tanto com a saúde física quanto com a saúde psíquica do bebê. Assim, o trabalho do dia-a-dia ganhou um novo cunho: à necessidade e à preocupação em deixar os bebês limpos, medicados e alimentados, acrescentou-se a atenção e o envolvimento, logo reconhecidos, tanto pelos bebês quanto pela própria equipe do setor neonatal.

Iniciou-se uma fase preenchida por atitudes e por um discurso totalmente diferentes. Uma fase de troca de aprendizados, solicitações e participações.

Os profissionais do projeto, antes tidos como "perturbadores" da rotina do setor, passaram a ser solicitados, considerados bem-vindos e recebidos com palavras simpáticas como: *"Ah, que bom que você chegou.... Este bebê precisa de você!"*, ou *"Ah, que legal, bebê, olha só quem chegou...! Sua tia...! Acho que hoje vai rolar um colinho!"*.

O "pegar o bebê no colo" que, inicialmente, significava para a equipe de enfermagem, torná-lo mal-acostumado, deixou de ser "apenas um colo" e transformou-se em um colo especial. Winnicott (1999), afirma sob o que denomina de holding, que "a maioria dos bebês tem a sorte de serem bem segurados, na maioria do tempo. A partir daí, eles adquirem confiança em um mundo amigável". Considera que o desenvolvimento psíquico do bebê não tem condições de ocorrer se não houver a participação efetiva de outro ser humano que o segure e cuide dele. Com o transcorrer do tempo e com as intervenções das psicólogas do projeto, o colo, propriamente dito, passou a ser compreendido pelos demais profissionais do setor como algo saudável e, até mesmo, como um "sopro de vida" para os bebês.

Como exemplo de mais algumas das transformações ocorridas, posso citar que, certa vez, na UTI, durante o atendimento a um bebê, eu conversava baixinho com ele e havia certa tranqüilidade no setor, certo silêncio. De repente, ouço vozes baixinhas, uma espécie de manhês. Ao olhar ao redor, vi que as mães que estavam junto de seus recém-nascidos realmente falavam com eles. Mas, minha grande surpresa foi perceber que os demais bebês cuidados pelas enfermeiras estavam recebendo delas palavras delicadas, carinhosas, num verdadeiro manhês emprestado a elas. *Um momento mágico!*

Um especial "toque de linguagem" foi sendo, gradativamente, introduzido no trabalho dos membros da equipe de enfermagem. Tornou-se cada vez mais freqüente ouvir-se dizer: "Ah bebê..., sei que você não gosta de aspirar, mas isso vai ajudar você a se sentir melhor..."; "Ah já sei..., você não quer ficar assim,... vou mudar você de lado...".

Com a mudança do olhar para os bebês, a equipe hospitalar tornou-se cada vez mais aberta, receptiva e acolhedora à presença da família. Atualmente, poucas são as mães e famílias que se distanciam do setor neonatal. As ausências maternas ainda ocorrem, seja porque estas mães têm a intenção de entregar seus bebês à adoção, seja porque seus bebês são prematuros ou porque possuam alguma patologia. Cabe ressaltar que muitos bebês e mães foram assistidos por esse projeto e puderam seguir para suas casas, satisfatoriamente. Nos atendimentos em que o bebê veio a falecer procurou-se garantir a possibilidade do encontro entre a família e o bebê para que um "tempo" de despedida pudesse ocorrer.

Essa forma de trabalho, oferecida aos bebês e suas mães na UTI neonatal e berçário do Amparo Maternal está estruturada sobre a proposta de viabilizar um "espaço para a escuta" ao bebê, mães e famílias com suas respectivas especificidades e, ao mesmo tempo, está, cada vez mais, consolidando um "espaço de interlocução" entre as equipes com as peculiaridades de um cotidiano, muitas vezes, desgastante. Tem-se estendido, quando possível, como uma intervenção à equipe hospitalar, mesmo que ainda de modo informal, como uma possibilidade de acolhimento às angústias e aos sofrimentos que vivenciam esses profissionais na sua prática cotidiana.

O Colo-Cuidado é um programa em que a singularidade de cada díade mãe-bebê é respeitada e estimulada, a fim de que se instale um laço afetivo entre a dupla, necessário tanto para a saúde emocional do bebê, quanto para a de sua família. Ao mesmo tempo, cuida para que a internação prolongada não impeça, pelo distanciamento e pelo medo, a construção desse vínculo tão importante para a constituição psíquica do bebê. E como diz Busnel (1997), *"uma vez o laço estabelecido, trata-se de uma ligação intimista que prescinde perfeitamente de nós"*.

Como um conjunto de práticas de atuação voltadas para o bem-estar dos bebês e suas mães, o Colo-Cuidado modifica-se dia-a-dia, por meio de ajustes e rearranjos, de acordo com as necessidades peculiares de um cotidiano repleto de desafios e de novas descobertas. Configura-se, assim, um processo de um construir constante, que está sempre se reestruturando, a fim de criar novas possibilidades e novas formas terapêuticas em prol da saúde física e psíquica do bebê e seu conseqüente desenvolvimento. Tendo como objetivo principal priorizar o estabelecimento das relações e estimular o vínculo mãe-bebê, procura ampliar, progressivamente, suas fronteiras para além da UTI e do berçário, oferecendo cuidados diferenciados aos bebês e suas mães, na Maternidade Amparo Maternal, como um todo. Assim, difunde, dia-a-dia uma nova cultura de cuidados e de acolhimento aos bebês e suas mães, internados na maternidade, tanto no âmbito da patologia quanto no da saúde

Este cuidado, que privilegia a assistência integrada ao bebê e seus pais, aposta e investe na saúde emocional e física do recém-nascido, por meio do relacionamento afetivo e está altamente preocupado e compromissado com os bebês que constituem as novas gerações e com os novos núcleos familiares em formação.

REFERÊNCIAS

1. BUSNEL, M. C. *A linguagem dos bebês: sabemos escutá-los?* São Paulo: Escuta, 1997.

2. CAMAROTTI, M. C. (org). *Atendimento ao bebê: uma abordagem interdisciplinar.* São Paulo: Casa do Psicólogo, 2001.

3. CRESPIN, G. C. *A clínica precoce: o nascimento do humano.* São Paulo: Casa do Psicólogo, 2004.

4. DOLTO, F. *Tudo é linguagem.* São Paulo: Martins Fontes, 1999.

5. Goldstein, E. *Sua Majestade o Bebê.* São Paulo: Casa do Psicólogo: 1998

6 . ROHENKOHL, C. M. F. (org). *A Clínica com o bebê.* São Paulo: Casa do Psicólogo, 2000.

7. SZEJER, M. *A escuta psicanalítica de bebês em maternidade.* São Paulo: Casa do Psicólogo, 1999.

_____. *Palavras para nascer.* São Paulo: Casa do Psicólogo, 1999.

8. SZEJER, M..; STEWART, R. *Nove meses na vida da mulher.* São Paulo: Casa do Psicólogo, 1997.

9. WINNICOTT, D. W. *Os bebês e suas mães.* São Paulo: Martins Fontes, 1999.

Cuidando da dor, da morte e da vida

Maiana Rappaport[1]

Introdução

Neste artigo relatarei as transformações que vêm ocorrendo na UTI, no berçário e alojamento conjunto da Maternidade Amparo Maternal ao longo desses últimos anos de trabalho, atendo-me, mais especificamente, aos cuidados relacionados à separação, dor, morte e luto.

O trabalho desenvolvido pela equipe multidisciplinar no setor de UTI e berçário é permeado por uma ideologia que se refere a um conjunto de práticas voltadas para o atendimento aos bebês, desde o nascimento até a alta hospitalar. Visa a privilegiar a urgência do encontro precoce do recém-nascido internado com sua mãe, a eficiência do contato pele-a-pele entre eles, o estímulo ao aleitamento materno exclusivo e a importância da presença constante da família no setor; apostando que através de um "tempo de internação cuidado", seja possível minimizar os efeitos nocivos da hospitalização e acelerar o seu processo de recuperação.

---

[1] Psicóloga clínica em consultório, atendimento domiciliar na Clínica Mãe-Bebê e amamentação, psicóloga do Grupo de Atendimento do Pré-natal, Berçário, UTI Neonatal e ao Puerpério na Maternidade Amparo Maternal-SP, coordenadora de grupos e cursos de pré e pós-parto.

52 CUIDADOS NO INÍCIO DA VIDA: CLÍNICA, INSTITUIÇÃO, PESQUISA E METAPSICOLOGIA

Como exemplo, citarei algumas transformações que vêm ocorrendo em nosso setor: as mães que só entravam no berçário para amamentar passam o dia com os seus bebês; a sala de isolamento foi transformada em sala de amamentação, lugar onde, muito mais do que apenas abrigar as mães e seus bebês na hora da mamada, tornou-se um espaço para convivência e troca de experiências entre as mães, a realização de "grupo de mães de UTI e berçário"e a visita que era restrita aos pais hoje já se estende aos avós às quartas-feiras e aos irmãos, quando combinado com a equipe. Um novo olhar passou a surgir para aqueles bebês muito quietos, que faziam pouco barulho, que pareciam muito distantes ou cujas famílias compareciam muito pouco ao serviço, pelas mais diversas dificuldades. Pensando na pouca possibilidade de esses bebês receberem contato físico acolhedor e continente e na falta de palavras, a Psicologia, com o apoio da equipe do berçário, vem desenvolvendo um projeto o qual denominamos *Colo-Cuidado*[**].

O projeto tem como objetivo dar a esses bebês um colo recheado de palavras, traduzindo a realidade vivida por eles e significando sua situação de internação, tendo como pressupostos: conhecer a família do bebê, sua história, as expectativas e o espaço que a família lhe reserva; assegurando aos pais seus lugares de figuras primordiais e insubstituíveis para o recém-nascido; reconhecer que a sua função é de "uma ponte" entre o bebê e sua família, podendo viabilizar um encontro entre eles.

A morte, a dor, o luto e a vida

Em 2002, quando iniciamos o serviço de psicologia no setor de neonatologia da maternidade, algumas práticas chamavam

---

[**] Trabalho elaborado e desenvolvido por Eloísa Maria Fava Simionato e Maiana Rappaport na Maternidade Amparo Maternal, em consultório e em atendimento domiciliar.

nossa atenção: quando havia um óbito na UTI, a família mal conseguia se despedir do bebê e, também, parecia-nos que a equipe necessitava preencher o vazio, físico e emocional, deixado pelo bebê que havia falecido, substituindo-o, imediatamente, por um novo bebê. Essa dinâmica acontecia em função da falta, na equipe, de um *"espaço emocional"* para o acolhimento e para o cuidado da dor da família, talvez devido à ausência de um "lugar", dentro da própria equipe, para falar de seus sentimentos de impotência, fracasso e dor frente à morte do bebê.

Há alguns anos, um bebê que já estava na UTI há algum tempo veio a óbito. Havia no berçário uma sala vazia e foi sugerido pela psicologia à equipe médica, que a utilizássemos para que a família pudesse se despedir do bebê. Apesar do estranhamento inicial à proposta, os médicos acataram a idéia. O bebê foi levado para o colo da mãe. A família pôde desfrutar de um tempo de privacidade com ele, realizando um ritual de despedida, de acordo com suas necessidades. Posteriormente, em atendimento psicológico àquela família, foi-me relatado como havia sido importante o momento de privacidade com o bebê; poder chorar a sua dor sem constrangimento e sem pressa. Esse evento comoveu e impactou muito a equipe e, durante várias conversas que tivemos, pudemos abrir um espaço para levantarmos questões sobre a dor da morte, a impotência e o luto. De acordo com Mathelin, C. (1999), "(...) Uma vida de dois dias é, apesar de tudo, uma vida, tendo um início e um fim, uma história de ser humano que se inscreve em toda uma problemática familiar. Quanto mais o bebê for falado, mais lugar será dado às circunstâncias de seu nascimento e de sua morte; mais teremos nos dirigido à criança e mais, os pais (...), e eu acrescento, a equipe, (...) estarão em condições de fazer o luto desse bebê..."

A partir deste primeiro caso, novas práticas têm sido utilizadas nos casos de óbito dos bebês: a equipe tem estimulado os parentes a se despedirem dele, sempre respeitando o desejo e a

54 CUIDADOS NO INÍCIO DA VIDA: CLÍNICA, INSTITUIÇÃO, PESQUISA E METAPSICOLOGIA

singularidade de cada grupo familiar; temos oferecido atendimento psicológico para acompanhar o luto da família visando a dar continente e cuidado para que essa fase de dor intensa possa ser lidada da melhor forma possível; e procuramos abrir um espaço de acolhimento e troca entre os profissionais envolvidos no trabalho com o bebê.

Atualmente, tem sido possível a alguns pais acompanharem seus bebês em seus últimos momentos de vida, algumas mães têm a oportunidade de vesti-los após o óbito e a família tem a possibilidade de receber acompanhamento profissional durante esse processo. Essas novas condutas só foram introduzidas após algum tempo de trabalho, na medida em que foi criado um espaço institucional para se falar sobre a dor da morte.

Exemplificando: *em determinada ocasião, um bebê internado há 20 dias na UTI passava muito mal e seu pai, então presente, foi autorizado, pelos médicos, a permanecer junto ao filho, observando os cuidados da equipe para com o seu bebê, até o momento de sua morte.* Essa prática inusitada e até então impensada no setor causou forte comoção em toda a equipe – conforme me foi relatado por um dos profissionais, pois eu estava ausente. Posteriormente, em atendimento psicológico à família, alguns pontos foram ressaltados pelos pais: a forma respeitosa como haviam sido tratados pela equipe; a mãe ter podido pegar o bebê com vida no colo; a oportunidade de o filho mais velho ter conhecido o irmão, ainda vivo; a possibilidade de o pai ter cuidado do filho no momento da morte, presenciando os esforços da equipe em salvar a vida de seu bebê.

Nesse processo de transformação, é importante ressaltar que resistências têm sido enfrentadas e trabalhadas dentro da equipe e da instituição como um todo. Ao longo desse percurso, procuramos nos orientar por uma ética comprometida com o bem-estar dos bebês, que se propõe a facilitar o encontro deles e suas famílias, com sua diversidade de constituição e/ou patologia. A seguir, relatarei pequenos recortes do atendimento de um caso, em que é visível a reflexão e mudança de atitude da equipe multidisciplinar em casos de óbito.

Certo dia, um bebê, nascido de parto cesárea, com uma patologia muito grave, veio a óbito na UTI neonatal, após 4 horas de seu nascimento. Seu pai e sua avó materna, acompanhados por mim e pela assistente social, desceram ao necrotério. Ao ver o bebê, o pai, chorando, disse: "O bebê parece perfeito, dormindo (...), ele foi tão planejado (...). Sua mãe desmaiou na hora do parto (...) agora ela quer vê-lo". A assistente social disse não saber quando ela poderia se levantar, por causa da cesárea. O pai inconformado: "Como assim? Ela carregou o bebê na barriga durante nove meses e agora nem pode ver o rosto dele?" Disse-lhe que faríamos todo o possível para que ela pudesse se despedir do bebê. O pai queria fotografá-lo, pois temia esquecer-se do seu rosto com o passar do tempo. A assistente social olhou-me com uma expressão de interrogação; aproximou-se do pai, dizendo não saber se valia a pena e comentou comigo baixinho: "É muito mórbido, eles podem ficar presos às fotos". Eu disse ao pai que entendia seu desejo e que valia tudo o que pudesse diminuir um pouco a sua dor. Parece-me recomendável que os pais possam permanecer com o bebê para se despedirem, realizando o ritual de acordo com o seu desejo, assim como obterem recordações concretas dos bebês que vêm a óbito; uma vez que a partir deste momento esta experiência familiar só terá lugar em suas lembranças. De acordo com Klaus e Kennell (1992), *(...)* "as mesmas fornecem evidências concretas da realidade da existência e da morte do bebê".

O pai comentou que, após o ocorrido, a mãe não conseguiria pernoitar na maternidade sozinha. Eu e a assistente social lhe asseguramos que providenciaríamos para que a avó pernoitasse junto á mãe, algo até então inusitado. Em outro momento, fui à procura da assistente social e enfatizei a relevância de ela ter favorecido a permanência da avó com a mãe, para amenizar o sofrimento da família e ela comentou comigo que a foto era um direito dos pais, não cabia a ela julgar. O pai questionou-me sobre o que fazer com o quarto e pertences do bebê. Disse-lhe que não havia um jeito certo ou único de fazer; ele e a esposa teriam que resolver juntos, de acordo com o tempo e a forma que acreditassem ser menos dolorosa para ambos. Maldonado (1989) observa: "Voltar para casa sem o filho, encontrar o ninho arrumado sem ter a quem acolher é uma dor muito forte, porém inevitável e importante de ser vivida. A vivência da lacuna, de um vazio frustrante, sem a possibilidade de ser preenchido, um vínculo bruscamente cortado".

O pai prosseguiu: "A senhora já deve estar acostumada com estas coisas, deve acontecer sempre...". Disse-lhe que não acontecia sempre e que este é um acontecimento com que, talvez, nós nunca nos acostumemos. Comentei: "Não combina, não é?" Ele concordou chorando: "É isso, doutora, não combina, eu nunca poderia imaginar uma coisa destas, era para ser o dia mais feliz das nossas vidas e se tornou uma desgraça". Disse-lhe que entendia seu pedido de ajuda e valorizei o quão adequado ele se mostrava nos cuidados com sua família: exigindo que a esposa pudesse estar com o bebê para poder se despedir, tirar fotos, garantir que ela pernoitasse acompanhada de sua mãe. Penso na importância de permitirmos ao pai extravasar seu pesar, pois, normalmente, ele é responsabilizado pelas burocracias e afazeres que um óbito exige, sem darmos a ele escuta e tempo para chorar a sua dor.

Em seguida, eu e a avó fomos ao encontro da mãe. A enfermeira que se encontrava ao lado de seu leito, disse-lhe: "você ainda é muito jovem, terá outros filhos..." A mãe, desolada, olhou para suas mãos vazias e balançou a cabeça negativamente. Eu comentei: "agora você só tem lugar para a falta deste bebê...". Segundo Braga e Morsch (2003:) "A intensidade do amor e o espaço do bebê na vida da família não são diretamente determinados apenas pelo tempo de convívio, mas, principalmente, pelas expectativas, sonhos e lugar que este bebê ocupa no imaginário desta família". *Ao sair do quarto a enfermeira fez o comentário de que é muito difícil saber o que dizer nestas horas: "Coitada, a mãe tão quieta, diferente do pai que falou e chorou alto, todo mundo se assustou". Conversamos sobre as diversas formas de expressão da dor e sobre o quão assustadora é a morte de um bebê.*

Na semana seguinte, a mãe retornou à maternidade para realizar uma curetagem, e foi-me encaminhada para atendimento psicológico, pois, após alguns dias de internação, encontrava-se muito deprimida. Ao ver-me, a mãe contou-me sobre a despedida do bebê: "Foi muito difícil, mas foi bom ter podido ficar um pouquinho com meu filho no colo, mesmo sem vida (...), se eu não tivesse visto, não iria acreditar". Comento que, apesar da dor, ela me dizia que a possibilidade de despedir-se havia sido importante, como um marco da realidade da perda. Maldonado (1989) comenta: "Facilitar o contato com a realidade – juntamente com o espaço de expressão das emoções constitui ajuda importante na elaboração da perda, da vivência da falta."

A mãe continuou: "durante a minha permanência em casa, apesar do carinho da família sentia-me mal, eu havia concordado em guardar as coisas do bebê, mas depois me arrependi, precisava de tudo perto de mim; além disso, todos tentavam me distrair... para eu não pensar no bebê...". Comentei: *"Eu imagino, é uma ferida em cima de outra. Talvez a sua família, na intenção de poupá-la e de se poupar da própria dor, não esteja percebendo que é difícil cuidar da ferida sem tocá-la e que, se 'distraindo', a dor pode ficar ainda maior e mais solitária".* Com cuidado e o passar do tempo, a ferida poderá cicatrizar e ficará uma marca, como a da cesárea, favorecendo o processo de elaboração do luto e, talvez, futuramente, o surgimento de outros sentimentos e perspectivas. É importante ressaltar que a situação familiar de "não tocar no assunto" é muito recorrente em histórias da morte de um bebê, promovendo, assim, a incubação do luto ao invés da elaboração.

A mãe relatou que continuava internada após a curetagem para cuidar de uma infecção importante, estava sozinha no quarto de isolamento: "Eu me sinto perigosa, estragada, os profissionais parecem ter medo de pegar alguma doença de mim, a porta deve ficar fechada, eu não escuto barulho". Eu lhe pergunto se esta sensação de ser perigosa e estragada se devia ao isolamento ou, também, tinha a ver com a morte do seu bebê. A mãe começou a chorar e me contou que, repetidamente, pensava em tudo o que havia acontecido. Eu lhe perguntei o que ela lembrava do ocorrido. Ela disse que parecia um filminho que não parava de passar: "fico pensando no que deveria ter feito e não fiz e no que não deveria ter feito e fiz, não consigo achar uma resposta!" Bowlby (1979) comenta: "Aqueles que orientam os enlutados descobriram, empiricamente, que, se são capazes de ajudar, é necessário encorajar o cliente, para que este relembre e reconte, em grandes detalhes, todos os eventos que levaram à perda, as circunstâncias que a envolveram e suas experiências, desde então: parece-nos que, apenas desta maneira qualquer pessoa enlutada pode desenterrar suas esperanças, arrependimentos e desesperos, sua ansiedade, cólera e, talvez, culpa." A mãe continuou: "No primeiro dia, eu achei bom o silêncio, pois na minha primeira internação era horrível escutar o choro dos outros bebês e eu sem o meu. Mas, agora, eu me sinto muito sozinha. Há alguns dias, logo após a curetagem, me colocaram num quarto com uma mãe com seu bebê; de início, eu fiquei muito incomodada e a outra mãe um pouco constrangida, mas faltavam quartos e não tinha jeito. Até que a mãe foi tomar banho e pediu para eu olhar o bebê, fiquei preocupada. O bebê chorou, eu o peguei no colo e ele foi se acalmando e ficou quietinho me olhando até a mãe chegar. Eu fiquei contente!" Eu comentei que ela me dizia perceber que não era tão perigosa, que havia conseguido acalmar o bebê, que deu conta de cuidá-lo. Ela disse: "talvez ele tenha sentido o cheiro do meu leite..." De acordo com Lewis (1979): "Embora seja doloroso para as mães enlutadas ficar com mães que têm bebês vivos, isto pode ajudar a manter a recordação fugidia de seus natimortos viva em suas mentes, facilitando, assim, o processo normal de luto. Além disso, muitas mulheres enlutadas, como resultado de seus sentimentos de culpa, acham que não são confiáveis com bebês vivos. A permissão para que ajudem, um pouquinho, na enfermaria com os bebês, pode servir para confirmar-lhes que os outros não as culpam pelo que aconteceu".

Ao final do atendimento ela dizia sentir-se bem melhor: "agora parece que eu estou conseguindo respirar, eu não estava conseguindo respirar, comer nem beber!". Comentei: "Talvez, hoje, você tenha tido a possibilidade de falar sobre o que transbordava e, a partir disso, criou mais espaço dentro de você para respirar, beber e até para se alimentar".

Após o atendimento à mãe, conversei com a enfermeira sobre a importância daquele encaminhamento no cuidado à dor daquela mulher. A enfermeira se emocionou e disse: "Depois de tantos anos, esses casos ainda me deixam acabada, o meu dia termina, eu me sinto muito impotente, é difícil olhar nos olhos destas mulheres". Eu lhe apontei que talvez, justamente a possibilidade de ela se deixar tocar pela dor do outro seja a condição para ela continuar cuidando bem de seus pacientes.

Considerações finais

A partir desses relatos, talvez seja possível percebermos que poder falar sobre o que é difícil e fragiliza é o motor da transformação. Todas as mudanças só foram possíveis a partir do ato concreto de "enfrentamento" da situação da morte e seus desdobramentos. Muitas fantasias acerca da reação dos pais frente a situações tão terríveis se desfazem e outras que se concretizam vão podendo ser acolhidas e compreendidas. Em relação à equipe multidisciplinar, temos tocado em temas como a capacidade de poder se ligar emocionalmente e poder se despedir no caso dos óbitos, assim como nas altas; pensando na singularidade de cada bebê e suas famílias. As transformações dos últimos anos têm possibilitado à equipe uma perspectiva diferente para si mesma e para o outro, proporcionando o início da construção de uma nova *cultura do cuidar*. Essa forma como temos trabalhado

tem oferecido cuidados profiláticos em relação às futuras cons-
tituições das famílias enlutadas: cuidando dos que permanecem
vivos, do "lugar" do bebê que faleceu e do "lugar" dos possíveis
futuros bebês desta família.

Como é observado no trabalho original de Freud, S. (1957)
Luto e Melancolia: o luto é uma reação normal e autolimitada a
uma perda severa. Ele descreveu o processo de luto como uma
retirada dolorosa e relutante do apego a um objeto perdido, pela
qual cada memória e esperança que une o indivíduo ao objeto é
recordada; os momentos profundamente emocionais são revividos
na memória e liberados para novos apegos.

REFERÊNCIAS

BRAZELTON, T. B., *O desenvolvimento do apego: uma família em formação*. Porto Alegre: Artes Médicas, 1981.

CHALMERS, Enkin & Keirse. *Guia para a atenção efetiva na gravidez e
no parto*, 1989.

FREUD, S., Luto e Melancolia. In 4, *Obras Completas*, U.14, RJ: Imago,
1972.

KLAUS & KENNEL, *Pais-bebê - a formação do apego*, Porto Alegre:
Artes Médicas, 1992.

KUBLER-ROSS, E. *Sobre a morte e o morrer*. São Paulo: Martins Fontes, 1981

MALDONADO, M. T., *Maternidade e paternidade, vol.II*, Petrópolis:
Vozes, 1989.

MATHELIN, C., *O Sorriso da Gioconda*. Rio de Janeiro: Companhia de
Freud: 1999.

MOREIRA, Braga & Morsch, organizadoras, *Quando a vida começa diferente - O bebê e* sua *família na UTI neonatal*. Rio de Janeiro: Fiocruz, 2003.

WINNICOTT, D.W. *Da pediatria à psicanálise*. Rio de Janeiro: Francis-
co Alves, 1978.

O BEBÊ, A CHUPETA E O OUTRO[*]

Ana Maria Campello Lima[1]

Há um tempo uma pediatra me contou, bastante surpresa, que, ao encontrar uma chupeta num dos berços da maternidade em que trabalha, maternidade que recebeu o título de "Hospital Amigo da Criança", se pegou dando um grito com o susto que levou. A surpresa não foi só com a chupeta que viu, objeto expressamente proibido dentro da maternidade, mas, principalmente, com a forma como gritou – a mesma forma que grita quando vê uma barata. Chupeta virou um bicho asqueroso, como na música que se canta no nordeste: "é uma barata, pega o chinelo e mata"!

A cena descrita me reporta a outra, que vivenciei na mesma maternidade. Algumas mães com seus bebês, enquanto esperavam o atendimento do pediatra, escondiam a chupeta na sacola e, assim que saíam do local, colocavam-na de volta na boca da criança. A avó de um dos bebês, percebendo que estava sendo observada, explica, meio sem jeito, que lá dentro não se pode dar a chupeta para o bebê porque os médicos não deixam.

---

[*] Trabalho apresentado no III Encontro Nordestino de Psicanálise e Clínica com Bebês, João Pessoa, 2005.

[1] Psicanalista, Psicóloga Clínica do CEMPI (CAPS Infantil da Prefeitura da Cidade do Recife).

A chupeta, objeto culturalmente associado ao bebê, passou já há algum tempo a ser algo temido e de uso politicamente incorreto para os profissionais da área. Mas, ao que parece, a proibição do uso nos hospitais e maternidades não está impedindo que as mães ofereçam-na a seus filhos. Só que, agora, há o acréscimo de que o fazem escondido e envolvendo certo sentimento de culpa. Há um estudo realizado por Soares e colaboradores (2003), envolvendo mães de bebês nascidos em um hospital de Porto Alegre, credenciado como "Amigo da Criança", que demonstra o quanto a prática de oferecer chupeta está arraigada na cultura. Apesar de as crianças estudadas terem nascido em um hospital que desestimula essa prática, a somente uma em cada dez crianças a chupeta não foi oferecida em casa, e, no final do primeiro mês, seis de cada dez crianças efetivamente usavam chupeta.

Por trás de uma chupeta há sempre o outro que a oferece. Ao falar de chupeta, temos que levar em consideração a questão da freqüência, da intensidade e do tempo de uso. Existem trabalhos realizados em odontopediatria e fonoaudiologia que apontam para o fato de que, se for usada *freqüentemente e/ou por um período prolongado*, a chupeta pode prejudicar a amamentação materna, causar mau posicionamento dentário, desvio no crescimento dos maxilares, alterações na deglutição e fonação (fala) além de determinar a instalação do hábito de chupar chupeta.

No entanto, os estudos também apontam para o fato de que "se ela for utilizada racionalmente, também pode estimular a atividade muscular e ter influência benéfica na saúde oral do bebê e no desenvolvimento dos arcos osteodentários, sem interferir na atividade da sucção de mamar" (Modesto, 1998). Portanto, nessa visão, a questão não seria permitir ou abolir de vez o seu uso, e sim definir o que seria o uso racional.

São várias as pesquisas que demonstram associação significativa entre o uso da chupeta e sua relação com o desmame precoce. Embora todas elas concordem que o uso da chupeta e do bico estão associados ao desmame precoce, muitas chegaram à conclusão de que essa associação é complexa e envolve vários fatores, necessitando ainda, que seja mais estudada e explicada. Esses autores apontam para a possibilidade de a chupeta ser um *marcador de dificuldades* no aleitamento materno e não o causador direto do desmame (Víctoria, 1997, Kramer e Dagenais, 2001). Joel A. Lamounier, do programa de pós-graduação em pediatria de Minas Gerais, em artigo no *Jornal de Pediatria*, aponta que os estudos que analisam a associação entre o uso de chupetas e a duração da amamentação são consistentes, "no entanto, não ficou ainda bem estabelecida a relação causal. A chupeta poderia ser introduzida já como conseqüência de problemas na amamentação, porém o seu uso poderia também diminuir a freqüência de mamadas no seio, e como conseqüência a diminuição da produção de leite" (Lamounier, 2003). Esses dados nos fazem refletir sobre que outras coisas estão implicadas no ato de amamentar, tais como o desejo materno, o momento circunstancial no qual a mãe se encontra e a qualidade da relação mãe-bebê, que funciona como suporte para a amamentação.

É comum escutar, por parte dos profissionais, que a mãe deve oferecer o peito sempre que suspeitar que a criança esteja com fome. A mãe passa a ter essa suspeita pelo choro ou movimento de sucção que o bebê faz. Essa é uma preocupação importante porque diz respeito à satisfação das necessidades vitais do organismo. O que se encontra em ação no primeiro plano é a necessidade de autoconservação através da alimentação. Porém, desde cedo, a boca ganha outra dimensão enquanto zona erógena e se constitui como um lugar privilegiado na relação com o Outro Primordial (a mãe ou quem desempenha essa função). Isso porque nem todo movimento de sucção significa uma demanda de leite, como atesta a experiência de sucção-não-nutritiva, na qual os bebês, mesmo saciados, sugam com força quando escutam a fala materna.

Tão importante quanto, especialmente quem trabalha com o autismo pode atestar, é o fato de que a preocupação da mãe

64 CUIDADOS NO INÍCIO DA VIDA: CLÍNICA, INSTITUIÇÃO, PESQUISA E METAPSICOLOGIA

necessita transcender o puro cuidado orgânico para possibilitar o caminhar do bebê na direção de sua estruturação psíquica. Indo além do cuidado do concreto com o corpo, a mãe põe em ato a dimensão simbólica que permitirá à criança a possibilidade de vir a reconhecer-se como um ser único no mundo e, dessa forma, poder vir a se situar em relação aos outros e aos diversos eventos da vida.

O bebê, quando nasce, possui uma série de atos reflexos condenados a desaparecerem, para retornarem, mais tarde, de forma mais elaborada. A sucção é a única que permanece porque passa a ser inscrita, a partir do pulsional, como fonte de prazer e se estabelece como uma experiência adquirida. Freud já nos dizia que

> Existe uma necessidade de satisfação que, ainda que tenha sua origem na alimentação e seja estimulada por ela, vai à busca de um prazer que vai além da alimentação em si, é independente. Esta necessidade de satisfação estaria relacionada ao que diz respeito à pulsão, mais especificamente à experiência alucinatória de satisfação, onde estão inscritos os traços mnêmicos e os atributos desse próximo assegurador (Laznik, 1994 p.81).

A boca se constituindo como zona de investimento erógeno, tomada no circuito pulsional, não se satisfaz com o objeto da necessidade, porque "essa boca que se abre no registro da pulsão – não é pelo alimento que ela se satisfaz" (Lacan, 1979, p. 159). Freud já nos dizia que a boca é o primeiro órgão que se manifesta enquanto zona erógena e que emite para o psiquismo uma reivindicação libidinal.

Algo do desejo da mãe sobre a criança, que se expressa principalmente no modo de olhá-la, na forma de atender e significar a sua demanda fica registrado no pólo alucinatório de satisfação da necessidade. A inscrição desse próximo assegurador – aquele que está atento às necessidades do bebê – se faz, tendo como base essa experiência alucinatória de satisfação, que é revivida e elaborada nas vezes em que a criança, já saciada do leite, sai da satisfação da necessidade puramente orgânica e busca simplesmente sugar.

Colocar sempre o peito na boca, como muitos profissionais sugerem, na tentativa de aumentar o tempo de amamentação e livrar a criança da chupeta, parece fixar um tipo de resposta, na qual se atrela como única demanda algo da ordem do orgânico, reforçando para as mães que a demanda do bebê se faz apenas na ordem da necessidade, dificultando a passagem para a ordem do desejo e o conseqüente desenvolvimento da estrutura psíquica. Gostaria aqui de acrescentar que a prática clínica tem demonstrado que, quanto mais problemática a relação mãe-bebê, mais a mãe realiza a interpretação de que a única demanda feita pelo bebê é de alimentação.

Assim, o bebê, quando deixado sozinho, longe da mãe, que não pode e nem deve se encontrar sempre presente, colada ao bebê, poderá – e por que não, com o auxílio de uma chupeta – "evocar os traços mnêmicos da experiência de satisfação, bem como os traços desse Outro atento e reencontrar o apaziguamento – essa é a experiência alucinatória primária. É nesses termos que Freud descreve, no *Projeto*, a constituição do aparelho psíquico" (Laznik, 2000, p.85). No processo de constituição do sujeito do inconsciente, é por intermédio do enlaçamento da pulsão que a criança vem atingir a dimensão do Outro Primordial, ou seja, a mãe ou quem exerce a função materna. É necessário que a pulsão faça o fechamento de seu circuito, em cujo segundo tempo a criança toma como objeto uma parte do próprio corpo – a mão, a chupeta ou o dedo. É neste momento que Freud situa a sucção, não mais como um sinal da necessidade de alimentação, momento no qual também pode ser inserida a questão da chupeta. Acaso a chupeta, junto com a sucção, não desempenharia um papel facilitador, funcionando como suporte para a experiência alucinatória de satisfação? Não seria equivalente a um objeto transicional, do qual nos fala Winnicott, designando a área intermediária de experiência entre o erotismo oral e a verdadeira relação de objeto?

Há bebês que não aceitam chupeta mesmo havendo insistência materna, e outros que se acalmam quando a usam. Culturalmente, a chupeta também é conhecida como uma forma de oferecer consolo, sendo inclusive nomeada de "consolo" em determinadas regiões. Se a chupeta acalma o bebê, pode também, em determinado momento, acalmar a mãe que se encontra ansiosa e que precisa de um tempo mínimo para conseguir responder à demanda do filho. Dessa forma, o objeto chupeta funcionaria como um auxílio a que a mãe recorre em determinados momentos, podendo salvaguardar a qualidade da relação mãe-bebê. A chupeta facilita e possibilita o afastamento materno momentâneo, viabilizando a questão estruturante da *presença-ausência*, imprescindível no processo de estruturação psíquica.

A chupeta tem uma participação importante, na medida em que contribui para que o peito materno não acabe virando uma chupeta. Dessa forma, a sua utilização pode possibilitar para a mulher um deslizamento do significante *peito* – como *significante materno,* para peito – *significante da sexualidade feminina.* E essa é uma questão importante não só para a mulher que é mãe, como também para a criança. A mulher, quando se vê apenas como mãe, faz com que o filho corra risco na sua estruturação psíquica. É preciso que a mãe esteja dividida entre os papéis de mãe e mulher para que permita a entrada de um terceiro na relação, possibilitando assim que a criança saia do registro do imaginário, lugar da alienação, para o registro do simbólico, se constituindo como sujeito psíquico. O ato de fazer do peito uma chupeta – o que chamarei de *"chupeito"* – pode dificultar essa passagem, fixando apenas o lugar de mãe, provocando uma colagem que aí também se faz no concreto – corpo a corpo, como a gente vê em alguns casos de crianças que não largam o peito, dificultando que a mãe possa deslizar para a posição de mulher.

Não é o caso de se colocar a questão de ser a chupeta bandida ou mocinha, porque dessa forma corre-se o risco de defender *ou* o seu uso *ou* sua abolição, entrando na delicada e perigosa área dos extremos. Este trabalho procura refletir e introduzir a dimensão subjetiva do uso da chupeta e assinalar que: se muitos trabalhos cientificamente reconhecidos apontam para o fato de que a chupeta pode interferir na amamentação, provocando, entre outras coisas, a *"confusão de sucção"*, reconhecem também que o "o seu uso pode ser um marcador do desejo de interromper mais cedo o aleitamento materno, ao invés da causa de descontinuidade. Nesses casos, as mães poderiam precisar de mais apoio e aconselhamento para ajudá-las a continuar a amamentação" (Lamounier, 2003, p. 285).

É preciso considerar a singularidade de cada caso, estar atento para quando o uso da chupeta como substituta de atenção dos pais, quando é oferecida ao menor sinal de desconforto da criança, ou para acalmar o choro provocado por outros fatores, vindo dessa forma para silenciar a fala e calar a demanda, como acontece na música tão conhecida por todos – "mamãe eu quero mamar". Nesses casos, a chupeta surge enquanto um sintoma das relações. Para a psicanálise não se deve atuar diretamente no sintoma e sim possibilitar o seu deciframento.

Compartilho com Lamounier quando o autor aponta que "o uso de chupeta deve ser visto pelos profissionais da saúde como *um marcador de dificuldades* do aleitamento materno e neste caso, o mais importante talvez não fosse a simples retirada da chupeta, e sim, a tentativa de elucidar e solucionar esses problemas"(Idem). Acredito que se faz mais pelo aleitamento materno investindo na qualidade da relação mãe-bebê, do que com a proibição do uso da chupeta. Enquanto profissionais, podemos orientar as mães, sem ditar regras, para que assim possamos facilitar e intermediar o processo de filiação e a relação mãe-bebê, fundamental para a constituição do aparelho psíquico. Quando ditamos regras, (quer seja com relação à chupeta, quer seja com relação ao aleitamento materno), estamos dificultando que a mãe assuma um lugar de saber perante o filho, lugar fundamental para que ela possa significar a demanda do bebê e, assim, assegurar a constituição subjetiva da criança. Aos profissionais que trabalham com bebês e suas famílias, cabe ouvir a mãe em suas dificuldades e possibilitar/respaldar esse lugar de saber da mãe em relação ao filho.

REFERÊNCIAS

1. FREUD, S. Três ensaios sobre a teoria da sexualidade (1905). In *Edição Standard Brasileira das obras completas de Sigmund Freud*. Vol. VII. Rio de Janeiro: Imago. 1972.

2. KRAMER, M. S; Barr, R.G; DAGENAIS, et al. Pacifiers and breastfeeding. *JAMA* 2001, 286: 374.

3. LACAN, J. *Seminário 11 – Os quatro conceitos fundamentais da psicanálise*, p. 159, Rio de Janeiro, J.Z. E, 1979.

4. LAMOUNIER, J. A. Os efeitos dos bicos e chupetas no aleitamento materno. In *Jornal de Pediatria*, vol. 79, n. 4, pp. 284-286, 2003.

5. LAZNIK, M. C. A voz como primeiro objeto da pulsão oral. In *Estilos da Clínica*. Instituto de Psicologia, Universidade de São Paulo, vol. V, n. 8 - São Paulo, USP, 2000, p. 811.

Por uma teoria das pulsões. In *Dicionário de Psicanálise – Freud e Lacan*, Salvador: Álgama, 1994.

7. MODESTO, A. Camargo, M. C. F. Chupeta – bandida ou mocinha? In *Jornal da Associação Paulista de Cirurgião Dentista*. Ano 32, p. 29, janeiro de 1998.

8. SOARES, M. E. M; Giugliane, E. R. J; Braun, M. L; Salgado, A. C. N; Oliveira, A. P, Aguiar, P. R. - Uso de chupeta e sua relação com o desmame precoce em população de crianças nascidas em Hospital Amigo da Criança. In *Jornal de Pediatria da Sociedade Brasileira de Pediatria*, vol 79, n° 4, 2003.

9. VICTORIA, C. G; Behague, D. P; Barros; F. C; Olinto, M. T. A; Wederpass, E. Pacifier use and short breasfeending duration: cause, consequence or coincidence? In *Pedriatics* 1997, 99: 445-53.

PARTE 2

Bebês e crianças pequenas em abrigos

UMA CRIANÇA EM BUSCA DE UMA JANELA: FUNÇÃO MATERNA E TRAUMA

Silvia Abu-Jamra Zornig
Lídia Levy

A importância dada à primeira infância pela teoria psicanalítica é indiscutível, principalmente à noção de sujeito constituído a partir da relação com o Outro. Desde Freud, o investimento narcísico dos pais constitui a base para a organização psíquica da criança. No entanto, enquanto na teoria freudiana a ênfase dada ao desamparo inerente ao ser humano coloca a questão do trauma como estrutural, autores como Ferenczi, Winnicott e Bowlby ressaltam justamente o oposto, ou seja, que o desamparo só ocorre como efeito de uma ruptura na continuidade dos cuidados parentais.

Alguns autores procuram diferenciar trauma de traumatismo, relacionando traumatismo a alguma ocorrência externa que atinge o sujeito e trauma ao efeito produzido no sujeito por essa ocorrência (Kaufmann, 1996). Freud relativiza esta distinção ao considerar traumático tanto as situações ditas externas quanto o excesso pulsional que também ameaça a integridade psíquica do sujeito.

Observamos que ao longo da obra freudiana a noção de trauma sofreu modificações, mantendo, entretanto, o fator econômico

CUIDADOS NO INÍCIO DA VIDA: CLÍNICA, INSTITUIÇÃO, PESQUISA E METAPSICOLOGIA

como essencial. Em *Inibições, sintoma e angústia* (1926), Freud caracteriza o trauma do nascimento como o protótipo da situação de angústia não só pela separação do bebê de seu objeto de amor, mas principalmente por se referir a uma angústia não inscrita no campo das representações. O bebê, por sua prematuração biológica ao nascer, fica em posição de desamparo, só podendo perceber o fenômeno somático da angústia. No nascimento, ocorreria um transbordamento energético sem representação, em que o real ameaça o sujeito, apontando para a experiência radical da morte. Por não poder tematizar o perigo real da morte, mas somente perceber a experiência corporal da angústia, cabe ao Outro materno introduzir uma estrutura que possa ser considerada a pré-história do sujeito. Assim, o que faz do nascimento um evento traumático é justamente o fato de estar relacionado a um aumento de tensão acima do limite tolerável, de ser uma auto-intoxicação.

Ao ser separada da mãe, sem estar adaptada a um funcionamento autônomo, a criança sofre um transbordamento energético sentido como um ataque interno que será reativado em toda angústia posterior. Freud ressalta ao mesmo tempo a importância da relação com o objeto (separação do Outro materno) que vai exercer a função de contenção do aparelho psíquico do neonato, mas sobretudo, do fator econômico, já que a experiência traumática deve sua força patogênica à incapacidade do aparelho psíquico de processar e ligar, através de representações, o excesso pulsional (perigo interno).

Laplanche (1992) retoma a teoria da sedução freudiana para argumentar que o trauma é inevitável e estruturante na construção subjetiva, decorrendo do confronto entre a criança e o mundo adulto, que propõe à criança significantes obscuros para os quais ela não tem resposta. Neste contexto, a noção de trauma não pode ser separada da constituição subjetiva da criança, já que é justamente o que impulsiona a criança a trabalhar psiquicamente e a procurar um sentido para os significantes enigmáticos que aparecem no campo do discurso parental.

Autores como Ferenczi e Winnicott, no entanto, propõem uma diferenciação entre a experiência normal do nascimento e o trauma em si. Para Winnicott (1979), o surgimento do *self* se dá a partir do sentimento de continuidade de existência, baseado no estabelecimento de cuidados maternos que protegem o bebê dos excessos, tanto pulsionais como externos. Assim, a noção de temporalidade contínua é introduzida pelos cuidados maternos e a descontinuidade referida ao trauma. A questão do trauma de nascimento não é colocada como estrutural, mas como uma falha, uma descontinuidade relacionada à invasão prolongada e excessiva do meio ambiente. Ferenczi (1927) também questiona a relação feita por Freud entre angústia e trauma do nascimento, indicando que o nascimento pode ser considerado um "triunfo" para a criança por ser o resultado de um processo. Por um lado a criança tem todas as condições para nascer, e por outro, seus pais procuram, com seus cuidados e proteção, tornar esta transição tão suave quanto possível.

O que procuramos ressaltar é que a noção de trauma pode indicar a ênfase ou no perigo interno (pulsional) ou em situações de vida que ficariam referidas a um perigo externo, parte da história de vida do sujeito. Se pensarmos na teoria freudiana, poderíamos dizer que Freud, ao longo de sua obra, passa de uma noção mais econômica da angústia para uma concepção mais histórica, mas mantém a tensão entre as duas perspectivas. Sendo assim, o trauma psíquico ficaria referido tanto às angústias presentes no processo de constituição subjetiva da criança, quanto às experiências vividas na realidade que não sejam passíveis de serem assimiladas e representadas, como por exemplo, o impacto decorrente de uma separação do ambiente, até então considerado protetor.

Sem dúvida a separação da figura materna para crianças de tenra idade, incapazes de assimilar o que está ocorrendo, assim como o desinvestimento materno abrupto, produzem efeitos traumáticos, podendo desencadear uma série de medidas defensivas com prejuízo da capacidade criativa da criança. Poderíamos citar os estudos de Spitz (1965) e de Bowlby (1979) sobre o processo de vinculação, assim como os autores que trabalham com a clínica de bebês (Golse, Lebovici, Cramer) para ressaltar a importância da qualidade das relações precoces no processo de construção subjetiva da criança.

Entretanto, sabemos também que muitas vezes o que se revela como determinante não é o evento em si, mas a forma como o sujeito procura repetir e elaborar o evento traumático. Neste contexto, definir o evento traumático torna-se problemático, pois nem sempre o que traumatiza se relaciona a determinadas situações, mas sim, a uma palavra vazia, a um desmentido, a um vazio de simbolização.

Trabalhando com crianças e pais adotivos, é possível encontrar uma multiplicidade de pessoas que, tendo tido uma história de vida marcada por separações precoces, conseguem criar recursos psíquicos surpreendentes. Variáveis como a idade da criança na época da separação, a duração da separação, a natureza das experiências antes da separação, a presença de circunstâncias traumáticas envolvendo a separação, a presença e a qualidade da interação estabelecida com os pais adotivos afetam de formas e níveis diferentes cada criança.

Mesmo reconhecendo que a qualidade dos cuidados parentais recebidos por crianças nos seus primeiros anos de vida é de vital importância para sua saúde física e mental, não podemos desconsiderar o potencial criativo e a incrível capacidade regenerativa das crianças na procura de vínculos alternativos que possam lhes fornecer experiências de acolhimento, intimidade e relacionamento contínuo.

Cyrulnik (2003), a partir de uma pesquisa bibliográfica sobre personagens históricos com histórias de vida potencialmente traumatizantes observa que pessoas que conseguem superar situações de vida extremas geralmente tiveram em seu percurso subjetivo adultos que puderam dar um sentido a esta experiência, permitindo que o afeto circulasse em palavras e não ficasse petrificado em ato ou em repetição posterior.

Guedeney (2002) também enfatiza que a noção de resiliência pode ser pensada como um processo que se constrói não só a partir de uma hipótese constitucional, sugerindo que "o aspecto decisivo da resiliência humana é ser construída na relação, na interação de uma pessoa com aqueles que a cercam". Neste sentido, "falar verdadeiramente" com uma criança produz efeitos estruturantes e libertadores. Em outras palavras, a construção de uma narrativa funciona como um envelope psíquico para a criança, permitindo-lhe uma ancoragem simbólica, ponto de partida para sua constituição.

A ênfase na qualidade essencial das relações iniciais entre a criança e seus pais deram margem à crença de que crianças abandonadas e/ou vítimas de maus-tratos seriam "problemáticas", portanto, não adotáveis tardiamente. Em 1953, Winnicott (1997), defendendo a adoção nos primeiro dias ou semanas de um bebê, afirma que:

> Os problemas aqui se relacionam muito à psicologia da criança que sofreu privações, e quando a história inicial não foi suficientemente boa em relação à estabilidade ambiental, a mãe adotiva não está adotando uma criança, mas um caso, e ao se tornar mãe, ela passa a ser a terapeuta de uma criança carente (Winnicott, 1997:117).

Não podemos discordar da ênfase dada por Winnicott à construção de laços precoces entre a mãe e o seu bebê, pois este inicia sua construção subjetiva através de uma relação permeada pela musicalidade da voz materna, por seu olhar de antecipação de um sujeito, por seu contato táctil que propicia um envelope e uma sustentação física e psíquica ao bebê, por sua capacidade de interpretar seus apelos. No entanto, a clínica e o trabalho institucional com bebês (Instituto Lóczy, Budapeste) indicam a possibilidade de esses marcadores simbólicos fundamentais serem mantidos ou retomados a partir da relação da criança com adultos que lhe ofereçam uma ancoragem narrativa.

A noção de narratividade como co-construção de uma história relacional nos auxilia a pensar nas crianças adotadas que necessitam contar sua história inicial não pela palavra, como enfatiza Golse (2003), "mas sim através das suas especificidades interativas, que são para elas um modo de comunicação, de dizer e nos fazer compreender algo sobre seu passado" (p. 68).

A história de um menino atendido no SPA da PUC-Rio, além de ser exemplo do êxito de muitas adoções tardias, propicia um questionamento sobre as "profecias" que costumam ser feitas acerca do destino funesto de crianças com situações de vida ditas traumatizantes na primeira infância.

Quando T. nasceu, sua mãe, diagnosticada como esquizofrênica, encontrou abrigo em uma cisterna localizada numa favela do Rio de Janeiro, vizinha a uma creche. Intrigados com o choro do bebê, os funcionários da creche descobriram os "moradores" da cisterna. A diretora da instituição foi até o local e disse à mãe que poderia deixar o bebê com eles, durante o horário normal de funcionamento, sempre que assim o desejasse. T., portanto, começou a freqüentar a creche com a idade de um mês, sendo lá deixado pela mãe, pontualmente todas as manhãs, e apanhado todas as tardes, até completar cinco anos. Costumavam chegar mãe e filho com um forte cheiro de urina, pois dormiam juntos em um mesmo colchão, onde ambos urinavam. Na creche, tomava banho e se alimentava e, apesar de ser tratado por pessoas diferentes, eventualmente recebia atenção especial por parte da diretora. Possivelmente em decorrência do espaço reduzidíssimo no local escuro e sem ventilação em que habitava com sua mãe, T. não conseguiu andar normalmente até os cinco anos, arrastando-se e tropeçando quando pretendia correr. "Falava" muito, mas pouco se compreendia do que dizia; emitia sons indecifráveis para as pessoas que trabalhavam na instituição.

Um fato marcante ocorreu no dia em que completou cinco anos. Como nunca tinha tido um aniversário, a diretora decidiu fazer-lhe um bolo. Coincidentemente, no mesmo dia, alunos de uma escola da Zona Sul foram levar ovos de páscoa para as crianças e T., além de ganhar o chocolate, se viu cercado por outras crianças que cantavam "Parabéns para você". A surpresa estampada em seu rosto era visível diante daqueles olhares que o reconheciam em sua singularidade. Nesta ocasião começou a andar normalmente.

Na época, os funcionários da creche preocupavam-se cada vez mais com o destino do menino, que vinha dando mostras de não querer voltar para a cisterna. Até então a mãe, quando T. não estava na creche, o levava para a atividade que fazia todos os dias, ou seja, dançava nas praças públicas do Rio de Janeiro e recorria à caridade dos passantes. Como o filho começara a andar, preocupada com a possibilidade que ele se perdesse ou fosse atropelado, amarrava-o numa árvore. Nestas circunstâncias, foi um dia encontrado por uma conselheira tutelar.

Alguns procedimentos foram iniciados no sentido de proteger a vida do menor, entre eles, a indicação de um acompanhamento psiquiátrico à mãe. Ela, no entanto, recusou-se a comparecer ao atendimento, mas concordou que o filho fosse colocado num abrigo.

T. não chorou ou manifestou qualquer tipo de emoção quando foi para o abrigo, mas demonstrava não desejar ficar ali. Uma característica marcante dessa criança era seu fascínio por janelas. Dizia querer ir para uma casa que tivesse janelas. Segundo os técnicos que o atenderam na ocasião, estava aberto para se ligar a qualquer pessoa que lhe possibilitasse sair dali, e declarava seu desejo de uma "nova mãe". O desligamento progressivo da figura materna parece ter acontecido durante o ano em que ficou na instituição.

Nesse período, sua mãe não quis vê-lo. Nas primeiras semanas ia com regularidade até a porta do abrigo, chamava a assistente social e pedia-lhe que entregasse algumas balas ao filho. Não aceitava o convite para entrar. Aos poucos as visitas foram rareando, até ficar alguns meses sem aparecer. T. também começou a recusar qualquer encontro. Quando lhe perguntavam se queria ir até a porta, dizia não desejar mais vê-la: "Não quero morar mais com ela, e também não quero ficar aqui. Eu quero uma outra mãe". O ressentimento manifestado nessa afirmação devia ocultar a dor da separação e a incompreensão com o que vinha ocorrendo. Lembremos que também o vínculo com os funcionários da creche foi rompido, apesar de um técnico que lhe dera assistência ter permanecido como ponto de contato entre ele, sua história passada e o abrigo.

A equipe preocupava-se com o destino do menino de seis anos, que talvez não tivesse oportunidades de ter uma família. A avaliação psicológica apontara consideráveis dificuldades de aprendizagem. Nesse período, surgiu a possibilidade de uma adoção, deixando toda a equipe responsável pelo caso em estado de angústia.

Por um lado, havia uma mulher que, com todo seu distúrbio psíquico, funcionou como figura de referência estável nos primeiros anos de vida do filho. Por outro, um menino cada vez mais limitado em seu desenvolvimento, que demandava a todos algum investimento afetivo. A institucionalização, se, por um lado, foi uma medida de proteção, por outro, deve tê-lo marcado com a experiência do abandono. Ao mesmo tempo em que era possível constatar a falta de cuidados básicos em seus cinco primeiros anos de vida, era também possível afirmar que, apesar de todas as dificuldades, a mãe demonstrara forte envolvimento afetivo, além de preocupação no sentido de proteger o filho. Entretanto, fazia-se necessário pensar o que seria melhor para a criança e no caso de T., havia o agravante de não existir qualquer outro familiar que pudesse por ele se responsabilizar.

De certa forma, a "decisão" foi tomada pela mãe. No dia da audiência em que se deveria definir a situação de T., ela não compareceu e, posteriormente, soube-se que entrara em surto, do qual não mais saiu até seu falecimento.

Seria muito simples, mas talvez equivocado, interpretar o abandono materno como rejeição. Concordamos com Nazir (2002), para quem o abandono nem sempre é equivalente a rejeição ou a não desejo. No presente caso, esta mulher parece transmitir uma compreensão de que o crescimento do filho dependia de seu próprio desaparecimento.

O desenvolvimento físico e emocional de T. a partir da adoção foi surpreendente, levando-nos a perguntar que forças teriam atuado na manutenção de sua saúde psíquica. O sucesso da adoção provavelmente estaria diretamente ligado à experiência vivida com a figura materna nos primeiros anos, assim como à possibilidade de recontar esta história inicial através do vínculo afetivo estabelecido com a família adotiva.

A mãe, apesar da gravidade da doença que a afligia, pôde exercer uma função de sustentação e cuidado que permitiu à criança uma ancoragem simbólica suficiente para iniciar a narrativa de sua história. A cisterna, como espaço fechado, pôde ser pensada não só em uma perspectiva claustrofóbica, sem janelas, mas também como um primeiro envelope de sustentação à mãe e ao filho. É interessante observar que foi a partir do choro de T. que os funcionários da creche descobriram sua presença. Ou seja, o nascimento psíquico de T. tem como fiadores não apenas sua mãe / cisterna, mas o espaço aberto da creche, que ao oferecer acolhimento sem restringir a liberdade da mãe de resgatar o filho e voltar a seu entorno fechado ao final de cada dia, propicia um ir-e-vir que aponta para a construção de um espaço transicional, fundamental à subjetivação da criança.

Winnicott (1979) postula a importância da provisão ambiental, especialmente no início da vida infantil e acrescenta que a criatividade tem suas raízes na experiência de ilusão que se estabelece entre a mãe e o bebê, permitindo que ele desfrute de um sentimento de continuidade de existência e da ilusão onipotente de poder criar seus próprios objetos. Poderíamos supor que a mãe, através do *holding* oferecido pela creche, pôde sustentar

80 CUIDADOS NO INÍCIO DA VIDA: CLÍNICA, INSTITUIÇÃO, PESQUISA E METAPSICOLOGIA

essa experiência fundamental à constituição do psiquismo de seu filho, fornecendo-lhe elementos proto-simbólicos para estabelecer novos laços afetivos no decorrer de sua história.

À medida que crescia, T., percebendo que nem sempre podia contar com a mãe, ligou-se inicialmente aos técnicos da creche e, depois, já no abrigo, expressava com freqüência seu desejo de "mãe". O desejo de estabelecer uma relação significativa com um adulto que pudesse ocupar essa função parece indicar um trabalho de elaboração de T. e não apenas a demanda de substituir um objeto pelo outro. Querer morar em uma casa com janelas indica a possibilidade de efetuar um trabalho de luto que lhe permita dar sentido à sua história inicial: a nova mãe só sendo possível pelo reconhecimento de uma mãe perdida, mas não suprimida. Ou seja, a possibilidade de elaborar a perda do objeto materno faz com que T. possa se descolar da posição de vítima passiva de um destino funesto para ocupar o lugar de co-autor de uma nova história. Nazir indica que a criança não sofre passivamente seu destino, mas contribui para sua aceitação e quando consegue crescer e estabelecer contatos com as pessoas que a cercam (mesmo que timidamente, como no caso de T.) podemos reconhecer um movimento no sentido de adotar e ser adotado.

Se considerarmos o trauma como uma ruptura no sentimento de continuidade de existência da criança, a ida de T. para o abrigo estaria mais próxima a uma experiência traumática. No entanto, não podemos nos esquecer de Bowlby (1980), quando afirma que a criança pode ter sido mal alimentada, mal alojada, pode estar muito suja e sofrendo de doenças, pode ser maltratada, mas a menos que tenha sido completamente rejeitada, ela está segura em saber que há alguém para quem ela tem valor. Esta indicação parece encaminhar a questão não somente para o efeito de descontinuidade entre a perda do objeto primordial, a institucionalização e a adoção tardia, mas sobretudo, para a possibilidade de a criança construir uma história narrativa que faça um contorno entre sua história inicial e sua história presente.

Na infância, a questão traumática relaciona-se justamente à possibilidade de a criança passar da repetição à elaboração, da posição de vítima à posição de sujeito em relação ao evento traumático. Uma situação traumatizante pode funcionar como um ponto de partida na construção fantasmática do sujeito se for recoberta pela função simbólica de uma palavra plena que tenha efeito de ancoragem para a criança. Lembramos de Ferenczi, quando relaciona o trauma não só à violência sofrida pela criança por um adulto, mas sobretudo ao desmentido do adulto, impedindo que a criança possa significar o que sofreu e produzir um sentido sobre seu sofrimento.

A criança adotada terá marcada em sua história um fracasso parental cujos efeitos traumáticos de alguma forma se farão sentir. Inúmeros fatores contribuem para a elaboração da vivência de abandono, inclusive a presença de novos objetos que venham ajudá-la a realizar um trabalho de luto. A entrada da família adotiva na vida de T. ofereceu-lhe o suporte necessário para enfrentar a perda do objeto materno, permitindo-lhe colocar em palavras seus sentimentos e sua vivência de abandono. No entanto, o fundamental parece ter sido o investimento dos pais adotivos que não recuaram perante as vicissitudes da história de seu filho, acreditando em seu potencial criativo de poder inventar e escrever uma história na qual eles participam de forma contundente, justamente por sustentarem a versão de que uma história se escreve continuamente, não se encerrando na conclusão do capítulo da primeira infância.

Referências

BOWLBY, John (1953). *Child care and the growth of love*. Middlesex: Penguin Books, 1980.

_____ (1979). *Formação e rompimento dos laços afetivos*. São Paulo: Martins Fontes, 1982.

CRAMER. B., Palácio-Espaza, F. *La pratique des psychothérapies mères-bébés*. Paris: PUF, 1993.

82   CUIDADOS NO INÍCIO DA VIDA: CLÍNICA, INSTITUIÇÃO, PESQUISA E METAPSICOLOGIA

CYRULNIK, B. *Le murmure des fantômes*. Paris: Odile Jacob, 2003.

DOLTO, Françoise. *Seminário de Psicanálise de Crianças*. Rio de Janeiro: Zahar, 1982.

GUEDENEY, A., Lebovici, S. *Intervenções psicoterápicas pais/bebê*. Porto Alegre: Artes Médicas, 1999.

GOLSE, B. *Sobre a psicoterapia pais-bebê: narratividade, filiação e transmissão*. São Paulo: Casa do Psicólogo, 2003.

FERENCZI, S. *Final Contributions to the Problems and Methods of Psycho-Analysis*. New York: Brunner/Mazel, 1955.

FREUD, S. (1926-1925). Inibições, sintomas e ansiedade. In *Edição Standard brasileira das obras completas de Sigmund Freud* (J. Salomão, trad.) (Vol. 20). Rio de Janeiro: Imago, 1976.

KAUFMANN, P. *Dicionário Enciclopédico de Psicanálise*. Rio de Janeiro: Jorge Zahar, 1996.

LAPLANCHE, J. *Novos fundamentos para a psicanálise*. São Paulo: Martins Fontes, 1992.

LEBOVICI, S. *O bebê, a mãe e o psicanalista*. Porto Alegre: Artes Médicas, 1987.

NAZIR, Hamad. *A criança adotiva e suas famílias*. Rio de Janeiro: Companhia de Freud, 2002.

SPITZ, R. A., e Cobliner, W.G. *The first year of life*. New York: Int. Univ. Press, 1965.

WINNICOTT, D. W. (1953). Duas crianças adotadas. In Shepherd, R. (org.), D.W. Winnicott - *Pensando sobre crianças*. Porto Alegre: Artes Médicas, 1997 (p.115-125).

_____. (1971). *O brincar e a realidade*. Rio de Janeiro: Imago, 1975.

_____. (1979) *O ambiente e os processos de maturação*. Porto Alegre: Artes Médicas, 1982.

"Bebês sábios": impasses entre a institucionalização, a constituição da subjetividade e a ética psicanalítica

Luciana Almeida Lima
Mara Lúcia Evangelista[1]

"Recordo-lhes o sonho típico do 'bebê-sábio',
que isolei há tantos anos, em que um recém-
nascido, uma criança ainda de berço, põe-se
subitamente a falar, a mostrar sabedoria a toda
família" (Ferenczi, 1992, p. 13).

Atuar na clínica de bebês abrigados convida a suscitar questionamentos sobre o papel e os efeitos da institucionalização na constituição e no desenvolvimento psíquico das crianças abrigadas. Os efeitos traumáticos de uma separação precoce, as necessidades primordiais de um bebê – que exige cuidados e sustentações emocionais decisivas para seu desenvolvimento psíquico – o papel da família e dos cuidadores, enfim, são questões centrais que giram em torno da saúde mental e da constituição do sujeito.

A literatura investigada insiste, quase que unanimemente, nos efeitos deletérios da institucionalização. "Crianças expostas,

---

[1] Psicanalistas, coordenadoras do Grupo Laço: Clínica Psicanalítica da Intervenção Precoce com Bebês, pertencente ao Departamento de Psicanálise da Criança do Instituto Sedes Sapientiae, São Paulo–SP.

84 CUIDADOS NO INÍCIO DA VIDA: CLÍNICA, INSTITUIÇÃO, PESQUISA E METAPSICOLOGIA

crianças entregues, crianças de Deus". Esta é a imagem que nos apresenta Roudinesco (2004) das crianças separadas de suas famílias. E a literatura especializada, já desde Winnicott e Bowlby, dentre outros, não deixa margem à dúvida de que os bebês são os mais afetados, psiquicamente, por uma separação precoce de suas famílias.

Partindo desses pressupostos, imbuídas da certeza traumática da privação materna, nos dispusemos a observar os bebês de uma instituição que tem por objetivo inicial acolher crianças filhas de mães presidiárias, mas que, por extensão, acaba recebendo menores que se encontram em situação de risco social e psíquico. Todos, inevitavelmente, trazem a marca da privação materna, diferindo, no entanto, no período a que foram submetidos a essa privação e nos antecedentes e condições que cercam este afastamento dos lares.

A observação dessa instituição identificou ótimas condições gerais de infraestrutura: instalações adequadas, cuidadores afetuosos, equipe técnica satisfatória. Os mecanismos identificatórios favorecedores de um processo de individuação mostravam-se claramente instituídos. Os bebês, por sua vez, evidenciavam bons cuidados físicos e emocionais. Considerando os indicadores de desenvolvimento e de risco, conforme sugerido por Crespin (2004) e outros, elegendo os três grandes registros pulsionais do primeiro ano de vida – oralidade, especularidade, invocação – além da observação do sono e do registro tônico-postural como indicadores sensíveis da qualidade do laço, observamos, nos bebês investigados, padrões de um bom desenvolvimento afetivo-relacional e ausência de fatores de risco. Além disso, respeitando a premissa freudiana de que "o ego é, primeiro e acima de tudo, um ego corporal" (Freud,1923/1988, p. 39), e que a isenção de sintomas orgânicos costuma ser indicador de que as coisas estão evoluindo bem e, portanto, condição para não intervenção, constatamos, de imediato, não haver demanda que justificasse intervenção junto aos bebês. "É sumamente difícil o tratamento de estimulação precoce para um bebê que não apresente pelo menos algum problema de índole orgânica (ou o que como tal se suponha)" (Coriat, 2000).

Porém, aprendemos com o mestre que "a psicanálise é desconfiada" (Freud, 1900/1988, p. 548). A evidência destes bebês espertos, sorridentes, ávidos da atenção e da aprovação do outro, conduziu-nos a alguns questionamentos e inquietações. Ferenczi nos oferece a imagem do "bebê sábio":

> No plano não só emocional, mas também intelectual, o choque pode permitir a uma parte da pessoa amadurecer de repente. Recordo-lhes o sonho típico do 'bebê-sábio', que isolei há tantos anos, em que um recém-nascido, uma criança ainda de berço, põe-se subitamente a falar, a mostrar sabedoria a toda a família. O medo diante dos adultos enfurecidos, de certo modo loucos, transforma, por assim dizer, a criança em psiquiatra; para proteger-se do perigo que representam os adultos sem controle, ela deverá em primeiro lugar, saber identificar-se por completo com eles. É incrível o que podemos realmente aprender com as nossas crianças sábias, os neuróticos (1992, p. 13).

Além de Ferenczi, temos ainda as observações de Bowlby, dentre outros. Ao descrever os efeitos da institucionalização, este autor nos adverte que atitudes calorosas e amigáveis nem sempre são indicadoras de saúde mental, muito pelo contrário:

> Com freqüência estas crianças são quietas, obedientes, fáceis de lidar, comportadas e ordeiras, além de fisicamente saudáveis; muitas delas até parecem felizes. Enquanto permanecem na instituição não existe nenhum motivo aparente para preocupação. Contudo, quando vão embora, elas estão despedaçadas e torna-se evidente que seu ajustamento tinha uma característica superficial e que não se baseava num desenvolvimento real da personalidade (2001, p. 21).

Caracteristicamente, uma definição de "falso *self*", numa concepção winnicottiana, considerada por este autor como uma medida defensiva que o bebê pode acionar frente às falhas do ambiente:

> o lactente é seduzido à submissão, e um falso *self* submisso reage às exigências do meio e o lactente parece aceitá-las. Através deste falso *self* o lactente constrói um mundo de relacionamentos falsos, e por meio de introjeções pode chegar até uma aparência de ser real, de modo que a criança pode crescer se tornando como a mãe, ama-seca, ou quem quer que domine o cenário (Winnicott,1983, p. 134).

Pensar isto, ou seja, a hipótese de termos ali "bebês sábios" remeteu-nos ao paradoxo do papel da instituição como constituidora do processo de subjetivação. Poderia a instituição desempenhar uma "maternagem" eficiente realmente, substituindo a família, ou estaria se observando uma colagem falseada, superadaptada, na constituição subjetiva destes bebês?

Observamos uma clara apropriação da instituição desta função, acompanhada da destituição da família (destituição de várias ordens: do Estado, da instituição e de si própria) de seu lugar de relevância na formação dos filhos. Como bem observa Bowlby (2001), o orgulho pela eficiência de seus serviços prestados pode tornar a instituição cega para a necessidade vital da criança: estabelecer uma relação íntima e contínua, tal qual favorecida por uma família. Entretanto, a atitude da instituição, ao receber os bebês tão "*estragadinhos*"[2] pela família é a de compensar os danos e expropriar os pais desta tarefa, tomando-os como ineficientes. Isola-os, restringem os contatos, distanciam a relação, deixa-os de fora, literalmente[3].

---

[2] Expressão utilizada pela funcionária encarregada do berçário, ao descrever os bebês quando chegam à instituição.

[3] Nos dias de visita os pais são impedidos de adentrarem à instituição além dos limites da recepção, acomodando-se na escada externa que dá acesso ao prédio.

Neste interregno surgiram nossos questionamentos. O que podemos considerar mais saudável ao desenvolvimento destes bebês? Há um embate de forças entre as políticas públicas, o papel do Estado, o da sociedade e o da instituição, por um lado, e a família, imediata ou extensa. Os primeiros não consideram e não favorecem a necessidade da família constituir-se como principal cuidadora e organizadora para as necessidades de relação íntima e contínua, vitais para o bebê. Conflito que precisa ser tramitado e que está decisivamente em jogo na realidade que cerca estas crianças. Inegáveis são as condições de sofrimento e risco a que ficam submetidas com as famílias, justificando a institucionalização, mas isto justifica excluir a família?

A afirmação de Bowlby de que "as crianças se desenvolvem melhor em maus lares do que em boas instituições" (2001, p. 70), parece-nos que também precisa de uma suspensão de julgamentos e considerações forçadas e apriorísticas. A eficiência revelada pela instituição sugere consideração.

Esbarramo-nos, assim, com os limites de nossa atuação ética e psicanalítica. Como intervir, e o que favorecer? O que pode ser considerado mais ou menos saudável para esses bebês? O que nos autoriza a determinar as melhores condições para seu desenvolvimento psíquico, sem desconsiderar os limites da realidade social e política que nos cerca? A grandiosidade e importância das forças em jogo nos deixaram, de início, impactadas, paralisadas e impotentes. Mais do que isso, desautorizadas. Foi assim que nos sentimos.

A intervenção possível? Pensamos que o desenvolvimento progressivo de um espaço institucional que pudesse favorecer a percepção da importância do papel da família e seu concomitante acolhimento viesse a ser promovido, mediante a inserção paulatina de um profissional psicólogo ou psicanalista no quadro de funcionários, algo inexistente até então. A via de acesso aos mecanismos institucionais e a instalação de uma escuta voltada às reais necessidades da criança, ou seja, sensibilização para a importância dessa escuta poderia ser alcançada por meio do atendimento a uma das crianças, eleita como "emburradinha" pelos cuidadores, única designada como sintomática, portanto. Pensamos em manejos que permitissem a inoculação da estranheza, da crítica, da escuta sensível, tais como, questionar o "emburradinha", "estragadinho", "agarradinho", dentre outros significantes. Pois, como bem afirma Fernandes,

> a direção do tratamento com o bebê e seus cuidadores implica esse trabalho de constituição da demanda, porque é o que abrirá espaço para a existência do sujeito, espaço entre o cuidador primordial e seu bebê, a representação do bebê no seu mundo e a instigação do desejo do bebê em participar desse mundo (2006, p. 89).

Como constituir essa demanda institucional é o objeto de nossas especulações psicanalíticas, uma vez que, ainda que por um lado houvesse um pedido de observação feito pela instituição, embora incipiente, por outro se evidenciou um enrijecimento no sentido de não se permitir ser questionada em sua eficiência, evidenciando o impasse com o qual nos defrontamos. Entretanto, o efeito que provocou em nós esta experiência foi repensar os efeitos da institucionalização e o papel da família na constituição da subjetividade e, mais ainda, os limites e possibilidades de atuação que a ética psicanalítica possibilita. Mais especificamente, o que a atuação e a ética na clínica de bebês pode suscitar e que, na opinião de Fernandes, deve exigir um entrecruzamento entre moral e ética:

> Na clínica com o bebê e seus cuidadores interessante seria ter na ordem do dia **ética** (qual a direção que escolho para sustentar o tratamento?) e **moral** (o que é melhor para a condução de tal ato?). Numa interface (2006, p. 13).

Nos casos das crianças institucionalizadas, pensamos que temos essa "espada de Salomão" constantemente pendendo sobre nossas cabeças.

REFERÊNCIAS

BOWLBY, J. *Cuidados maternos e saúde mental.* 4ª ed. São Paulo: Martins Fontes, 2001.

CRESPIN, G. *A clínica precoce: o nascimento do humano.* São Paulo: Casa do Psicólogo, 2004.

CORIAT, E. Os flamantes bebês e a velha psicanálise. Estilos da clínica/ Instituto de Psicologia, USP. *Dossiê: clínica de bebês.* vol. V, nº 8, 10-17, 2000.

FERENCZI, S. Adaptação da família à criança. *Obras Completas.* Psicanálise IV. São Paulo: Martins Fontes, 1992.

FERNANDES, C. M. A clínica com o bebê e sua ética. In Melgaço, Rosely G. (Org.). *A ética na atenção ao bebê. Psicanálise-Saúde-Educação.* São Paulo: Casa do Psicólogo, 2006.

FREUD, S. A Interpretação de sonhos (1900). In S. Freud, *Obras Completas.* Rio de Janeiro: Imago, 1988.

_____ O Ego e o Id (1923). In S. Freud, *Obras Completas.* Rio de Janeiro: Imago, 1988.

ROUDINESCO, E. Prefácio. In AUBRY, J. *Psicanálise de crianças separadas: estudos clínicos.* Rio de Janeiro: Companhia de Freud, 2004.

WINNICOTT, D. *O ambiente e os processos de maturação: estudos sobre a teoria do desenvolvimento emocional.* Porto Alegre: Artes Médicas, 1983.

Mãe social: o mito da reprodução do amor materno nas instituições de abrigo

Dirce Barroso França[1]

A partir de 1990, com o Estatuto da Criança e do Adolescente (ECA), a criança passou a ser vista como "sujeito de direitos" levando ao esforço para substituir a antiga prática assistencialista por uma prática de caráter socioeducativo na qual se procura garantir o desenvolvimento físico, emocional, social e educacional das crianças abrigadas. Para tanto, o Estatuto estabeleceu alguns princípios que alteraram profundamente a face da maioria de nossos abrigos. Dentre esses princípios podemos citar: a preservação dos vínculos familiares; o atendimento personalizado em pequenos grupos; o não-desmembramento de grupos de irmãos e a participação na vida comunitária local. Tais princípios trouxeram significativa melhoria das condições de abrigamento quando as comparamos com uma tradição de puro e simples confinamento de crianças em grandes pavilhões, em geral organizados por faixas etárias e sexo, o que impunha o afastamento entre irmãos.

---

[1] Psicóloga, psicanalista, mestre em psicologia clínica pela Universidade de Brasília – Coordenadora Técnica do Instituto Berço da Cidadania. Consultora para reordenamento de abrigos. Fez estágio no Instituto Lóczy em 2005 e tem divulgado as idéias de Emmi Pikler em Congressos e Seminários em diversas cidades do Brasil. Membro da ABEBÊ, integra a Comissão de Abrigos.

A modalidade de organização em pequenos grupos, reunidos em uma casa, constitui inegável avanço em relação às condições anteriores de abrigamento. Contudo, algo ainda se faz problemático nesse arranjo. Trata-se da ilusão de se acreditar possível reproduzir o amor materno dentro da instituição. É o que chamamos o "mito do amor materno institucional". Será possível reproduzir no contexto do abrigo e dos cuidados coletivos essa complexa rede de afetos, motivações e fantasias que determinam psiquicamente a interação na díade mãe-criança? Dentre as estratégias na tentativa de reproduzir no abrigo as condições familiares, encontra-se a de deixar a criança aos cuidados de uma profissional designada "mãe social".

A função de mãe-social é uma profissão regulada por lei (Lei 7.644/87). A conjunção de dois termos que operam em registros diferentes, um de âmbito privado, referente a uma relação única (*mãe*) e o outro que aponta na direção do coletivo (*social*), conduz, necessariamente, à ambigüidade que perpassa a identidade dessa profissional. Sendo uma profissão, seria natural que para seu exercício fossem requeridas algumas competências ou conhecimento. Contudo, o que se espera de uma mãe-social? Cremos que se espera, basicamente, que ela "goste de criança". Assim entendido, *mãe-social* deixa de ser uma profissão para ser um exercício de dedicação e amor.

Em vários momentos de conflitos entre as mães-sociais e a direção dos abrigos, pode-se ouvir da direção em tom de queixa: "é que elas, as mães-sociais, não estão aqui por amor, estão pelo dinheiro". Como se fosse ilegítimo que alguém se dedique a um trabalho em função do recebimento que este lhe dá. Faz-se uma exigência descabida a essas mulheres: a de que elas possam cuidar daquelas crianças sem qualquer preparo ou orientação. Afinal, não se ensina à mãe seu ofício! E, assim, ignoram-se completamente as especificidades que o contexto institucional impõe à relação criança-cuidadora. Devemos lembrar que a cuidadora não é a mãe e não se pode esperar ou exigir que aja com as crianças de quem cuida como se o fosse. Várias são as diferenças:

A relação da mãe com seu filho é permanente, não transitória. De uma mãe não se espera que ela "entregue" seu filho para adoção e nunca mais saiba notícias dele. Embora eventualmente isso ocorra, trata-se da exceção e não da regra.

A mãe, em geral, tem tempo para se dedicar a cada um de seus bebês em diferentes momentos da vida. No abrigo a cuidadora vê-se responsável por inúmeras crianças, sendo algumas muito pequenas. Um olhar singularizado, em meio à rotina e às exigências de funcionamento da casa, torna-se muito difícil. A mãe prepara-se durante a gravidez para acolher o bebê. A posição da criança na relação com seus pais é decorrente de uma complexa rede de fantasias e de desejos conscientes e inconscientes. A chegada de um bebê é precedida pela construção de um espaço no desejo desses pais. Já a mãe social recebe a criança de forma súbita e imprevisível e a cada criança que chega uma nova exigência afetivo-emocional lhe é feita. Com a chegada de um novo bebê, a profissional vê-se confrontada à necessidade de cuidar o melhor possível, o que implica um envolvimento afetivo com a criança. Mas, ao mesmo tempo, a cada vez, a cuidadora revive o drama de saber que terá que se separar da criança e que sequer terá notícias dela após sua partida.

Uma vez que se reconhece que a instituição de abrigamento tem caráter temporário, deve-se levar em consideração o fato de que as crianças que lá se encontram, mais cedo ou mais tarde, retornarão às famílias de origem ou serão adotadas. Neste sentido, devemos lembrar que a função da instituição e, mais precisamente, da cuidadora, deve ser a de ajudar a criança a se preparar para o momento da partida. Entretanto, se a cuidadora considera-se e coloca-se no lugar de mãe, como será possível que ajude a criança a se adaptar em sua nova família e, em última instância, como poderá permitir a sua partida, sem que isso se torne um episódio de sofrimento para ambas? Não que essa separação possa se fazer sem dor em qualquer caso! Mas a possibilidade de elaboração dessa dor é muito diferente se não se cria a ilusão de que aquele vínculo é indissolúvel, como acontece nas relações mãe-filho. Tal situação oferece-nos material para compreendermos um fenômeno comum nas instituições brasileiras: a devolução de crianças ao abrigo após o processo de adoção. Afinal, se cuidadora e criança não se preparam e se não compreendem as razões da separação, esta poderá se constituir como uma situação traumática para ambas.

A criança, marcada por sua história de abandono (ou abandonos múltiplos), parece exigir da mãe-social que lhe reassegure como ser merecedor de amor, ao mesmo tempo que teme e provoca um novo abandono. Tal injunção paradoxal impõe um movimento de demanda crescente por parte da criança que, por sua própria estrutura, torna-se impossível de atender. O resultado é que a criança, ao testar – das mais variadas formas – em que medida o adulto de fato a ama, confirma-se como pouco merecedora, justificando-se, assim, novo abandono. Por sua vez, a cuidadora, impossibilitada de atender às demandas, vê-se culpabilizada, exasperada, com forte sentimento de fracasso e costuma reagir a tudo isso defensivamente, com sentimentos agressivos a esta criança que lhe faz uma demanda que a ultrapassa. É contra esse tipo de fracasso que a cuidadora, muitas vezes, elabora atitudes de distanciamento que a protegem de todo engajamento afetivo em relação à criança.

Por essas razões, dentre outras, é necessário reconhecer essa relação como profissional e não como uma relação maternal. Isso não significa manter com a criança uma relação fria, distante, destituída de calor humano. Muito ao contrário. Significa apenas reconhecer uma realidade para, diante dela, propiciar o melhor cuidado possível para a criança. Significa admitir que se aquela relação única entre a mãe e seu filho é impossível de ser reproduzida no abrigo, ainda assim devem-se criar as condições necessárias à instalação de uma "função materna". É um desafio que se coloca aos nossos abrigos.

Que tal desafio possa ser adequadamente respondido é do que nos dá prova a experiência do Instituto Emmi Pikler, ou Instituto Lóczy. Criado em 1946 para atender às crianças órfãs da 2ª Guerra Mundial, essa instituição de Budapeste continua sendo revolucionária. Ali, apesar da excelência dos cuidados, não há a ilusão de que se trata de uma "grande família". A identidade institucional está solidamente assimilada por todos os profissionais envolvidos e estes se guiam pelos princípios da pedagogia pikleriana.

- Myrian David e Geneviève Appell em uma obra dedicada ao Instituto Lóczy analisam essa "insólita maternagem"[2]. Cremos ser valioso retomarmos alguns dos aspectos apontados naquela obra.

- Em Lóczy, os cuidados são expurgados de tudo que favoreça a dependência.

- Se nos deixarmos levar por nossos "impulsos maternais" e entrarmos espontaneamente em contato com as crianças, somos invadidos por suas demandas.

- Como manter uma justa distância sem abandonar as trocas afetivas? Isso não é algo fácil e nem espontâneo. Decorre de aprendizagem, treinamento, reflexão. Em Lóczy, a cuidadora deve manter a criança, antes de tudo, na cabeça. Ela não se guia pelo impulso, mas pelos princípios que orientam a instituição. Claro que essa atitude só se torna possível pelo suporte técnico que ela recebe. Para se ter uma idéia, ao final de cada turno de trabalho, a cuidadora registra minuciosamente como esteve cada uma das crianças. Neste diário, deverá prestar informações relativas às diversas dimensões do desenvolvimento (alimentação, sono, brincar, aprendizagem de novas posições ou vocabulário, interação com as demais crianças, etc). Garante-se assim que a cuidadora não apenas dê a devida atenção a cada criança, por meio do olhar

---

[2] David, M. e Appell, G *Lóczy ou le maternage insolite*. Paris: Scarabée, Paris, 1973.

singularizado, como também, marca-se, por essa via, que a relação ali existente não é da mesma ordem que a mãe tem com seu filho. Assim, a um só tempo, cuida-se para que a relação possa ser singularizada em um ambiente coletivo e mantenha a justa distância necessária ao trabalho.

- Na interação da mãe com seus filhos o padrão difere de uma dupla para outra. A mãe não é a mesma com seus diversos filhos. Ainda que se possa admitir que os ame igualmente, as modalidades de interação que se estabelecem são diferentes. Já no âmbito institucional, o ideal é que haja a padronização nos cuidados. Efetivamente, em Lóczy a padronização decorre da compreensão da importância de se manter a regularidade e a previsibilidade nos cuidados, mesmo quando há mudanças de cuidadoras (é importante registrar que em Lóczy trabalha-se por turnos de 8 horas, portanto, uma mesma criança é cuidada ao longo do dia por três diferentes pessoas). Na relação da mãe com seus filhos, mesmo na diversidade, há uma continuidade, vez que se trata da mesma pessoa. No ambiente coletivo, essa continuidade só pode ser garantida se há regras e padronização. Fora isso, é o caos para essas crianças que necessitam, acima de tudo, de segurança e de previsibilidade para poder recuperar (ou construir) a autoconfiança e a confiança no outro.

- Na relação mãe-filho, são as motivações profundas da mãe em face do seu bebê que dão ao padrão de interação sua orientação e sua característica específica. Em Lóczy, não são as motivações da cuidadora que entram em jogo para decidir o padrão da relação, mas sim, o regramento institucional que impõe um método de trabalho. Esse regramento, imposto às cuidadoras, limita seus impulsos e as protege das demandas emocionais que o convívio com a triste realidade dessas crianças costuma suscitar.

Sem nos determos nas concepções que os sustentam, podemos dizer que os princípios que regem Lóczy são o de respeito à atividade livre e autônoma e o da importância da qualidade da relação adulto-criança.

Nos momentos em que a criança recebe os cuidados de alimentação, troca e banho, o adulto volta-se inteiramente para ela. Naquele momento, as trocas entre adulto e criança são absolutamente singularizadas e vívidas. Nada é feito mecanicamente ou de forma apressada. Respeita-se o ritmo da criança e suas possibilidades de escolhas.

- Quando a criança não estando recebendo os cuidados diretos da profissional, esta dispõe o ambiente da forma mais adequada para que aquela o explore livremente, sempre de acordo com seus interesses, nível de desenvolvimento, ritmo, etc. O adulto não interfere, apenas permanece atento à necessidade de qualquer alteração no ambiente.

Esses dois princípios se conjugam e se complementam. A criança, para poder explorar o mundo de forma criativa e autônoma, deve experimentar uma relação afetiva de qualidade com um adulto de referência. É sabido que esse adulto de referência é fundamental para que o bebê possa constituir um aparelho psíquico que o ajudará a dominar as tensões pulsionais. Sem o apaziguamento das exigências pulsionais, ela não terá disponibilidade interna para explorar o mundo. Por outro lado, a própria atividade livre, em si mesma, contribui para o controle pulsional. A atividade livre é, a um só tempo, expressão simbólica e organizador psíquico, daí a sua extraordinária importância.

Finalizando, retomamos uma frase que descreve bem o sentido dos cuidados dispensados à criança em Lóczy: "a mãe cuida porque ama; a profissional ama porque cuida".[3] Aforismo que demonstra bem que não existe qualquer incompatibilidade entre o cuidar e o amar. Não se pode esperar de uma profissional que este amor esteja na origem de sua relação, mas se os cuidados são de qualidade e as condições da instituição favoráveis, uma relação afetiva e amorosa surge como conseqüência dos cuidados. E sem os efeitos negativos a que nos referimos no ponto inicial deste trabalho.

Referência

BATISTA, M. V. (coord) Abrigo: comunidade de acolhida e socioeducação - São Paulo - Instituto Camargo Corrêa (*Coletânea Abrigar*) - 2006

BOLWBY, J. *Apego. A natureza do vínculo*. São Paulo: Martins Fontes, 2002.

_____. *Cuidados maternos e saúde mental*. São Paulo: Martins Fontes, 2002

DAVID, M. La parole est aux soignantes! In David M. (Org.), *Le bébé, ses parents, leurs soignantes* (pp. 11-24). Ramonville Saint-Agne: Èrés, 2001.

_____. Pour une meilleure connaissance du bébé. Contributions de l'Institute Emmi-Pikler. In A. Szanto-Feder, (Org.), Lóczy: *Un nouveau paradigme? L'institut Pikler à facettes multiples*. (pp. 32-50). Paris: Presses Universitaires de France, 2002.

_____. e Appell, G. (1962). Étude des facteurs de carence affective dans une pouponnière. *La Psychiatrie de l'enfant* (4) 2, 407-442.

_____. e Appell, G. (1973), *Lóczy, ou Le Maternage Insolite, 25 ans après*. Paris: Scarabée.

_____. Falk, J. e Tardos, A. (1998), Le bébé en souffrance: accueil, soins thérapeutiques. Em: G. Appell e A. Tardos (Orgs.), *Prendre soin d'un jeune enfant* (pp. 129-158). Ramonville Saint-Agne: Érès.

---

[3] David, M. e Appell, G. (1973), *Lóczy, ou Le Maternage Insolite, 25 ans après*. Paris: Scarabée.

GUIRADO, M. *Instituição e relações afetivas: o vínculo com o abandono*. São Paulo: Summus Editorial, 1986.

KÁLLÓ, E. e BALOG, G. *The origins of free play*. Pikler-Lóczy. Budapest, 2003.

MARIN, I. K. *Febem, família e identidade*. São Paulo: Escuta, 2ª ed., 1999.

PIKLER Institute. *Bringing up and providing care for infants and toddlers in an institution*. Budapest, 2005.

PARTE 3

ATUALIDADES EM PESQUISAS E PROJETOS VOLTADOS AO BEBÊ E SUA FAMÍLIA

DEPRESSÃO NA GRAVIDEZ: REPERCUSSÕES NO BEBÊ

Virgínia Loreto[*]

"Seeds of health are planted even before you draw your first breath, and the nine short months of life in the womb shape your health as long as you live"

"As sementes da saúde são plantadas bem antes de seu primeiro sopro de vida, e nos breves nove meses no útero é moldada para o resto de seus dias."

Sharon Begley and William Underhill

Considerações gerais

No passado, afirmava-se que era preciso proteger a mãe para proteger a criança no ventre. Essa crença expressa-se claramente através da idéia dos "desejos" que precisavam ser satisfeitos para que o bebê não sofresse, pois se acreditava que o que a mãe pensava e sentia afetava-o ainda no útero. Nesse sentido, algumas culturas procuravam proteger as mulheres durante a gestação para que elas pudessem se dedicar apenas ao filho.

---

[*] Mestre em Psiquiatria – UFRJ. Psiquiatra da Maternidade Oswaldo Nazareth, SMS/RJ

104 CUIDADOS NO INÍCIO DA VIDA: CLÍNICA, INSTITUIÇÃO, PESQUISA E METAPSICOLOGIA

Na sociedade atual, a mulher vive na gestação um momento de grande desamparo. Ela é compelida a lidar com a gravidez e ao mesmo tempo, com o trabalho fora de casa, além dos outros filhos, e todo o estresse da vida moderna. Mergulhada no "turbilhão emocional" desencadeado pela situação de maternidade, emocionalmente vulnerável e muitas vezes com pouco ou nenhum suporte, ela sofre **cada vez mais de angústia e de depressão.**

Durante toda a gestação, mãe e feto mantêm uma comunicação direta através da placenta, que, ao contrário do que se pensa, não funciona como uma barreira protetora total para o feto; além da passagem de nutrientes, a placenta permite também a passagem de agentes nocivos. Tudo o que a mãe ingere, assim como tudo o que ela pensa e sente, atinge seu filho. Nas décadas de setenta e oitenta, foram realizados estudos mostrando os efeitos nocivos de substâncias como álcool, cocaína, cafeína e tabaco no feto, quando ingeridas pela mãe. Na década de noventa, as pesquisas foram mais além e buscaram entender o papel do estresse e dos estados emocionais sobre o bebê. Alguns cientistas acreditam que os efeitos da vida intra-uterina na saúde física e nas emoções do feto podem ser maiores do que os herdados pelos genes (Benneit, 2004).

A comunicação mãe/feto se dá por meio de três vias: a *Empática*, a da *Fisiologia* e a via do *Comportamento* (Wilheim, 2003).

A via empática se expressa pela "disponibilidade emocional", pelo investimento libidinal da mãe para com o bebê. A disponibilidade afetiva da mãe "parece ser fundamental para que ocorra o desenvolvimento psico-afetivo do indivíduo".

A via fisiológica é a forma pela qual os estados afetivos da mãe, seus sentimentos e suas emoções, se comunicam com o feto através da mediação dos neuro-hormônios. Estudos mostram como emoções positivas da mãe produzem no feto respostas como, por exemplo, a elevação de sua freqüência cardíaca. Da mesma forma, as emoções negativas como o temor, a angústia e a depressão, provocam perturbações emocionais e alterações fisiológicas.

Depressão e gravidez

As conseqüências da depressão pós-natal para o bebê têm sido foco de estudo e de preocupação para os profissionais de saúde. O que ainda é pouco divulgado é que parte desses quadros começa na gravidez e raramente são identificados e adequadamente tratados.

A prevalência de sintomas de ansiedade e de depressão na gravidez é bem maior do que se pensa e cerca de 30% das gestantes apresentam algum grau de depressão. No entanto, apenas 10-16% preenchem os critérios exigidos para firmar o diagnóstico de depressão clínica - *Depressão Maior*, segundo a CID X e o DSMIV.

A *Depressão Maior* é uma doença crônica, recorrente, que acomete as mulheres em idade reprodutiva. Isso significa que, ao engravidarem, essas mulheres estarão deprimidas ou usando alguma medicação. Na prática, verifica-se que a preocupação com o uso da medicação e seus efeitos sobre o feto levam, com freqüência, à sua suspensão, o que contribui em grande parte para o recrudescimento do quadro. Sessenta por cento das gestantes com história prévia de depressão voltam a adoecer ainda no primeiro trimestre.

M. S., 26 anos, casada, no quinto mês de sua primeira gestação desejada e planejada, foi encaminhada para atendimento queixando-se de angústia, tristeza, inapetência, dificuldade para dormir e desânimo:

"Me sinto muito infeliz. Queria este nenê mas agora não quero mais... Acho que tudo é culpa dele. Não sou mais a mesma. Não durmo, não tenho fome, não tenho vontade de fazer nada, só desejo ficar deitada... Sinto uma angústia horrível, uma vontade de chorar, de sumir, queria morrer..."

M. S. está entre a parcela de gestantes que buscou e recebeu ajuda. Entretanto, cinqüenta por cento das mulheres não são diagnosticadas nem tratadas adequadamente e um terço continuará deprimida após o parto. Se considerarmos que o tempo médio de duração da depressão não tratada é de seis a doze meses, constatamos que é suficiente para causar um prejuízo considerável na vida da mãe, no desenvolvimento do bebê e na família.

A literatura, ao examinar os riscos da depressão materna não tratada, corrobora que os sintomas psicopatológicos podem afetar o feto durante a vida uterina (BUSNEL, 2003). A depressão materna atinge o feto pelas vias de comunicação mãe/bebê.

Na *Via Empática*, o que ocorre na mãe deprimida é que o estado emocional alterado não permite um investimento afetivo adequado. A mãe retira sua libido do feto que fica "desamparado" e pode apresentar mais tarde sentimentos pessimistas, de abandono, de desesperança e de desamparo emocional (WILHEIN, 2003).

A *Via do Comportamento* se expressa pelas mudanças de comportamento da gestante deprimida, que repercutem diretamente nos cuidados obstétricos e indiretamente sobre o bebê. A apatia, o desânimo e o humor deprimido impedem ou dificultam a busca e a adesão ao pré-natal e comprometem os cuidados com a saúde. A falta de apetite acarreta uma dieta inadequada e uma má nutrição, que pode resultar em baixo ganho ponderal ou até em perda de peso e desnutrição da mãe e do feto. A desnutrição na gravidez leva a um retardo do crescimento do feto no útero (CIUR) – bebês com baixo peso ao nascer (menor que 2500g), pequenos para idade gestacional, o que leva a uma maior morbidade e mortalidade perinatal. A mulher precisa ter um ganho ponderal de no mínimo 7kg durante a gravidez, mesmo estando acima de seu peso ideal. Baixo ganho de peso em gestantes ou ganho excessivo pode ser sinal de depressão e merece uma avaliação que pode ser feita pela medida do Índice de Massa Corpórea (IMC) (WARD, WISNER, 2007).

A depressão também favorece comportamentos de risco. Mães deprimidas são mais propensas a fumarem, a usarem bebidas alcoólicas ou outras substâncias ilícitas. Na depressão severa pode haver impulsos agressivos dirigidos ao feto bem como comportamentos suicidas.

Depressão e ansiedade na gravidez estão associadas também a complicações no trabalho de parto com apresentações anômalas, uma chance 2.3 maior de cesárea, uma freqüência 2.2 vezes maior de cuidados neonatais, partos prematuros (menor que 37 semanas de gestação), bebês com baixo índice de Apgar e maior necessidade de internações em UTI Neonatal.

A *Via Fisiológica* é aquela através da qual os sintomas psicopatológicos (depressivos), mediados pelos neuro-hormônios, produzem alterações no ambiente uterino e atingem diretamente o feto.

Repercussões no bebê

Mudanças do ambiente uterino causadas pelos hormônios maternos e pelos suprimentos nutritivos que atravessam a placenta, determinam como os vários órgãos, inclusive o cérebro e a mente, funcionarão durante a vida adulta. Quando um indivíduo sofre um estresse os hormônios envolvidos nesse mecanismo são secretados (o hormônio cortisol, sobretudo), e desencadeiam uma gama de sensações bastante conhecidas, como a sensação de medo, a palpitação, a sudorese, o tremor e a boca seca. Se a experiência de estresse é ocasional, não há problema porque logo haverá uma recuperação espontânea do organismo. Mas, quando se tornam freqüentes, a quantidade de cortisol pode ser demais para o corpo administrar. Um estresse de curta duração não tem o mesmo efeito de um que persiste por semanas, ou até meses. Um estresse crônico pode desencadear patologias somáticas, como por exemplo, a elevação da pressão arterial. Quando a gestante sofre uma emoção intensa ou um estresse agudo, o bebê é "banhado" por estas substâncias e vai apresentar as mesmas sensações e reações que a mãe. Se elas se repetem com certa regularidade, ele também não será capaz de se recuperar. Cerca de 40 a 50% do cortisol do feto vem da mãe et al (BENNETT,

108 CUIDADOS NO INÍCIO DA VIDA: CLÍNICA, INSTITUIÇÃO, PESQUISA E METAPSICOLOGIA

2004). Níveis elevados de cortisol alteram o cérebro tornando-o vulnerável a processos que destroem neurônios, reduzindo o número de sinapses em algumas regiões. Experiências traumáticas intra-útero podem interferir no desenvolvimento das áreas subcortical e límbica e no funcionamento cerebral (Shore, 2000).

Os níveis elevados de cortisol materno e os níveis alterados de catecolaminas na mãe deprimida podem causar comportamentos descritos como *Depressivo* (*depression-like behaviour*) nos neonatos. Nesse quadro, o bebê apresenta poucas expressões de interesse, mais expressões de choro, menor excitabilidade, dormem pouco, choram muito e são considerados pelas mães "bebês difíceis", "inconsoláveis". Podem apresentar reflexos anormais e baixos escores nas Escalas de Avaliação Motora. Nos bebês analisados, as taxas de cortisol e de noradrenalina estavam elevadas, enquanto as de dopamina estavam baixas. Os autores enfatizam que estas características surgem no pós-parto antes que haja número suficiente de interações entre a mãe e o bebê para justificá-las (Bennet al., 2004).

Filhos de mães deprimidas e ansiosas podem, ainda, apresentar alterações neurocomportamentais na infância, ter menor tolerância à frustração, dificuldade no temperamento e na regulação das emoções e ser mais estressados na vida adulta com menor resposta adaptativa ao estresse. Em uma situação estressante apresentam níveis de cortisol semelhantes aos dos indivíduos não estressados, porém estes níveis custam a retornar aos valores habituais, mostrando que eles são hipersensíveis e que têm uma resposta adaptativa lenta, quando comparados aos outros indivíduos (Field, et al.). Algumas destas crianças continuarão a viver em ambientes de muita tensão e apresentarão hiperatividade, desatenção e serão candidatos a usarem ritalina e antidepressivos.

Diagnóstico e intervenção terapêutica

Diagnosticar e encaminhar uma gestante para tratamento não é uma tarefa fácil. Queixas consideradas "normais" na gestação, como queixas físicas, podem se confundir com sintomas de ansiedade e depressão e dificultar o diagnóstico (Misri e Kostaras, 2000). O "mito da maternidade feliz" impede que as gestantes sintam-se à vontade para falarem de angústias, de sentimentos negativos e de buscarem ajuda (Loreto, 2003). O pré-natal é um período em que a mulher está em contato regular com o Serviço de Saúde e representa uma oportunidade para oferecer uma *escuta* e para se diagnosticar depressão. Na prática, podem-se usar perguntas simples para facilitar o diagnóstico: "Você tem se sentido triste ou deprimida nas últimas duas semanas?"; "Na maior parte do tempo nas últimas duas semanas você deixou de sentir prazer nas atividades que sempre lhe deram prazer?" Esse tipo de perguntas abre espaço para se perceber sentimentos que nem sempre aparecem espontaneamente e facilitar o diagnóstico de depressão.

Mesmo quando percebem que algo não vai bem, é comum tanto aos profissionais quanto aos familiares preferirem esperar e relutarem para aceitarem ajuda (Marcus, et al., 2003). Raramente essas mulheres são encaminhadas ao psicanalista ou psiquiatra. Quando é preciso uma terapêutica farmacológica, a resistência é ainda maior. A maioria hesita quanto ao uso dos psicofármacos. A mulher nessa situação sofre sozinha, fica isolada acreditando que pode vencer esse período sem ajuda. Luta contra a depressão e enquanto luta produz constantemente hormônios do estresse e toxinas que afetam o bebê no útero.

Quadros de depressão leve e moderada são tratados com psicoterapia, sobretudo em mulheres que não desejam usar psicofármacos. Quadros graves são tratados com psicoterapia e psicofármacos e a dose deve ser suficiente para gerar uma resposta. A história clínica da mulher, seu desejo e o desejo do obstetra, assim como a segurança da medicação escolhida devem ser cuidadosamente avaliados. Nunca se deve esquecer de balancear os riscos da doença não tratada com os possíveis riscos envolvidos na medicação. Uma intervenção terapêutica eficaz previne complicações no bebê, na criança e no indivíduo ao longo de sua vida. Crianças felizes surgem de bebês felizes. Bebês felizes nascem de mães felizes. É necessário fazer o possível para tornar as gestantes tranqüilas e felizes. Cabe aos profissionais encorajarem as mães angustiadas e deprimidas a buscarem ajuda.

Referências

BENNETT H. A.; EINARSON, A.;TADDIO, A.; KOREN, G.; EINARSON, T. R. Depression during Pregnancy. Overview of clinical factors. *Clin Drug Invest* 24(3):157-179, 2004. http//www.medscape.com/viewarticle/474390.

BUSNEL M. C. Os efeitos do estresse materno sobre o feto e o recémnascido. In BUSNEL M. C.; SOUSSUMI, Y.; CUNHA, I. *Relação mãe-feto uma visão atual das neurociências.* São Paulo: ABREP e Casa do Psicólogo Livraria, 2003.

FIELD T.; DIEGO M. ;DIETER J.; HERNANDEZ M.; REIF A.; SCHANBERG B.S.; KUHN C.; YANDO R.; BENDELL D. Prenatal depression effects on the fetus and the newborn. *Infant behaviour & development* 27; 216 –229 (2004).

KENNEDY, R. & SUTTENFIELD, K. Postpartum Depression. Medscape Mental Health; 6(4), 2001. Available from URL: *http://www/medscape.com/Medscape/ Psychiatry/journal 2001/v06.n04/mho82301-01.html*.

LEE D. T. Antenatal depression increases risk of adverse obstetric and neonatal outcomes. Reuters Medical NewsJan 19, 2000. *http://www.medscape.com/ viewarticle/450938.*

LORETO, V. Transtornos psiquiátricos na gravidez e pós-parto: diagnóstico e tratamento. Psicoterapia interpessoal nas intervenções terapêuticas. *Revista de Psiquiatria Biológica* vol. 11(4) 121-125. Dezembro, 2003.

MARCUS S. M.; FLYNN, H. A.; BLOW F. C.; BARRY, K. L . Depressive Symptoms Among Pregnant Women. Screened in: Obstetrics Settings. J Women's Health; 2003;12(4):373-380. Available: *http//women's Health. Medscape.com/Medscape / Psychiatry/Journ / pnt.mho82301.kenn.*

MISRI, S & KOSTARAS, X. Reproductive Psychiatry: An overview. In: Medscape/Psychiatry/Treatment/Update/2000. Available from: *http:// www medscape.com/Medscape/psychiatry/Treatment Updadte/2000/ tu02/public/toc-tu02-htlm.*

O'CONNOR T. G. Maternal antenatal anxiety and children's behavioural/emotional problems at 4 years. Report from the Avon Longitudinal Study of Parents and Children. *The British Journal of Psychiatry* 180:502-508, 2002. Royal College of Psychiatrists.

SABLE M. R. & WLKINSON, D. S. Impact of perceived stress, major life events and pregnancy attitudes on low birth weight. *Farm plann perspect*. 2000:32:288-294.

SHORE, R. *Repensando o cérebro. Novas visões sobre o desenvolvimento inicial do cérebro*. Porto Alegre: Mercado Aberto, 2000.

WARD S.; WISNER K. L. Collaborative management of women with bipolar disorder during pregnancy and postpartum: pharmacologic Considerations. *J Midwifery Women's Health.*;52 (1):3-13. Elsevier Science, INC. 2007.

WILHEIM J. *O que é psicologia pré-natal*. São Paulo: Casa do Psicólogo, 2003.

As interações entre a mãe adolescente e o bebê no período neonatal

Diana Dadoorian[1]

Introdução

Estudar a qualidade das interações afetivas entre a mãe adolescente e o bebê apresenta desafios e interesses específicos. Vários aspectos devem ser considerados em função da complexidade dos fatores presentes nesta questão.

No que se refere à qualidade da interação entre a mãe adolescente e o seu filho, alguns autores consideram os filhos de mães adolescentes como um grupo de risco do ponto de vista psicopatológico. O risco se refere tanto ao ambiente instável e pobre nos quais essas crianças nasceram quanto ao fato de muitas mães não estarem aptas a proporcionar aos seus filhos o apoio emocional necessário a um desenvolvimento saudável, mostrando-se assim pessimistas com relação ao desenvolvimento dessas crianças (Osofsky et al., 1993).

Outros autores descrevem um quadro menos dramático da questão. Várias pesquisas privilegiam os aspectos socioeconômicos

---

[1] Doutora em Psicologia Clínica e Psicopatologia pela Universidade Paris VIII, França. Psicóloga e professora do Instituto de Psiquiatria da UFRJ.

114 CUIDADOS NO INÍCIO DA VIDA: CLÍNICA, INSTITUIÇÃO, PESQUISA E METAPSICOLOGIA

como os mais significativos e sugerem que os riscos à saúde física da mãe e do bebê, como o baixo peso neonatal, são provocados não em função da idade da mãe, mas em função da pobreza dessas famílias (Neves, 2003; Vitalle et al., 2001).

Um estudo realizado com mães adolescentes e seus filhos demonstrou que os filhos destas jovens mães se assemelham a um grupo normal quando eles são comparados aos filhos de mães adultas, no que concerne ao protótipo de apego "seguro". As mães adolescentes são capazes de criar adaptações do apego mesmo em situações de pobreza e estresse. Entretanto, mesmo se o número de crianças seguras filhas de mães adolescentes autônomas não difira do número de crianças seguras filhas de mães adultas, o número de crianças com o protótipo de apego ansioso é relevante. As crianças com apego ansioso são mais vulneráveis aos acontecimentos estressantes da vida, e os casos de instabilidade na relação mãe-bebê são freqüentes nas famílias de mães adolescentes (Ward et al., 1995).

Um aspecto que deve ser priorizado nesta questão se refere ao ambiente familiar da mãe adolescente. Na díade mãe adolescente-bebê, a capacidade de exercer a função materna e a qualidade da interação mãe-bebê não depende necessariamente da idade dos pais, mas sim do nível de maturidade psicossexual da jovem mãe e da condição sociofamiliar e cultural. Os fatores primordiais para que a gravidez e a maternidade se estabeleçam em condições satisfatórias para mãe e filho são a existência de uma relação afetiva estável entre a mãe adolescente e o pai do bebê e a boa aceitação da gravidez por parte da sua família e do seu meio social (Dias Cordeiro, 1990).

O apoio da avó materna também se mostra relevante na questão da maternidade adolescente. Chase-Lansdale (Chase-Lansdale et al., 1994), realizou uma pesquisa em que comparou a qualidade dos cuidados entre as mães e seus filhos de três anos de idade e entre as avós maternas e os netos. As conclusões mostraram que a qualidade dos cuidados da avó materna não se diferenciava significativamente dos cuidados da mãe adolescente. A idade da mãe no primeiro parto também não se mostrou como um fator relevante na avaliação da qualidade da maternagem. Outros aspectos se mostraram mais importantes, como o aspecto socioeconômico dessas mães. O fato de morar com a avó materna favorece a qualidade dos cuidados dispensados à criança, pois as jovens mães se sentem mais apoiadas e protegidas pela sua própria mãe.

Neste artigo, iremos apresentar os resultados de uma pesquisa realizada com mães adolescentes e seus bebês no primeiro mês de vida da criança (Dadoorian, 2003). O período neonatal (três a quatro semanas após o parto) é um momento importante para a observação das primeiras interações mãe-bebê (Cramer e Palacio-Espasa, 1993), e a mãe ainda está submersa no que Bydlowski chama de "transparência psíquica", ou seja, trata-se de uma modalidade particular de funcionamento do psiquismo materno, na qual a eficiência habitual do recalcamento se vê reduzida, permitindo a emergência de conteúdos psíquicos recalcados, relativos a experiências e fantasias infantis (Bydlowski e Golse, 2002). A mãe se encontra ainda no bebê imaginário, como dizia Lebovici (1994).

A presente pesquisa foi realizada na Maternidade-Escola da Universidade Federal do Rio de Janeiro, onde entrevistamos dez mães adolescentes de classes populares utilizando como metodologia as entrevistas semidiretivas e o registro em vídeo. Neste artigo iremos apresentar os resultados da análise das entrevistas semidiretivas. Os dados analisados se referem às percepções da mãe adolescente sobre o seu próprio parto; as primeiras impressões sobre o seu bebê; os cuidados com o bebê; a percepção da mãe adolescente enquanto mãe; os projetos de vida da mãe adolescente para o seu filho e a relação entre o pai do bebê e o seu filho após o nascimento da criança.

O parto e o estado de saúde da mãe e do bebê no pós-parto

Constatamos que para metade do grupo de mães adolescentes o parto foi normal, e para a outra metade foi indicada uma cesariana. O alto índice de cesariana em mães adolescentes é citado na literatura, no entanto, as pesquisas atuais mostram que o risco obstétrico que indica a cesárea em adolescentes vem mudando nos últimos tempos. Três das cinco mães que tiveram partos normais relataram sentir muitas dores durante o parto. As outras duas mães disseram não ter sentido dor. Os cinco casos de cesariana foram decorrentes de problemas como: pressão alta da mãe, baixa quantidade de líquido amniótico e risco de eclampsia, a posição do feto e problemas com o cordão umbilical. Após o parto, somente uma mãe adolescente apresentou complicações decorrentes; esta paciente teve hemorragia e o seu útero não estava contraindo.

Quanto à percepção do parto, oito mães adolescentes relataram que transcorreu bem. Uma mãe adolescente disse que o parto foi ao mesmo tempo bom e ruim; na verdade, ela se mostrou muito ansiosa durante o parto e disse sentir muitas dores. Somente em um caso, a jovem mãe disse que o seu parto foi "horrível" em função de problemas com a equipe do hospital. Ela se queixou da péssima qualidade da assistência recebida durante o parto, a qual, segundo ela, provocou a internação do seu bebê.

Com relação à saúde física do recém-nascido, em três casos o bebê apresentou problemas após o parto. Em duas situações ocorreu asfixia provocada pelo cordão umbilical. No entanto, somente em um caso o bebê necessitou ser internado, ficando dezessete dias na UTI neonatal. O terceiro bebê nasceu pré-termo e com baixo peso, sendo indicada uma cirurgia por apresentar hérnia de hiato.

Cuidados com o bebê

Neste item, observamos o aleitamento, as compreensões das necessidades do bebê pela mãe adolescente e a pessoa que vai cuidar da criança. Com relação ao aleitamento, oito mães adolescentes relataram que amamentaram o seu filho no seio. Duas mães não aleitaram, pois não tinham muito leite. Uma dessas duas mães apresentou problemas de relacionamento com o pai do bebê, o que provocou a separação do casal, fato que pode ter influenciado no aleitamento. Dentre as oito mães que aleitaram, três relataram que o aleitamento se passou de forma tranqüila. Em cinco casos, as jovens mães citaram algumas dificuldades nos primeiros dias, que foram logo superadas.

Com relação ao sentimento relacionado ao aleitamento, a quase totalidade das mães experimentou sentimentos positivos, com exceção de uma, a mais jovem do grupo, com doze anos de idade, que estranhou a sensação de excitação causada pelo aleitamento. Três das jovens mães relataram que o aleitamento é importante para o bom desenvolvimento do bebê e se sentiram felizes de poder aleitar. Uma outra mãe disse que o aleitamento aproximou-a do bebê.

Todas as mães adolescentes relataram ter uma boa compreensão das necessidades do seu bebê. Com relação à pessoa que cuidará do bebê, seis mães adolescentes relataram que irão cuidar do bebê em conjunto com a avó materna da criança. Estas seis mães continuam residindo com os seus pais. Em outros três casos, a mãe adolescente vai cuidar sozinha da criança e em uma outra situação as avós materna e paterna irão cuidar da criança em conjunto com a mãe adolescente.

A escolha do nome do bebê foi feita em cinco casos pela mãe adolescente. Em três casos o casal escolheu o nome da criança em conjunto com a avó materna. É interessante observar que em outras duas situações a avó materna também ajudou a escolher o nome da criança em conjunto com a mãe adolescente. Nenhuma referência ao avô materno da criança foi citada.

Primeiras reações e sentimentos relacionados ao bebê

Neste item, examinamos as percepções da mãe adolescente com relação ao bebê real. A nós interessava observar as primeiras reações e os primeiros sentimentos experimentados com relação ao bebê. Oito mães relataram sentir um grande prazer ao ver o bebê pela primeira vez. Uma disse ter experimentado uma forte emoção ao constatar que aquele bebê era seu filho, que ele lhe pertencia, expressando sensação de posse. O bebê lhe deu uma sensação de vitalidade. Outra se mostrou muito emocionada e surpresa de ter gerado uma criança. Esta sensação a ajudou a superar os sofrimentos causados em função de problemas de saúde durante a gravidez. Na verdade, estas jovens mães se mostraram surpresas com o fato de terem concebido uma criança, confirmando assim a sua capacidade reprodutiva e a ascensão a um novo *status*, o de mãe-mulher.

Para oito mães adolescentes, o bebê representa a sua vida. Somente uma disse não saber o que a sua filha representa para ela.

Percepções da adolescente frente ao seu papel de mãe

Sete mães adolescentes demonstraram sentimentos positivos frente ao seu bebê e ao seu papel como mãe. Elas se preocupam com o bebê, especialmente com a sua saúde. É preciso enfatizar que estão no pós-parto. Este período é muito citado na literatura como uma fase caracterizada por uma intensa simbiose mãe-filho. A forte relação com a sua própria mãe aparece claramente em um caso, no qual a adolescente diz querer ser uma boa mãe, ela deseja ser igual a sua própria mãe.

Uma adolescente se mostrou ligeiramente insegura no seu novo papel. Ela diz se sentir uma boa mãe, mas possui pouca experiência para se considerar uma "excelente" mãe.

Em outro caso, a mãe adolescente apresentou sentimentos ao mesmo tempo positivos e negativos. Os sentimentos negativos se referiam às responsabilidades que os cuidados do bebê impunham. Somente uma adolescente disse não saber se descrever como mãe. Apesar de ter pensado em fazer um aborto, levou a termo a sua gravidez em função do desejo de sua própria mãe de ter um neto.

Projetos futuros para o bebê

Ao analisar as respostas das jovens mães com relação aos projetos futuros para seus filhos, perguntamo-nos sobre a influência que o sexo do bebê exerceu nas respostas dadas. Neste grupo, nasceram seis bebês do sexo feminino e quatro do sexo masculino.

Dentre as mães que tiveram meninas, três disseram que gostariam que suas filhas fossem mais "espertas" do que elas e não engravidassem na adolescência. Elas desejam que suas filhas estudem, trabalhem e tenham um bom futuro. Não se sentem arrependidas de terem tido um filho, mas acreditam que seria melhor se tivessem engravidado mais tarde. Uma destas três mães disse desejar que a sua filha não sofresse caso o pai dela seja uma figura ausente de sua vida, fazendo referência à sua própria história. Em outros dois casos, as mães não souberam dizer o que desejavam para o futuro de suas filhas, e uma outra mãe adolescente relatou desejar que sua filha a reconhecesse como mãe e que ela valorizasse todo o sacrifício que está fazendo para cuidar dela.

Três mães de meninos querem que seus filhos estudem bastante. Em outro caso, a mãe disse dar prioridade à saúde do seu

120 CUIDADOS NO INÍCIO DA VIDA: CLÍNICA, INSTITUIÇÃO, PESQUISA E METAPSICOLOGIA

filho e ao seu desenvolvimento saudável, demonstrando o desejo de estar sempre ao seu lado.

As relações com o pai do bebê após o parto

É importante assinalar que, em sete casos, a adolescente escolheu a sua própria mãe para acompanhá-la durante sua estada na maternidade por ocasião do parto. O discurso mostra a forte ligação que as une, uma vez que, mesmo nos casos em que residia com o pai do bebê, a mãe adolescente preferiu ficar na maternidade com a sua própria mãe.

A relação entre o pai do bebê e a criança se mostrou positiva na grande maioria dos casos. Oito pais se mostraram felizes com o nascimento e afetuosos com a criança. Uma mãe relatou se sentir insegura quanto à capacidade do pai do bebê de cuidar do filho e, desta forma, o pai da criança não a ajuda nos cuidados com o bebê.

Somente em dois casos o pai não demonstrou interesse em conhecer o filho. Em um desses casos, o casal rompeu definitivamente o relacionamento afetivo após o nascimento. No segundo caso, tratava-se de uma relação esporádica; o pai da criança não aceitou a gravidez e, em função disso, a adolescente não mantém mais contato com ele.

A figura do avô paterno se mostra ausente, mesmo após o nascimento do bebê. Quatro avós maternos não haviam visitado a mãe adolescente nem o neto, no momento em que realizávamos as entrevistas.

Concluindo

Em trabalhos anteriores, mostramos que as causas da gravidez na adolescência não se referem exclusivamente à desinformação sexual, mas ao desejo universal de ter um filho na adolescência, seja para a jovem testar sua feminilidade através da constatação da sua capacidade reprodutiva, seja pelo próprio desejo de ter um filho. A forte ligação entre a adolescente e a sua própria mãe também é uma característica importante deste quadro, em que o bebê é o objeto de investimento comum e favorece a aproximação entre mãe e filha (Dadoorian, 2000; Dadoorian, 2005).

Neste trabalho, focalizamos a qualidade da interação da díade mãe adolescente-bebê. Estas mães são o que poderíamos chamar de *"mães em desenvolvimento"*, ou seja, elas conseguem suprir os cuidados básicos da criança, elas se orgulham do seu bebê, demonstram sentimentos em geral positivos com relação à criança e querem nos mostrar que são boas mães. Mas, na maioria dos casos, não estabelecem uma verdadeira relação afetiva com o bebê. Podemos dizer que elas estão se adaptando ao seu novo papel. Entretanto, em muitas situações, a presença da avó materna propicia uma melhora na qualidade da interação entre a mãe adolescente e o seu filho (Dadoorian, 2003).

Apesar do desejo do pai da criança de ter um filho, a figura masculina se mostra ausente nesta situação, seja ele o pai da criança ou o próprio pai da adolescente. O "casal" que se mostra mais presente é aquele formado pela mãe adolescente e a sua própria mãe (Dadoorian, 2005; Dadoorian, 2000). Vários itens analisados na presente pesquisa demonstram este fato.

Desta forma, concordamos com os autores que enfatizam o fato de que as adolescentes podem ser boas mães, desde que o seu ambiente familiar as apóie e, sobretudo, a sua própria mãe.

Referências

ARAGÃO, R. Narcisismo materno e criação do espaço psíquico para o bebê. In *O bebê, o corpo e a linguagem*, São Paulo: Casa do Psicólogo, 2004.

BYDLOWSKI, M., GOLSE, B. Da transparência psíquica à preocupação materna primária: uma via de objetalização. In *Novos olhares sobre a gestação e a criança até os 3 anos*. Brasília: LGE editora, 2002.

CHASE-LANSDALE P. L., BROOKS-GUNN J., ZAMSKY E. S. Young african-american multigenerational families in poverty: quality of mothering and grandmothering. *Child development*, 1994, 65, 373-393.

CRAMER B., PALACIO-ESPASA F. *La pratique des psychothérapies mères-bébés: études cliniques et techniques*. Paris : P.U.F., 1993.

DADOORIAN, D. *Grossesses adolescentes*. França: Eres, 2005.

_____. La répétition transgenerationnelle dans la maternité des adolescentes brésiliennes. Tese: Psychologie. Universidade Paris-8: 2003.

_____. *Pronta para voar, um novo olhar sobre a gravidez na adolescência*. Rio de Janeiro: Rocco, 2000.

DIAS CORDEIRO J. L'adolescente enceinte et son bébé, In *Annuales médico psychologiques*, 148, 9, 816-819, 1990.

LEBOVICI, S. Les interactions fantasmatiques. *Rev. de Méd. Psychosomatique*, 1994a, 37/38, 39-50.

MAZET Ph., Stoleru S. *Psychopathologie du nourrisson et du jeune enfant*. Paris: Masson, 1988.

NEVES, A. C. (2003). Riscos para o bebê estão ligados ao nível social. Terra.com.Br, internet.

OSOFSKY J. D., HANN D. M., PEEBLES C. Adolescent parenthood: risks and opportunities for mothers and infants. In: *Handbook of infant mental health* / ed. C.H. ZEANAH. New York / London: The Guilford press, 1993, 106-119.

VITALLE, M. S. S.; AMANCIO, O. M. (2001). Gravidez na adolescência. *Brazil Ped.news*, internet: 1-13.

WARD, M. J., CARLSON, E. A. Associations among adult attachment representations, maternal sensitivity, and infant-mother attachment in a sample of adolescent mothers. *Child Development*, 1995, 66, 69-79.

A AVALIAÇÃO PSICANALÍTICA DAS CRIANÇAS DA PESQUISA MULTICÊNTRICA DE INDICADORES CLÍNICOS PARA O DESENVOLVIMENTO INFANTIL[1]: IMPASSES TEÓRICOS E CLÍNICOS

Leda Mariza Fischer Bernardino[2]

A Pesquisa Multicêntrica de Indicadores Clínicos para o Desenvolvimento Infantil, iniciada em 1999, por um grupo de *experts* representativos de todas as regiões do Brasil, denominado Grupo Nacional de Pesquisa (GNP), propõe-se a validar alguns indicadores de desenvolvimento, no que se refere às questões psíquicas, para os primeiros dezoito meses de vida. A pesquisa inicialmente partiu de uma aplicação do primeiro instrumento – o protocolo de Indicadores Clínicos para o Desenvolvimento Infantil (IRDI) –, pelos pediatras da rede pública, nos primeiros dezoito meses de vida das crianças componentes de uma amostra randômica. Num segundo momento, foram

---

[1] Pesquisa financiada pelo Ministério da Saúde, pela FAPESP e desenvolvida no contexto acadêmico da USP, sob a coordenação da Professora Livre-docente de Instituto de Psicologia, Maria Cristina Kupfer.

[2] Psicanalista. Coordenadora da pesquisa em Curitiba, Paraná, professora titular da PUC-PR, analista-membro da Associação Psicanalítica de Curitiba e da Association Lacanienne Internationale e membro da Associação Universitária de Pesquisa em Psicopatologia Fundamental.

124   CUIDADOS NO INÍCIO DA VIDA: CLÍNICA, INSTITUIÇÃO, PESQUISA E METAPSICOLOGIA

selecionadas as crianças que tiveram indicadores ausentes, juntamente com um grupo de controle. As crianças desta subamostra, aos três anos, passariam pela aplicação do segundo instrumento da pesquisa – a Avaliação Psicanalítica (AP3), concomitantemente a uma Avaliação Psiquiátrica.

O presente trabalho pretende abordar o processo de construção da AP3, seus fundamentos teóricos e as dificuldades encontradas neste processo.

Prevista desde o início da pesquisa como um parâmetro para verificar a capacidade de previsibilidade dos indicadores clínicos de risco, a avaliação psicanalítica exigiu do GNP um grande trabalho de produção teórica, reflexão e intensos debates, basicamente centrados num impasse principal, que já ocorrera quando da elaboração do instrumento da pesquisa – o IRDI – como criar critérios objetivos e padronizados para avaliar dados subjetivos? No caso do instrumento, o IRDI, tratava-se de criar critérios para a consulta pediátrica, o que de certo modo embaraçava menos os psicanalistas integrantes do GNP. No caso atual, da avaliação psicanalítica, trata-se de criar critérios objetivos e relativamente padronizáveis para o próprio campo clínico da psicanálise, bem como de propor um desfecho clínico passível de sofrer inclusive uma análise estatística.

Como afirma Guedenay (2002), "a noção de classificação diagnóstica atemoriza com freqüência o clínico de inspiração psicanalítica. Ele teme o apagamento da perspectiva do indivíduo, a rotulação e o empobrecimento pelo caráter redutível do diagnóstico" (p. 130).

Contudo, como bem o apontou um dos consultores da pesquisa, Mario Eduardo Pereira[3], o próprio Freud, em suas investigações clínicas, recorria aos dados objetivamente observados para fazer suas hipóteses. No texto "Fantasias histéricas e sua

---

[3] Pereira faz parte dos pesquisadores da FAPESP ligados à Pesquisa IRDI. Comunicação interna à Maria Cristina Kupfer, 2005.

relação com a bissexualidade", de 1908, por exemplo, lista uma série de dados objetivos, após tecer o seguinte comentário sobre seu método de investigação psicanalítica, o qual, "dos sintomas visíveis conduz às fantasias inconscientes ocultas" (p.166).

Em nosso projeto, informamos que "a concepção a respeito do que sejam distúrbios globais de desenvolvimento será extraída daquela em que se apóia a Classificação Diagnóstica de Saúde Mental e Transtornos de Desenvolvimento do Bebê e da Criança Pequena 'Zero a Três', do Centro Nacional para Bebês, Crianças e Famílias, de Arlington, EUA" (Kupfer et al., 2003, p. 18).

A classificação diagnóstica 0 a 3 nasceu da prática de um grupo de clínicos americanos que trabalhavam com crianças pequenas, em 1977. O grupo, interdisciplinar, foi composto de psicanalistas, psiquiatras, pediatras, psicólogos e educadores. No caso do GNP, trata-se de um grupo de psicanalistas, um psiquiatra e de uma pediatra (que participou do trabalho inicial)[4] de várias cidades do Brasil (representantes de todas as regiões), que se ancorou em sua experiência clínica.

Essa classificação surgiu como alternativa ao DSM IV, que descreve pouco os primeiros anos de vida. O trabalho partiu de dois eixos principais: discussão das entidades clínicas da primeira infância, num plano clínico e teórico; reunião de casos clínicos comparáveis nos diversos centros de atendimento de crianças pequenas nos EUA. Os objetivos da classificação são especificar diagnósticos até então muito globais para essas faixas etárias, bem como especificar as características relacionais.

---

[4] Tratam-se dos seguintes psicanalistas: Maria Cristina Kupfer (SP) – coordenadora nacional; Alfredo Jerusalinsky (RS) – consultor científico; Maria Eugenia Pesaro (SP) – responsável técnica; Leda Fischer Bernardino (PR) – coordenadora regional; Paula Rocha (PE) – coordenadora regional; Regina Stellin (CE); Flavia Dutra (DF); Octavio de Souza (RJ); Maria Cecília Casagrande (SP); do psiquiatra e psicanalista Domingos Infante (SP) – coordenador regional; e da saudosa pediatra, uma das idealizadoras da pesquisa, Josenilda Brant (DF), falecida em 2002.

126 CUIDADOS NO INÍCIO DA VIDA: CLÍNICA, INSTITUIÇÃO, PESQUISA E METAPSICOLOGIA

No caso do GNP, também temos interesse na relação em que o bebê está inserido e não somente no bebê isolado, entretanto, a discussão de eixos de constituição do psiquismo em nosso projeto e verificados em nosso instrumento são aspectos esperados no desenvolvimento e não patológicos. Tampouco estudamos casos clínicos. Nossa pesquisa se localizou nas consultas regulares em pediatria, para verificação do desenvolvimento dos bebês e das crianças pequenas, portanto, nossa ênfase está na detecção precoce e na prevenção. Contudo, detecção e prevenção pressupõem uma concepção de patologias a respeito das quais se pretende identificar e intervir precocemente. Então, faz-se necessário conceber um desfecho clínico. Assim, consta nos *procedimentos* de nosso projeto o "diagnóstico psicanalítico".

O debate em torno deste desfecho clínico evidenciou a impossibilidade de utilizar a classificação 0 a 3. Embora tenha a vantagem de ser uma classificação com base clínica, seja compatível com o DSM IV e com o CID 10, não sendo simétrica a estes, nem tão descritiva, sua ênfase está nos aspectos cognitivos e emocionais. Sua base conceitual está apoiada nos chamados "transtornos de regulação", ou seja, transtornos instrumentais e funcionais – dificuldades de regular os processos fisiológicos, sensoriais, de atenção, motores. Mesmo que os aspectos "emocionais" sejam considerados, não há a consideração do inconsciente.

Nossa ênfase, por outro lado, está nos transtornos estruturais, ou seja, nos aspectos psíquicos – falhas na construção do sujeito psíquico, numa relação, tendo por base os aspectos simbólicos, de Linguagem.

Sendo assim, partimos para a elaboração de uma avaliação psicanalítica que fosse coerente com nosso arcabouço teórico-clínico. São diretivas importantes as seguintes observações de Alfredo Jerusalinsky[5]: "O uso de critérios fenomenológicos

---

[5] Jerusalinsky, Alfredo. *Psicopatologia da infância*. Documento interno de trabalho do GNP, 2004.

somente parece ser útil no que diz respeito à comunicação interprofissional e para a validação de parâmetros epidemiológicos, mas não tem se mostrado, até aqui, como competente para orientar as intervenções terapêuticas". Vale ressaltar, assim, que são critérios de avaliação tão-somente. Além disso, segundo o mesmo autor, "a avaliação psicanalítica deveria, no caso da pesquisa, ser padronizada quanto aos pontos a registrar para produzir um diagnóstico".

Os pontos teóricos que nortearam a montagem desta avaliação, além dos já citados no projeto quanto aos 4 eixos que deram lugar aos indicadores – suposição de sujeito, estabelecimento da demanda, alternância presença/ausência e função paterna (Kupfer et al., 2003) – são os seguintes:

— As noções de filiação, sexuação e identificações desenvolvidas por Freud e Lacan em seus estudos sobre o Édipo;

— O conceito de matriz simbólica proposto por Lacan, composto pela matriz lingüística e pela matriz edípica, necessária para a imersão do sujeito na linguagem e na cultura;

— A noção da construção do lugar da criança através do lugar que lhe é atribuído no discurso familiar, desenvolvida por Dolto e Mannoni;

— A nota de Lacan sobre a criança como sintoma do casal, a criança como fetiche e a criança como objeto da fantasia materna;

— As operações psíquicas de construção do sujeito psíquico no tempo da infância: alienação/separação; estádio do espelho, Édipo.

Como afirma Domingos Infante[6], "uma psicopatologia psicanalítica estará inevitavelmente correlacionada às vicissitudes da construção da subjetividade".

Voltando ao ponto de partida: o impasse entre a objetividade e os aspectos subjetivos, podemos afirmar que o subjetivo não

---

[6] Infante, Domingos. *Desfecho clínico*. Documento interno de trabalho do GNP, 2004.

128 CUIDADOS NO INÍCIO DA VIDA: CLÍNICA, INSTITUIÇÃO, PESQUISA E METAPSICOLOGIA

pode ser avaliado senão por *seus efeitos,* então também pressupõe uma *dedução,* uma *interpretação,* ou seja, implica o aspecto subjetivo do avaliador, mas os efeitos imaginários destes aspectos podem ser combatidos com as referências simbólicas: os critérios desta dedução, o norteamento desta interpretação. O roteiro que montamos - através de perguntas e instruções, bem como a ficha-síntese, pretendem ter este papel.

Escolhemos tentar percorrer este caminho, que implica inclusive assumir o risco de trilhar esta trajetória do estabelecimento de critérios objetivamente definidos, padronizáveis, propondo uma solução psicanalítica para a questão do diagnóstico operacional, ou seja, aquele que, fora do tratamento padrão e da transferência, permite operar no sentido da detecção precoce. Trata-se de poder colocar o que é da psicanálise a serviço da saúde pública, com fins éticos – de prevenção – e epistemológicos produzindo conhecimentos úteis para a prevenção.

REFERÊNCIAS

FREUD, S. (1908) Fantasias histéricas e sua relação com a bissexualidade. *Edição Standard Brasileira das Obras Psicológicas Completas de Sigmund Freud.* Vol. IX. Rio de Janeiro: Imago, 1972.

GUEDENAY, A. 'Une classification pour les Bébés? La classification diagnostique 0-3" In Bydlowski, M., Squires, C. & Candilis-Huisman, D. *Des mères et leurs nouveau-nés.* Issy-les-Moulineaux. França: ESF Éditeur, 2002, p. 129, 139.

KUPFER, M.C. *et alii.* Editorial. Pesquisa Multicêntrica de Indicadores Clínicos para a Identificação Precoce de Riscos no Desenvolviento Infantil. In: *Revista Lationoamericana de Psicopatologia Fundamental,* vol. *VI, n.* 2, junho de 2003. São Paulo: Escuta.

NATIONAL CENTER FOR CLINICAL INFANT PROGRAM. *Classificação diagnóstica 0 a 3 – classificação diagnóstica de saúde mental e transtornos do desenvolvimento do bebê e da criança pequena.* Porto Alegre: Artes Médicas, 1997.

Novas psicopatologias precoces de zero a cinco anos: é possível fazer prevenção?

Léa Maria Martins Sales[1]
Carolina Valério Barros[2]
Marivana Raimunda Rodrigues Perdigão[3]

Este artigo foi escrito especialmente com o intuito de disseminar uma perspectiva da constituição psíquica do sujeito entre estudantes de psicologia assim como entre as demais pessoas que demonstram interesse e sensibilidade em compreender as vicissitudes pelas quais passa o ser humano desde o seu nascimento.

Uma concepção da constituição do sujeito psíquico

Para o ser humano alcançar a condição de sujeito psíquico, tal como concebido pela psicanálise, é necessário que operações simbólicas, dentre elas: supor um sujeito, estabelecer a demanda, alternar presença/ausência, instalar a função paterna ou

---

[1] Psicanalista, mestre, professora do Departamento de Psicologia Social da Universidade Federal do Pará.
[2] Concluinte do Curso de Formação de Psicólogo da Universidade Federal do Pará.
[3] Concluinte do Curso de Formação de Psicólogo da Universidade Federal do Pará.

130 CUIDADOS NO INÍCIO DA VIDA: CLÍNICA, INSTITUIÇÃO, PESQUISA E METAPSICOLOGIA

alterização* sejam realizadas pelo Outro primordial – encarnado na mãe, no pai e nos cuidadores – e efetuadas através dos cuidados dispensados ao bebê nos primeiros meses de sua vida.

Ascender à condição de sujeito psíquico requer, então, que o bebê se assujeite ao desejo de um Outro – oportunizado pelas operações simbólicas citadas – que o introduz e o convoca a funcionar no campo da linguagem.

As condições orgânicas, fisiológicas, neuromotoras e sensoriais de um bebê, no nascimento, viabilizam a forma como irá receber e articular toda sorte de ações estimuladoras, cognitivas e simbólicas que deverão lhes ser transmitidas e que terão por efeito convocá-lo a adentrar no mundo da cultura. Poderíamos predizer então, que o bebê nasce aparelhado de um organismo sincronizado em suas várias funções de: respiração, alimentação, defecação, sono, visão, audição e sensações. O bebê humano se diferencia dos outros animais por sua disposição à linguagem e pela avidez para se embeber dos efeitos dos contatos e das trocas das mais diversas ordens, bem como simbolizá-los.

Por tradição, o conhecimento sobre o desenvolvimento infantil foi designado como matéria da ciência psicológica. Entretanto, até nossos dias, uma única teoria do desenvolvimento, dentre as várias existentes, não conseguiu a proeza de ser detentora da verdade, ou seja, de dar conta da diversidade e da complexidade humana em todas as suas dimensões. O que estamos querendo dizer, em breves linhas, é que sob o princípio ético, uma teoria do desenvolvimento é sempre parcial, pois trabalha apenas com um recorte de um organismo articulado.

Fechando com esta posição e frente à emergência que o campo do "desenvolvimento na infância" nos exige, ou seja, que estejamos em equipe de vários profissionais é que tentamos trabalhar sob a proposta da transdisciplinariedade, uma via metodológica e clínica, que convoca os vários saberes a um exercício ético de

* Funções propostas pela Pesquisa Multicêntrica de Indicadores Clínicos de Risco para o Desenvolvimento Infantil (MS 546/2002).

construir e compartilhar a concepção de desenvolvimento infantil que norteará suas ações. Desta forma, os profissionais, em parceria, sob visão comum e compartilhada do desenvolvimento infantil – sua espinha dorsal – teriam então um eixo ordenador e articulador das intervenções para realizá-las na especificidade de seu campo profissional.

Pautados nessas premissas, nos ordenamos sob a perspectiva de que prevenir precocemente, ainda nos primeiros três anos de vida e, mais, apoiados em pesquisas psicanalíticas que dão conta da problemática do processo de constituição primária do psiquismo humano, é pautar nossas análises e intervenções terapêuticas, sob um olhar que, ainda no momento do tempo da avaliação diagnóstica, nos interrogue sobre a maneira como estão acontecendo, no laço parental, isto que denominamos de operações estimuladoras (cuidados) e simbólicas (suposição, antecipação, ausência-presença, demanda, função paterna) necessárias para o sujeito do desejo e da linguagem emergir. Neste tempo, nunca é demais lembrar a emergência de um campo, timidamente investigado e sobre o qual temos dedicado mergulhos, que as lentes de aumento ressaltam no náufrago (pais e cuidadores), os avatares que os arrebatam numa das mais difíceis funções humanas: ter, cuidar e tornar o bebê um sujeito psíquico.

No processo de intervenção, quando reunimos em tratamento o núcleo parental, iniciamos procedimentos que podemos referi-los de instalação, de reforçamento e desinstalação de ações estimuladoras e simbólicas que podem estar interferindo, seja por excesso, por fragilidade, por equívoco no curso da constituição do sujeito do desejo e da linguagem.

Com a continuidade, esses processos vão produzindo movimentos de distensão e deslocamento na posição da mãe, do pai e dos cuidadores levando-os ao reconhecimento deste lugar-funções que vimos insistindo em diferenciar dos "cuidados" dispensados de modo espontâneo às nossas crianças, qual sejam eles: as funções materna e paterna e suas entidades simbólicas operadoras: Outro primordial, grande Outro.

Dito de outra forma, a mãe, o pai e/ou os cuidadores no desconserto do equívoco, nas entranhas do sofrimento pela constatação da incompletude e da insuficência se apropriam da idéia de que formam um laço, o parental e, que sobre um corpo-máquina, ainda bebê, trabalham, encarnando personagens – Outro primordial e grande Outro – cuja função, ainda que simbólica, gerencia o complexo e subliminar projeto de instalação, constituição e animação da vida psíquica no ser nascente. Projeto que, se concretizado, terá contribuído, de forma determinante, para que a criança se ocupe de sua posição como ser da linguagem na ordem desejante, se fazendo suporte de um enigma a decifrar, qual seja, um fantasma fundamental, enredado em três estruturas inconscientes da ordem da sexuação, das identificações e da filiação e que, "regulam, organizam e determinam as relações do sujeito com os outros, com os objetos e com seu próprio pensamento" (Jerusalinsky, 2005, p.02).

Psicopatologias precoces de zero a cinco anos

Há cerca de dez anos, não mais que isso, vinham para tratamento crianças com quadros psicopatológicos bem delineados. Parecia reinar perfeita sintonia entre os processos de desenvolvimento das crianças, as teorias do desenvolvimento e suas escalas, os manuais de psiquiatria e os tratados de diagnóstico. Nos tempos de bonança, de forma confortável e cadenciada, as nosologias propostas pela psiquiatria e pela psicanálise se articulavam, sem grandes sustos, numa gama de sintomas (sintomas clínicos ou *symptômes*) manifestos, principalmente em algumas funções fisiológicas, no comportamento, na produção cognitiva e na linguagem e só quando se tornavam insuportáveis (porque também já num grau de visibilidade intolerável) para os pais e para as escolas e, quando tudo já tivesse sido feito, então, eram trazidos a nossos consultórios, pois até hoje ainda é muito forte no norte do país a vigência de preconceito, a idéia de que "psicólogo é coisa para doido" e, portanto, um dos últimos caminhos a se recorrer.

Entretanto, de cinco anos para cá, constatamos no atendimento clínico e escolar de crianças, o quanto os quadros em psicopatologia infantil vêm mudando, muitas vezes, não sendo reconhecidos ou não sendo contemplados pelos mesmos manuais, escalas de desenvolvimento e tratados de diagnóstico, que já nos foram tão úteis. Exemplo disso são as mudanças nos manuais como o DSM-4 e o CID-10 se rendendo a essa nova realidade, optando por englobar as sintomatologias, exageradamente subdivididas, numa ampla ordenação denominada Distúrbios Globais do Desenvolvimento.

Hoje, parece que tudo 'virou de cabeça para baixo', as crianças nos chegam em idades cada vez mais precoces, em quantidades que nos impressionam, com sintomas clínicos (*symptômes*) que não obstante sua desorganização, estão conduzidas e sustentadas num laço parental já bastante fragilizado, desestruturado e atendidas por uma rede multiprofissional que age em paralelo, às vezes, sob a condição de "não saber mais o que fazer", mas que objetivam um procedimento que cure, ou que leve à "remissão" imediata dos sintomas.

Diante desta situação e após sete anos compartilhando a clínica infantil numa equipe multidisciplinar num programa dentro de um hospital universitário, o serviço de psicologia, em função da clientela que nos procura, vem pesquisando uma proposta de agrupamento preliminar dos diversos quadros sintomatológicos, em torno de um norteador comum.

À primeira vista, um número significativo das patologias apresentadas pelas crianças numa incidência significativa parece ter como denominador comum algo que poderíamos identificar como pertencente ao campo da *linguagem* e que aparentemente se manifesta por sintomas da ordem da comunicação, do vínculo e da interação.

A partir da constatação da linguagem como eixo ordenador, também vimos que poderíamos dilatar, a partir desse tronco, duas subcategorias de quadros clínicos:

1) Um quadro que agregaria sintomas traduzidos na maneira como a criança fala, interage pelo olhar, da escuta e do toque ou sobre o lugar em que a criança se posiciona ou se dispõe com o adulto na ordem da linguagem.

Estariam então nessa categoria as crianças que "não falam nada", que "falam uma língua que ninguém entende", "que falam sozinhas", "as que fazem parecer que não existimos ou que lhes importamos muito pouco", "aquelas em que, na sua rede de sociabilidade, os seres inanimados parecem lhes dizer muito mais, ou convocá-los muito mais que os humanos", "as que se recusam a entrar em interação através do olhar", etc. Enfim, não seria redundante lembrar, que elas não são mudas, nem surdas, nem cegas e, na maioria das vezes, nem mesmo são os autistas como, por tradição, fomos acostumados a reconhecê-las.

Esse funcionamento reativo ou recusador intrigou, há muitos anos, o psicanalista René Spitz (2004), que o pesquisou e cujos resultados se encontram na obra *O não e o sim. A gênese da comunicação humana*. Sabemos o quanto a psicanálise não parou desde então e que avanços significativos foram e têm sido realizados na compreensão do valor determinante disto que já nos habituamos a conceber a linguagem do desejo como o elemento constitutivo e imperativo do sujeito psíquico. Referenciamos nosso trabalho nos estudos desde Freud, passando por Lacan, Bergès, Laznik, Jerusalinsky, Vorcaro.

2) O outro quadro se refere à ordem dos sintomas traduzidos sob formas diversas de como a criança age, opera suas ações sobre o meio, dispõe seu corpo, suas decisões e suas escolhas no tempo, no espaço, na relação com o Outro e com os objetos. São os agitados, os

impulsivos, os agressivos, os violentos, os distraídos, os vagueadores, os nômades, os que se opõem sistematicamente à lei e à ordem da cultura, enfim, a legião de "hiperativos", desatentos e utilitaristas que invadiu nossa sociedade.

Em psicanálise, os vemos como portadores de angústia, não dessa angústia constitutiva, nossa companheira desde o momento em que aportamos no mundo, mas de uma angústia que tem função de *symptôme*, que traduz algo do sofrimento e das impossibilidades que se inscrevem nos processos de alienação, separação e diferenciação, do desapontamento de não dar conta de realizar o ideal materno, da impossibilidade, por insuficiência e incompletude, para responder e corresponder às convocações e expectativas que o Outro propõe à sua criança ideal. São eles os gênios, os "técnicos" dos aparelhos eletrônicos da casa, os poliglotas, que podem prescindir do contato, das trocas pelas brincadeiras com outras crianças e se realizar nos amigos especulares, imaginários frente à televisão, pois, para eles o brincar se reduz a um divertimento com máquinas e objetos substitutos humanos.

O que assistimos é um sinal dos tempos, de uma sociedade que quebrou com alguns valores que, pelo menos por dois séculos, organizaram e sustentaram os padrões de sociabilidade, de sexualidade, de ética, de privacidade, de identificação e alteridade. São os produtos da tão decantada globalização. Parece que nesse mundo do valor excessivo dado aos objetos e ao mais gozar desenfreado, o sujeito do desejo se confunde, se perde diante de tantas ofertas e possibilidades, parece ter dificuldade e, às vezes, naufraga na impossibilidade de se singularizar, de reconhecer sua imagem em rostos sem semblante. É nessa ordenação que as nossas crianças estão sendo educadas, constituídas, e por isso talvez, já na mais tenra idade, estão denunciando o fenômeno da falta de um rosto humano ordenador, de uma linguagem

136 Cuidados no início da vida: clínica, instituição, pesquisa e metapsicologia

humana que os constitua, pois, na maioria das vezes o que está disposto para eles é uma linguagem estereotipada e sem retorno dos personagens dos animados desenhos e inanimados bonecos. O que lhes resta, como restos de uma civilização que os desumaniza, é se repetir como um eco, é imitar sem recriar.

Temos pensado muito no que pode ter levado os seres humanos a se tornarem nômades, se fecharem em guetos e criarem dialetos, como fenômenos que traduzem a ausência ou fragilidade de uma linguagem, de uma autoridade. Pensamos também no como e nos porquês de nossas crianças estarem produzindo sintomas que os encerram em guetos impenetráveis, falando dialetos indecifráveis e como nômades, vagueiam em busca de uma terra fértil para sobreviveram. Suas diferenças são tão reais que nos chocam, nos assustam, porque nos lançam numa total falta de reconhecimento naquilo a que assistimos, no mínimo, nos lançam enigmas e atiçam, nos mais intrigados, o desejo de buscar saber delas e tomá-las em tratamento.

Frente a este estado de coisas, duas premissas são norteadoras das nossas análises e intervenções terapêuticas no âmbito da psicopatologia precoce e da ética da prevenção.

A primeira decorre do quanto se torna cada vez mais difícil nomear a gama de sintomas apresentados de maneira psicopatológica pela criança, em um modelo nosográfico definido. O que tem sido possível se fazer é organizá-los em um quadro clínico, cuja ordenação tenta dar conta de suas manifestações orgânicas, neuromotoras, cognitivas, na linguagem, na rede de afetos e representações inconscientes estabelecidos no laço parental e nas extensões sociais que esta criança convive. Seguido de uma metodologia arqueológica de identificar neles o que poderiam estar revelando acerca de uma conformação de estrutura ou de uma impossibilidade de lidar com exigências da ordem do fantasma fundamental.

Já a segunda premissa deriva do fato de que, em se tratando de criança em processo de desenvolvimento e constituição, nada deveria ser dado como definitivo conforme Jerusalinsky (1993a, p. 23) e Bernardino (2004, p. 35). Aliás, é sob este prisma que se sustenta a idéia da ética da prevenção, ou seja, nos créditos que depositamos nas descobertas da neuroplasticidade cerebral do seres humanos nos primórdios de sua vida, no vigor do laço parental e na potência terapêutica de nossas ações, que, numa ritmada cadência sincrônica das intervenções, teria o valor de reverter, de inverter, de retirar a incidência patológica daquele quadro em que a criança está se manifestando ou funcionando.

Nunca é demais lembrar que o sintoma ou os sintomas psíquicos da criança que incomodam e, até mesmo, chegam a desestruturar toda uma rede familiar, são apenas pontas de *icebergs* que denunciam uma trama enredada nos inconscientes materno e paterno e, eventualmente, até transgeracionais. A pesquisa e a escuta clínica cuidadosas são testemunhas do que falamos.

Para concluir, trabalhamos sustentados em duas premissas da psicanálise de que primeiro o sujeito se constitui a partir do desejo do Outro; segundo, a criança, antes de sê-lo, é constituída por aquilo que falam dela e fazem por e para ela. Portanto, nada podemos saber dela, caso não adentremos nos meandros do desejo parental em que a criança está situada e se constituindo. Os operadores dessa trama são muito extensos e começam a se constituir desde o desejo da família quanto à existência dessa criança, passando pelo lugar que ela ocupa nesse laço, que se manifesta nas diversas estratégias de "criação e cuidados" que esse núcleo familiar sustenta seus princípios educativos.

Hoje, nos interessa sobremaneira e, é disso que o Projeto Mulher e Procriação e a Pesquisa Multicêntrica, nas suas três ações institucionais em Belém-PA (Ambulatório de Obstetrícia e Ginecologia da UFPa; PROAME – FSCMPa; Projeto Caminhar-HUBFS), tentam dar conta, ou seja, desde o momento em que a mulher e o homem estão planejando ter um filho até ali naquele momento

138 CUIDADOS NO INÍCIO DA VIDA: CLÍNICA, INSTITUIÇÃO, PESQUISA E METAPSICOLOGIA

em que, já no laço parental, estão exercendo as funções materna e paterna, operacionalizadas tanto consciente, quanto inconscientemente, para realização, talvez, do mais difícil e desafiante projeto que é de criar um filho(a) e entregá-lo(a) como um homem ou como uma mulher, enquanto desejantes e produtores de sua autonomia, à sociedade.

Gostaríamos de encerrar indicando e nomeando os mestres nos quais ancoramos nossos aportes teóricos e clínicos. São eles: Freud, Lacan, Spitz, Dolto, Winnicott, Mannoni, Bergès, Laznik, Jerusalinsky, Kupfer, Molina, Vorcaro. Nomes proeminentes na Psicanálise cujas construções teóricas estiveram e estão ancoradas numa clínica vastíssima.

REFERÊNCIAS

BERNARDINO, L. M. F. *As psicoses não-decididas da infância: um estudo psicanalítico*. São Paulo: Casa do Psicólogo, 2004.

JERUSALINSKY, A. *Psicoses na infância: na psicose há relação sexual*. Seminários II. Seminário proferido em 17/09/2001. Instituto de Psicologia da USP (Lugar de Vida), 2002.

_____ *Considerações acerca da avaliação psicanalítica de crianças de três a quatro anos*, 2005, (no prelo).

SPITZ, Renè. *O não e o sim: a gênese da comunicação humana*. Martins Fontes: São Paulo, 2004.

DESAFIOS DA PRÁTICA NO TERCEIRO SETOR: CONSTRUINDO PROJETOS E REDES DE ATENDIMENTO

Íris Simone Franco[1]
Lou Muniz Atem[2]

O INFANS – Unidade de Atendimento ao Bebê, é uma organização civil sem fins lucrativos, hoje com 8 anos, que vem se estruturando pelo referencial teórico psicanalítico e tem desenvolvido projetos voltados à relação pais-bebês em hospitais, creches e abrigos.

Nesse artigo, pretendemos desenvolver alguns conceitos teórico-clínicos que nos têm sido importantes, bem como dar continuidade à nossa proposta de apresentar e formalizar nossos projetos.

Temos algumas premissas para nossos projetos, dentre elas: a de que o sujeito é constituído a partir da relação com o outro; de que a demanda para o atendimento muitas vezes é constituída durante o próprio atendimento; a de, sempre que possível, desenvolver formulações teóricas em paralelo com a prática; e ainda, a de desenvolver continuamente em cada um de nós a capacidade de praticar a discussão em grupo como ferramenta para a elaboração da clínica.

---

[1] Fundadora do INFANS, psicóloga e acompanhante terapêutica.
[2] Fundadora do INFANS, mestre em Psicologia Clínica pela PUC-SP, especialista em psicopatologia do bebê pela Universidade Paris XIII.

140 Cuidados no início da vida: clínica, instituição, pesquisa e metapsicologia

Também possuímos o que chamamos de "norteadores teórico-clínicos", os quais direcionam nosso olhar sem que estejam necessariamente presentes o tempo todo. São eles: o conceito de *transdisciplinaridade* e o princípio de manter como pano de fundo um olhar *singularizado* mesmo quando se trata de um projeto de pesquisa que busque avaliar um grupo, por exemplo.

Utilizamos esses dois norteadores como ferramentas clínicas, pois, do ponto de vista teórico nos ajudam por serem conceitos de grande importância para a própria clínica, e, do ponto de vista clínico, nos fazem sempre pensar a clínica de um ângulo novo e particular, quer se trate do caso clínico, quer se trate de um projeto em instituição.

Assim, a transdisciplina surge no sentido de fazer com que utilizemos mais o recurso da interconsulta, ou ainda, da reunião clínica com profissionais de outras áreas, em casos que exigem outros olhares que não apenas o psicanalítico[3]. Então, além das reuniões clínicas que realizamos mensalmente a fim de discutir nossos próprios casos, há as discussões clínicas abertas a outros profissionais, os quais podem apresentar um caso que será discutido pelo grupo, ou apenas participar da discussão em grupo.

Na transdisciplina, profissionais de diferentes áreas se debruçam sobre um mesmo tema, porém, para que possam falar a mesma língua, partem de um *norteador* comum. Em nosso caso, temos como norteador o pressuposto do *"sujeito constituído a partir da relação com o outro"*.

O norteador teórico-clínico da "singularidade", ou, do *olhar singularizado* diz respeito à necessidade de desenvolvermos projetos terapêuticos individualizados quaisquer que sejam os casos; ou, qualquer que seja o projeto em questão. Cada caso clínico ou projeto leva-nos a repensar tanto a clínica como a própria técnica, e, foi

---

[3] A este respeito ver: Akkerman, Ethel. e Atem, Lou Muniz. Ética e transdisciplina na clínica com o bebê. In Melgaço, R.G. *A ética na atenção ao bebê. Psicanálise – Saúde – Educação*. SP: Casa do Psicólogo, 2006

partindo desses norteadores que chegamos à necessidade de, a partir de determinados casos começarmos a construir o que chamamos de "redes de atendimento". Nessa clínica tão singular, vimos que a partir de um só caso clínico, é possível chegar-se a formular projetos, como se verá logo a seguir. A especificidade das consultas pais-bebês, entre outras coisas, é dada pelo fato de que são muitos os vetores em jogo e, em grande parte das vezes torna-se necessário constituir uma rede de atendimento.

Transdisciplina, singularização e a necessidade de desenvolver redes de atendimento fazem com que, ao formular projetos no âmbito do terceiro setor, precisemos sempre realizar uma *ampliação* da técnica psicanalítica, uma vez que, pelo próprio princípio de uma instituição do terceiro setor - o de desenvolver projetos - já se trata da psicanálise fora de seu *setting* clínico habitual. Temos na mão o desafio de conseguir realizar projetos sem com isso perder de vista o que há de mais singular do sujeito (seja ele 1 ou um grupo).

Dentre os projetos que temos desenvolvido, os dois a serem aqui abordados fazem parte dessa ampliação da técnica da qual falamos acima. O primeiro, já mais antigo, é o de acompanhamento terapêutico pais-bebê, que muito nos ensinou sobre o desenvolvimento de uma "rede de atendimento pais-bebês". O segundo, mais recente e ainda em constituição, é o projeto de creche.

Projeto de acompanhamento terapêutico pais-bebês

A proposta para iniciarmos o Projeto de Acompanhamento Terapêutico de pais portadores de doenças psíquicas graves e seus bebês, teve início a partir de uma paciente que vinha sendo acompanhada em análise pela instituição e estava grávida.

Temos como princípio acolher o pedido dos que pedem ajuda, e a partir deste, desenvolver modalidades possíveis de atendimento.

Após a discussão do caso, com a participação da analista e da psiquiatra responsável, estruturamos uma modalidade possível para o Acompanhamento Terapêutico, embora nunca tivéssemos realizado tal forma de atendimento com pais psicóticos!

O acompanhamento terapêutico teria início na maternidade, logo após o nascimento do bebê, e continuaria na residência dos pais e dos familiares, com visitas semanais de 2 horas, por um período aproximado de 3 anos.

O objetivo do trabalho seria acompanhar a relação pais-bebê, através dos conhecimentos da puericultura e, com uma direção psicanalítica, intervir e acompanhar a constituição do laço entre o bebê e as figuras parentais.

O trabalho percorreu a constituição possível desse laço, pois falar em maternidade em se tratando de uma estrutura psicótica pode parecer, para alguns, um trabalho da ordem do impossível, porém, optamos por não recuar diante deste pedido, que partia de alguém que já estava em tratamento conosco, e que envolvia um bebê, ser ainda em constituição.

A relação mãe-filho não é uma relação a dois, mas uma relação que comporta três termos: a mãe, o filho e a ordem simbólica que determina essa relação.

Porém, se é sabido que a ordem simbólica na psicose está desestruturada, como poderá se estabelecer a relação entre uma mãe psicótica, um pai psicótico e seu bebê? (no caso em questão, o pai também possuía estrutura psicótica). Que parentalidade seria possível nessa situação? Ao traçar o projeto de acompanhamento terapêutico, focamos a sustentação dos lugares parentais como principal meta e apostamos assim, em uma parentalidade possível para aquele casal que nos pedia ajuda.

Assim, repetir a exclusão do que já é excluído, recusando atendimento à paciente psicótica grávida pareceu-nos algo não só cruel, como um recuo diante de uma possibilidade de trabalho.

Começamos então o trabalho, no qual o *atendimento em rede* foi um pilar de sustentação fundamental: a troca de reflexões

ATUALIDADES EM PESQUISAS E PROJETOS VOLTADOS AO BEBÊ E SUA FAMÍLIA 143

entre analista, psiquiatra e acompanhante terapêutico constituiu-se numa ferramenta fundamental para o sucesso do trabalho.

A sustentação imaginária dada por essa conjunção de profissionais não supriu totalmente o que precisava essa mulher para exercer a função materna. Não fechamos os olhos para todas as conseqüências possíveis que um *cuidador primordial*[4] psicótico pode acarretar na constituição de um novo sujeito, mas por outro lado, não retrocedemos diante das dificuldades. Dia após dia, fomos acompanhando, pontuando, intervindo, delimitando e, principalmente, apostando em nossos objetivos.

A via que possibilitou o trabalho do acompanhante terapêutico foi a de, através de uma manobra da transferência, sair do lugar daquele a quem o paciente supõe um saber, passando a ocupar um lugar de testemunha. Lacan no Seminário 3, sobre as psicoses, fala sobre a posição de *secretário do alienado*, propondo que o analista se coloque na posição de testemunha da relação do sujeito com o Outro, silenciando, para dar vazão às construções que o psicótico pode formular acerca de suas experiências. O Acompanhante Terapêutico daria ao psicótico, a partir de certo apagamento de si próprio, a possibilidade de estar na presença de um sujeito suposto não gozar, podendo então, representar um vazio onde o sujeito vai colocar seu testemunho (Soler, 1991, p.147 e Mendes, 2005).

Apresentaremos a seguir algumas ferramentas clínicas formalizadas durante este trabalho:

Empréstimo de recursos psíquicos: é um empréstimo de imaginário, para aquele que não possui recursos psíquicos poder realizar operações imaginárias fundamentais, como faz a mãe com relação a seu bebê. Acreditamos tratar-se do início de um percurso para que o bebê possa deixar de ser um objeto parcial, parte

---

[4] Rohenkohl, C.M.F. Do transitivismo à antecipação. In *A clínica com o bebê*. Rohenkohl, C.M.F. (org.), SP: Casa do Psicólogo, 2000.

do corpo materno, e através das palavras do acompanhante, repletas de seu próprio imaginário, passe a ter um corpo próprio. Ex: na maternidade o Acompanhante vai ao berçário a pedido da mãe para ver o bebê que acaba de nascer, ao retornar a mãe pede para que relate repetidas vezes como é e como está seu bebê.

O papel de testemunha: o Acompanhante com sua *presença* e com seu *olhar*, tem a função de testemunhar para os pais e reconhecer perante os outros – socialmente – a ocupação de uma nova função pelos pais. Ex: diante dos familiares, dizer que não há problema em que o bebê passe determinado período com os pais.

O lugar daquele que valida o ato: recebe informações vindas dos pais e as valida como sendo atos de cuidados ao bebê. Ex: os pais relatam ao Acompanhante como realizam os cuidados de higiene no bebê, o que pensam sobre o bebê, etc; esperando a confirmação de que seus cuidados estão adequados.

A função de interlocutor: Intervir de forma a permitir a continuidade da relação, que, por algum motivo (separação, surto dos pais), encontrava-se ameaçada. Exemplo: falar com o bebê a pedido dos pais; descrever a situação pela qual os pais estão passando, devido à qual não conseguem falar de seu sofrimento. Falar ao telefone com o cuidador responsável pelo bebê nos momentos em que o surto de um dos pais tenha obrigado a uma separação. Ao falar com o cuidador responsável o Acompanhante transmite a preocupação e a saudade que os pais sentem do bebê. Este ato tem como objetivo manter a continuidade do vínculo nos momentos de crise; pois, em seu delírio, os pais podem pensar que sua voz ou presença poderia de alguma forma fazer mal ou prejudicar o bebê.

A posição de suplência: Ao acompanhar um paciente em determinadas atividades, o acompanhante ocupa uma posição de suplência, ou seja, pacientes psiquiátricos graves, possuem poucos recursos psíquicos para resolverem ou lidarem com situações que exigem um *posicionamento de decisão*. Muitas dessas situações podem parecer simples, mas para um paciente psicótico, uma pequena decisão pode ter uma dimensão muito maior do que imaginamos, podendo em alguns casos desencadear um surto. Exemplo: acompanhar às consultas com o pediatra, consultar e ajudar a escolher creches, escolher uma nova moradia.

Delimitar, marcar limites: o acompanhante, sendo um sujeito inserido na ordem simbólica, delimita alguns limites. Ex: Não permitindo que o bebê fique em ambiente impróprio, orientando sobre como cuidar do corpo do bebê, não permitindo que o bebê fique com os pais nos momentos de crise.

Atualmente o bebê acompanhado no Infans está com 6 anos de idade. O trabalho de acompanhamento durou 3 anos e 6 meses, e, com 4 anos de idade a criança acompanhada entrou em análise. Após 1 ano de atendimento recebeu alta da terapia. Certamente, encontrou modalidades para a convivência com os pais psicóticos, que não a de ficar capturada a seus momentos de crise.

O Projeto de Creche

Inicialmente, o Projeto de Creche não era ainda um projeto. Começou com o pedido de uma creche para que os ajudássemos com relação a uma menina de dois anos e meio, que apresentava alguns sintomas e dificuldades na relação com a mãe. Como a mãe não possuía demanda alguma para o atendimento da filha, optamos por, primeiramente, realizar observações da criança na própria creche, as quais serviriam para que pudéssemos conhecê-la melhor. A partir dali, conversaríamos com ela para, se possível, despertar o desejo pelo atendimento. Sem discorrer sobre as vicissitudes da observação em creche e atendimento da criança, que não é o propósito aqui, passemos para o segundo momento do chamado "projeto de creche": aquele em que passamos a receber crianças pequenas (de 0 a 3 anos),

146 Cuidados no início da vida: clínica, instituição, pesquisa e metapsicologia

encaminhadas de creches para atendimento em nossa sede. Este foi o momento em que demos prosseguimento e alargamos os objetivos do nosso "Ambulatório do Bebê" (nome dado ao ambulatório destinado a receber encaminhamentos na própria sede).

Já num terceiro momento, o Infans foi chamado a realizar Oficinas para educadores de creches da rede municipal da zona leste de São Paulo. A partir daí, nosso desejo de realmente realizar um projeto voltado para as creches aumentou, e, desde então, temos entrado nesse mundo cheio de dificuldades e riquezas.

A partir de 2005, nosso projeto de creche passou a estar voltado então, não só para as crianças, mas também para os educadores. Nosso trabalho, primeiramente, foi o de pensar em como viabilizar um projeto que atingisse a infância e, ao mesmo tempo, os educadores, tendo em vista que não participamos do cotidiano da creche e, portanto, não trabalhamos diretamente com nenhum dos dois.

Partindo da noção de psicopatologia do bebê[5], passamos a imaginar se seria cabível a noção de "psicopatologia da creche", nos levando a pensar na instituição como um todo, uma psicopatologia que abarque crianças, educadores, pais e direção. Uma psicopatologia que possibilite pensar as dificuldades vividas na creche não como dificuldades de um só grupo, mas dificuldades institucionais que incluem a todos dentro da instituição creche, porém com a particularidade de ser uma instituição voltada à infância, intrinsecamente ligada à constituição psíquica da criança e de suas relações sociais mais importantes.

Assim, tendo como pano de fundo essas reflexões, que direcionariam nosso projeto, mas só poderiam vir a ter desenlaces teóricos a longo prazo; num primeiro momento, a fim de viabilizar na prática essas primeiras idéias, o projeto de creche pas-

---

[5] Construída por nós a partir de diversos autores, tais como: Spitz, Cramer, Kreisler, Lebovici, dentre outros contemporâneos já citados aqui.

sou a ser um projeto de formação de educadores, com conteúdo sempre relativo à criança e à infância. Nosso primeiro objetivo é levar o educador a refletir sobre as dificuldades vividas no cotidiano da creche, trazendo a ele temas relacionados à formação e ao desenvolvimento da criança pequena, seu modo de agir e de pensar, o significado das relações parentais bem como das relações com os próprios educadores, até situações de maior dificuldade.

Em 2006, o Infans elaborou sua primeira *Cartilha Para Educadores de Creche*, a qual aborda os *sinais de sofrimento da criança pequena* nas situações de "alimentação, sono, olhar, voz, brincar e postura". Consideramos esse assunto de interesse e importância aos educadores, pois trata-se de situações do cotidiano da criança na creche, as quais, quando chamam a atenção, é muito difícil que se saiba o que fazer, ou, por outro lado, caso não chamem a atenção, isso não quer dizer que nada esteja ocorrendo com a criança. Nosso objetivo então, é poder conversar sobre esses sinais com o educador e levá-lo a desenvolver um olhar para determinadas situações e sinais às quais, antes, ele não estava atento ou acostumado!

A partir dessa primeira *Cartilha*, pretendemos aos poucos ir estendendo nosso projeto e, quem sabe, desenvolver *Cartilhas* com outros temas ligados à criança, além de ações e intervenções relacionadas à creche, a formação de educadores. Consideramos que debater esses variados temas relacionados ao bebê e à criança pequena com os educadores já é em si ação preventiva, no sentido de que visa a saúde mental da criança ao trabalhar com a faixa etária de 0 a 4 anos. Entendendo sempre a prevenção diferentemente da área médica, mas ao contrário, partindo do paradigma psicanalítico no qual, é no *a posteriori* que se torna possível tratar o sofrimento do sujeito. Aqui, prevenção e *a posteriori* deixam de ser um paradoxo e passam a ser uma combinatória possível!

Sobre a prevenção na creche

Para Crespin[6], falar em prevenção não significa desejar antecipar a aparição de um sintoma, ou mesmo, fazer com que ele desapareça, como durante algum tempo se objetou no meio psicanalítico, quando se começou a falar em prevenção, há cerca de 10-15 anos (no Brasil, ao menos). Para a autora, a prevenção tem a ver com a questão da demanda que se faz ao terapeuta ou analista, ou seja, permitir a elaboração de uma demanda por parte daquele que sofre, já seria um ato preventivo!

Porém, ainda para Crespin, quando se trata da creche é necessário perguntar: *"quem demanda?"*, pois ali, muitas vezes quem percebe e notifica a dificuldade na criança não são os pais, e sim, os educadores, a direção, os avós, enfim, pessoas do entorno da criança que não os próprios pais. A questão acaba chegando aos pais de forma intrusiva, o que faz com que eles desenvolvam reações de negação e recusem a buscar qualquer ajuda[7]. Ou, por outro lado, o que ocorre é que os pais têm uma preocupação com relação à criança muito diferente daquela da equipe da creche o que faz com que, da mesma forma, neguem os apontamentos e as indicações de ajuda.

Para a autora, inicia-se então o período mais difícil, que é o de "elaboração da demanda", correspondente a uma subjetivação da questão para os pais, com o objetivo de que eles possam se apropriar de alguma inquietude com relação a seu filho e sejam desejosos de saber mais sobre ele. Neste trabalho de elaboração já estaria embutido o próprio trabalho de prevenção, pois ele permitiria aos pais um novo olhar sobre seu filho, e, a partir daí novas mudanças.

---

[6] Cullere-Crespin, G. *A clínica precoce: o nascimento do humano*. SP: Casa do Psicólogo, 2004, p. 174, 175.
[7] Idem, pp. 176.

Pensamos que, além desses apontamentos fornecidos por Crespin, há ainda várias outras maneiras de podermos trabalhar e pensar a prevenção na creche. Se estamos chamando de preventivo todo trabalho que se dirige à criança pequena (antes dos 3-4 anos) e tendo como critério a não-finalização da constituição do aparelho psíquico, temos então uma gama de situações a serem trabalhadas na condição de serem tomadas como preventivas: Ao intervir na creche, a médio-longo prazo, temos:

- uma melhor compreensão das chamadas crianças-problema por parte dos educadores,
- a possibilidade de melhor comunicação entre educadores e pais, e, a patir desses dois itens:
- a possibilidade de uma não instalação do sintoma na criança;
- o encontro de soluções criativas para situações difíceis em sala de aula por parte dos educadores
- a conseqüentemente melhora na relação entre as próprias crianças dentro da classe, e, por fim,
- uma melhor relação entre a creche e os pais, com a possibilidade da família vir a se perguntar sobre o lugar e a reapresentação que a criança possui dentro da própria família.

Assim, pensamos que a partir dos cursos de formação, de alguma forma é possível atingir todos esses temas, pois todos eles são trazidos à discussão, uma vez que fazem parte das dificuldades vividas no cotidiano da creche. O educador pode ser então, ele próprio, aquele que a partir de suas inquietações com relação à criança, passe a elaborar – não suas demandas ou pedidos de ajuda, como no caso dos pais – mas sim, sua forma de compreender a criança, bem como maneiras, soluções e saídas criativas para as diversas dificuldades que encontra, algumas delas, bastante agudas.

150 Cuidados no início da vida: clínica, instituição, pesquisa e metapsicologia

Se o psicólogo ou psicanalista tem algo a fazer na creche, é ajudar o educador nessas construções, as quais, se feitas a só, se tornariam um trabalho irrealizável, quase como uma "auto-análise". Cabe ao educador, que está todos os dias com a criança, construir para si uma espécie de "psicopatologia da infância", no qual o caminho a ser percorrido dependerá das soluções criativas que cada um inventar. Cabe ao psicólogo ajudá-lo a construir essas soluções!

Nessas reflexões procuramos mostrar como pensamos ser possível partir de um ponto comum para várias disciplinas, a saber, *o sujeito constituído a partir do outro,* e ainda, manter um *olhas singular* em cada projeto, sem que percamos de vista o particular de cada sujeito. A saída que temos buscado é a construção de *projetos em rede,* em que é fundamental que cada profissional mantenha seu foco e a especificidade de sua área, sem perder de vista, porém, a direção maior do projeto em comum.

REFERÊNCIAS

AKKERMAN, E. e ATEM, M. L. Ética e transdisciplina na clínica com o bebê. In Melgaço, R. G. *A ética na atenção ao bebê. Psicanálise – Saúde – Educação.* São Paulo, Casa do Psicólogo, 2006 (Coleção 1ª infância, dirigida por Cláudia Mascarenhas Fernandes).

BIRMAN, J. e DAMIÃO, M. M. (organizadores) Psicanálise – *Ofício impossível.* SP: Campus, 1991

CHECCHINATO, D. *A clínica da psicose.* Campinas, São Paulo: Papirus, 1988, 2ª edição.

CULLERE-CRESPIN, G. *A clínica precoce: o nascimento do humano.* São Paulo: Casa do Psicólogo, 2004.

LACAN, J. Secretários do alienado. In *O Seminário - Livro 3: As psicoses.* Rio de Janeiro: Jorge Zahar Ed., 1988. p.235-243.

MENDES, A. A. Tratamento na psicose: o laço social como alternativa ao ideal institucional. *Mental,* jun. 2005, vol.3, no.4, p.15-28. ISSN 1679-4427.

ROHENKOHL, C. M. F. Do transitivismo à antecipação. In *A clínica com o bebê*. Rohenkohl, C.M.F. (org.), SP: Casa do Psicólogo, 2000.

REVISTA TOPOS: Boletim do Espaço Moebius, Bahia: Espaço Moebius, 1994.

SOLER, C. Uma estabilização sobre transferência. In: *Estudos Clínicos*. Salvador: Fator, 1991, p. 143-149.

SOUZA, A. S, *A metáfora paterna - A clínica da psicose*. São Paulo: Papirus, 1988, 2ª edição.

PARTE 4

QUESTÕES METAPSICOLÓGICAS SOBRE A CLÍNICA COM BEBÊS

Do som à música, da música à voz: os passos da fundação do sujeito[1]

Inês Catão[2]

> *"A humanização do* infans *passa pela conquista poética do mundo das sonoridades"* (Didier-Weill, Lila et la lumière de Vermeer: la psychanalyse à l'école des artistes, Paris: Denoël, 2003, p. 101)

Nos ruídos há todos os timbres acústicos/Há todas as cores do som: /Falsete/Cochicho/Bafejo/Grito/Berro/Sussurro/Zumbido//O beijo/o muxaxo/o fanhoso/o gaguejo/o pigarro//Clics/ /o soluço/o trinado//Nasalidades/Voz em choro/Voz em riso//Voz em cólera/Voz em Graça/No meio desses rumores/Entre os seios das suas curvas espetrais/Entre os graves e agudos dos instrumentos musicais/Descubro ranger de serras/Rugidos de mar/Golpes de martelos/Estalos de chicotes/Furar de puas/Choques de corpos

---

[1] Este artigo é baseado na tese *A voz na constituição do sujeito e na clínica do autismo: o nascimento do Outro e suas vicissitudes* defendida por nós em junho de 2006 na Faculdade de Psicologia e de Ciências da Educação da Universidade de Coimbra (Portugal) para a obtenção do título de doutor em Psicologia Clínica. Esta tese encontra-se disponível na base de dados do IBICT.

[2] Psicanalista, psiquiatra infantil da SES/DF (COMPP), doutora em Psicologia Clínica pela Universidade de Coimbra, poeta, escritora. E-mail: inescatao@yahoo.com

156 CUIDADOS NO INÍCIO DA VIDA: CLÍNICA, INSTITUIÇÃO, PESQUISA E METAPSICOLOGIA

duros/Baques de matéria bruta/Silvos. Cicios/Atrito de polias/ Sirenes de navios/—Delírio: de Fones e Fonias. //De tudo isto componho/De tudo isto entretenho/De tudo isto distingo/As componentes reais/E sobre elas ponho a máscara de um som singelo/ Para me sentir no agradável/E descer no fundo abismo/Onde está a origem primeira e permanente/Numa espécie de dança falada/ De todos os timbres. //Mas...minha amiga Maria, /Quando estás próxima e não te vejo, //Dos teus passos, o ruído *é* os teus sapatos/O toque de tuas mãos nos copos e nos pratos/*É* as tuas luvas. /O roçar da toalha na tua nudez/*É* o ar que te envolve – respirado ar — /Pois no ambiente disperso, pairante, /Imagino os teus gestos distantes/E na extremidade desses gestos o timbre/De tua voz. (Joaquim Cardozo, "Análise dos Timbres do Ruído". In *Poesias Completas*, Rio de Janeiro: Civilização Brasileira, 1979).

De que maneira e quando se dá a fundação do funcionamento psíquico para o bebê? De que modo ocorre a incorporação da linguagem na qual o bebê nasce imerso?

Em Freud, abordar a articulação entre o psíquico e o somático é tratar da noção de pulsão. Lacan, em seu retorno a Freud, não apenas deu a esse conceito o destaque merecido, mas acrescentou à lista freudiana de objetos pulsionais a voz e o olhar. No texto freudiano, as vozes surgem como sintomatologia na paranóia, recortando a instância reguladora do sujeito — o Ideal de eu – instância que resulta da sedimentação da autoridade parental primitiva. O supereu, herdeiro vivo do complexo de Édipo, com suas funções de consciência moral (voz da consciência), auto-observação e formação de ideais, se caracteriza por ser uma instância por excelência vocal. Freud fundamenta no desamparo primordial do *infans* (*Hilflösigkeit*) – que o faz depender desde sempre de um laço com o outro (Outro) – o fato do humano estar sujeito a ouvir vozes. O laço mais primordial com o outro (Outro) é o laço com a voz.

A voz como objeto da pulsão só pôde entretanto aparecer em psicanálise com o surgimento da perspectiva estruturalista. Os dois novos objetos pulsionais propostos por Lacan, voz e olhar, não são situáveis em nenhuma fase. Não existe uma fase vocal assim como não existe uma fase escópica.

A pulsão invocante é a mais próxima da experiência do inconsciente, nos diz Lacan no *Seminário 11*. A voz é um dos modos fundamentais da presença do outro (Outro). A criança ouve/escuta muito antes de falar, desde intra-útero. É um ser falado que advém falante. Mas escutar não é um gesto natural. É preciso considerar o que isso implica no que tange às modalizações da presença da voz do outro (Outro) (Leite, 2002).

Em sua releitura de Freud, Lacan (1985/1964) abordou os processos de constituição subjetiva – alienação e separação –, indicando que a articulação entre o campo do ser/sujeito e o campo do sentido/Outro se dá pela falta. É a condição desejante do Outro primordial, condição que se organiza em torno do objeto da pulsão, que agencia o enlaçamento do organismo no simbólico. Deste modo, o essencial na voz do Outro materno é o que aponta sua incompletude, isto é, o que a mãe *não* diz. Se a voz se presta a ser contornada pela pulsão, isto se deve à sua dimensão de portar o inaudito.

Corpo e simbólico fundam-se mutuamente. O corpo da criança resulta de uma construção. Ele é fruto da articulação das materialidades heterogêneas de que se compõem o organismo e a linguagem, cujo articulador é a voz. A voz é o mediador por excelência da articulação lógica entre o futuro sujeito e o Outro, campo da linguagem ao qual a pequena criança tem que, necessariamente, se alienar. Ela cumpre assim um papel primordial no tempo de fundação do sujeito.

A materialidade incorpórea da voz

Na perspectiva de Lacan, a voz é o objeto vazio passível de ser contornado pela pulsão. Sua materialidade é incorpórea. Dizer, entretanto, como faz Miller (1989) que "A voz como objeto *a* não pertence, de modo algum, ao registro sonoro" (p. 178), não parece suficiente. Pois para que a voz exerça sua função na fundação de uma pulsação própria ao *infans*, diferente do ritmo biológico, ela tem que ser encarnada em um outro (Outro), e esta encarnação a faz passar pelo som. À semelhança da disjunção operada por Lacan entre visão e olhar, repete-se neste caso um jogo dialético entre voz e som. Como o olhar, a voz designa em psicanálise uma *função psíquica* que não está subordinada ao respectivo órgão do sentido.

A voz participa da instauração do laço entre a mãe e o bebê ao mesmo tempo em que se constitui como objeto da pulsão. Quando falamos da função da voz na fundação do sujeito, não se trata da voz da mãe nem da voz do bebê. Trata-se pura e simplesmente da voz, objeto pulsional que se constitui como tal na fronteira – espaço de ilusão, para tomar emprestado os termos de Winnicott – entre os dois. É ela que delimita as bordas que separam o corpo da mãe do que será o corpo do bebê. A voz é o que funda, a um só tempo, sujeito e Outro. A voz faz litoral (Catão, 2005).

A transformação dos sons que o bebê ouve e emite em voz resulta de uma série de operações sutis presentes desde muito precocemente: do som à música há um passo, assim como da música à voz há outro, e este seria um outro modo de abordar as operações constitutivas do sujeito alienação e separação.

Do som à música: a alienação

A alienação no campo do Outro é uma escolha forçada que a pequena criança deve poder fazer como condição indispensável ao seu advento como ser falante. A melopéia materna convida o bebê a alienar-se no campo da linguagem. Ela é a fundadora de um funcionamento significante mínimo.

A importância estrutural que a prosódia da voz do Outro materno tem para o bebê não reside portanto em uma comunicação de sentido. Ela serve antes para fazer girar o circuito da pulsão oral em torno de um objeto que não é o objeto da satisfação da necessidade alimentar da criança (Laznik, 2004). "Essa boca que se abre no registro da pulsão – não é pelo alimento que ela se satisfaz", ensina Lacan no *Sem. 11*(Lacan, 1985/1964, p. 159).

O que caracteriza a voz em psicanálise é ser o primeiro objeto vazio passível de ser contornado pela pulsão permitindo seu enlaçamento, o que abre para o sujeito a dimensão do Outro como única possibilidade de o inconsciente estruturarse como uma linguagem. É apenas a partir da fundação do Outro como instância que podemos falar em sujeito do lado do bebê. E, sem sujeito, linguagem não fala.

Sabemos que desenvolvimento não garante subjetividade. É apenas pela instauração de um funcionamento pulsional que a pequena criança tem acesso à função da fala. A organização de um funcionamento significante mínimo se inicia com a implantação da "matriz simbolizante" (Vorcaro, 2002, 2005) possibilitada pela música da voz do agente materno.

A "linguagem maternante" (Vorcaro, 2002, 2005) empregada por aquele que está na função de Outro primordial tem uma dimensão irresistível para todo bebê, inclusive para o bebê futuro autista. O poder quase absoluto de invocação exercido pela música da voz do agente materno, sua promessa de gozo sem limite, é provavelmente um dos determinantes da alienação do *infans* ao desejo do Outro (Laznik, 2004).

A música transcende tudo o que é significável pela palavra. O que a caracteriza é essa impossibilidade de lhe dizer não. É a essa pressão de dizer "sim" ao chamamento musical que Didier-Weill (1997) identifica a *pulsão invocante*.

160 CUIDADOS NO INÍCIO DA VIDA: CLÍNICA, INSTITUIÇÃO, PESQUISA E METAPSICOLOGIA

A relação mais primordial do sujeito com o Outro passa pela música da voz. Pela música, o sujeito estabelece uma relação de sincronia absoluta com o Outro.

A sincronia fundamental

Vários autores mencionam a importância de um primeiro tempo de sincronia entre mãe e bebê, de tal modo que poderíamos tomá-lo como a necessidade de uma harmonia entre duas pessoas. Lacan (1988) nomeia de "sistema primeiro dos significantes" (p. 85), o sistema de inscrição de sinais da percepção (*Wahrnehmungszeichen* ou WZ) no esquema proposto por Freud na chamada *Carta 52* (Freud, 1977/1896), o que não deixa de ser curioso. Sabemos que, para Lacan, "o significante é o que representa o sujeito para outro significante" (Lacan, 1985/1964, p. 187). A noção de significante remete a uma relação e a uma diferença. Se, neste momento fundador, ainda não há o que se possa chamar de S2, porque Lacan insiste em nomear, já aí, o significante?[3] Neste momento, diz Lacan, estamos lidando com a "sincronia primitiva do sistema significante" (Lacan, 1988, p. 85). Nada acontece, em termos de funcionamento psíquico, se não houver essa "sincronia fundamental" (Lacan, 1988, p. 85). É portanto *essa* a sincronia necessária se instaurar no primeiro tempo do laço do bebê com o outro (Outro). A "sincronia significante" antecede qualquer alternância (diacronia), ainda que esta, enquanto possibilidade, já tenha que estar presente do lado do Outro cuidador, isto é, da mãe. E isso só ocorre se há para esta uma representação da falta.

---

[3] Laznik recorda que, "o conceito de *significante* em Lacan não se superpõe ao de *representação de palavra* e pode se aplicar aos traços mnésicos produzidos por todos os tipos de percepções e não somente os que têm relação com percepções acústicas". Em diversas oportunidades Lacan afirmou (1988/59-60, 1985 / 1964) que era necessário dar aos sinais perceptivos (*Wahrnehmungszeichen*) o nome de significantes (Laznik, 1997, nota de rodapé da p. 59).

Da música à voz: a separação

A sincronia musical entre mãe e bebê, embora necessária, não é suficiente. É preciso haver alternância. Para fazer funcionar o aparelho psíquico é preciso que um eixo diacrônico também possa se instalar. Ao contrário da pulsão, cuja característica é a força constante, o inconsciente é batimento rítmico, alternância. Em função da instalação da alteridade, é preciso que a mãe possa interditar-se o gozo que, na melhor das hipóteses, ela própria ensinou a seu bebê no tempo da sincronia musical. Ela terá que o privar, fazer um corte. A operação de alienação constitutiva do sujeito supõe, para se completar, a instalação de outra operação: a separação. E esta é concomitante à instauração do Nome-do-pai e ao recalque originário.

O bebê deve primeiro poder dizer "sim" à música da voz, aceitando trocar o ruído do caos sonoro em que nasce pela "sincronia significante" que o agente materno propõe. Nisso consiste sua escolha forçada. Ao responder ao apelo que a música da voz lhe dirige, o *infans* muda de posição passando de invocado a invocante.

Mas, ser sensível à música da voz só, não basta. A seguir, o *infans* deve poder ensurdecer para a dimensão sonora da voz como modo de aceder ao inaudito, isto é, à voz propriamente dita ou ao enigma da voz: "*Che vuoi?*", "Que queres?". É o momento da separação.

Em termos de circuito da invocação, o bebê tem que ser chamado, chamar e "se fazer chamar" (Vives, 1989) completando um circuito pulsional em três tempos. Não basta que o outro (Outro) o chame e que o bebê *escute* o seu chamamento. Não basta "ser chamado". Ele terá, por sua vez, que responder chamando ("chamar") e, principalmente, "se fazer chamar", o que corresponde à instalação do terceiro tempo do circuito da pulsão oral (na releitura lacaniana de Freud), tempo da instalação do desejo do Outro como enigma.

O desenvolvimento não opera por simples automatismo biológico. É o desejo do Outro veiculado pela voz e, posteriormente, pelo olhar que delimita no organismo da pequena criança as bordas do que será um corpo. O que faz o *infans* falar não é o estímulo sonoro nem musical mas o enigma do desejo do Outro que a voz veicula.

O necessário enodamento das três dimensões da voz

Propusemos distinguir som, música e voz propriamente dita como três dimensões da voz: imaginária, simbólica e real. O som, tomado aqui como ruído sonoro[4], sob a batuta da intervenção do Outro cuidador se organiza em música, sincronia significante. Mas apenas se o futuro sujeito aceita este primeiro tempo da alienação é que um segundo momento poderá ter vez, a criança poderá ter voz e a função da fala poderá advir. O que indica a possibilidade de exercício da função da fala para nós psicanalistas, não é apenas a repetição de palavras mas que haja sujeito em jogo nessa produção.

Por razões ainda hoje desconhecidas, o primeiro passo da fundação do sujeito, ou seja, aquele que do som conduz à música, algumas vezes não se dá. A criança autista parece desinvestir a voz em seu tempo musical (por defesa?) fazendo com que esta permaneça como ruído, barulhos que a criança ouve e a assustam.

---

[4] O *ruído* é um som composto por várias frequências aleatórias combinadas; a forma e a amplitude de cada frequência, é aleatória. Neste caso, a onda sonora tem uma forma não repetitiva, não harmônica. Para as ondas complexas que têm energia em todas as frequências de forma aleatória, não constituindo uma onda periódica ou repetitiva, o tom ouvido é aproximadamente a média das componentes de frequência da onda, isto é, um *tom de ruído*.

A *prosódia* é o envelope "musical" da fala com aspectos de ritmo, tempo, melodia, acento e entonação (Martins, 1988).

A criança recua diante da alienação ao campo da linguagem veiculado pelo outro.

Ao analista, em função de Outro primordial nessa "psicanálise ao avesso" (Laznik, 2004), cabe *escutar* poesia (voz) onde ouve o "puro som" das estereotipias sonoras. A escuta antecede a fala. É por se escutar em *suas* produções sonoras a partir do outro (Outro) que a criança poderá falar.

A sincronia introduzida pela música e a diacronia que o *ritmo* da voz do agente maternante introduz, fundam para a pequena criança a matriz do funcionamento psíquico. O funcionamento psíquico não é copiado nem imitado do outro pela pequena criança em seu tempo de *infans*. Não se trata de simples apropriação dos significantes que se chegam do campo do Outro sob a forma de um dom. A pulsação do inconsciente se recorta no real do corpo da criança a partir dos significantes do outro encarnado que lhe são dirigidos. A voz enquanto objeto *a* é que sustenta o nó RSI, antes mesmo do advento do olhar.

O som é a vestimenta da voz, o que lhe dá consistência imaginária. O objeto voz necessita do imaginário para que ganhe consistência em uma imagem sonora. A música é a dimensão fundadora do simbólico. A voz propriamente dita, objeto vazio da pulsão, faz a articulação entre o campo da linguagem e o organismo, possibilitando o advento da função da fala.

Por revelar ter um papel tão fundamental no tempo de fundação do sujeito, o laço do *infans* com a voz – em suas três dimensões –, merece um lugar de destaque tanto no diagnóstico quanto na intervenção precoce.

Referências

CARDOZO, J. Análise dos timbres do ruído. In *Poesias Completas*, Rio de Janeiro: Civilização Brasileira, 1979.

CATÃO, I. *A voz na constituição do sujeito e na clínica do autismo: o nascimento do Outro e suas vicissitudes*. 2005. Tese de doutorado.

164 CUIDADOS NO INÍCIO DA VIDA: CLÍNICA, INSTITUIÇÃO, PESQUISA E METAPSICOLOGIA

Faculdade de Psicologia e de Ciências da Educação da Universidade de Coimbra, Portugal (defendida em 2006). Disponível na base de dados do IBICT.

DIDIER-WEILL, A. *Os três tempos da lei: o mandamento siderante, a injunção do supereu e a invocação musical*. Rio de Janeiro: Zahar, 1997.

_____ *Invocations - Dionysos, Moïse, saint Paul et Freud*. Paris: Calmann-Lévy, 1998 a.

_____ *Lacan e a Clínica Psicanalítica*. Rio de Janeiro: Contra Capa, 1998 b.

_____ *Lila et la lumière de Vermeer: la psychanalyse à l´école des artistes*. Paris: Denoël, 2003.

FREUD, S. (1986). "Extratos dos documentos dirigidos a Fliess, Carta 52", vol. I. In *ESB — Edição Standard Brasileira das Obras Psicológicas Completas*. Rio de Janeiro: Imago, 1977.

LACAN, J. *O Seminário livro 11: os quatro conceitos fundamentais da psicanálise*. Rio de Janeiro: Zahar, 1985.

_____ *O Seminário livro 7: a ética da psicanálise*. Rio de Janeiro: Zahar, 1988.

LAZNIK, M.-C. *A voz da sereia*. Salvador: Ágalma, 2004.

LEITE, N. V. A. "Sema-soma". In *O bebê e a modernidade: abordagens teórico-clínicas*. São Paulo: Casa do Psicólogo, 2002.

MARTINS, M. R. D. *Ouvir falar: introdução à fonética do português*. Lisboa: Caminho, 1988.

MILLER, J.-A. Jacques Lacan et la voix. In *La voix: actes du colloque d'Ivry*. Paris: La lysimaque, 1989.

VIVES, J.-M. "Pulsion invocante et destins de la voix". In *La Voix*. Paris: Navarrain, 1989.

VORCARO, A. "A linguagem maternante e a língua materna: sobre o funcionamento lingüístico que precede a fala". In Rohenkohl, CMF;

Bernardino, LMF (Org.). *O bebê e a modernidade*: *abordagens teórico-clínicas*. São Paulo: Casa do Psicólogo, 2002.

_____ "Incorporação do organismo na música do Outro desejante". In Leite, NVA (Org.) *Corpolinguagem: a (est) ética do desejo*. São Paulo: Mercado de Letras, 2005.

Temporalidade e clínica com bebês[1]

Julieta Jerusalinsky[2]

A intervenção com bebês recebeu, ao longo de 30 anos, diferentes denominações. Nelas o termo "precoce" insiste, apontando a importância de considerar a questão da temporalidade na práxis dessa clínica, fundamentalmente porque, dependendo da concepção teórica que se tome como referência para seu exercício, termos como "precoce" e "estimulação", tão utilizados para denominar este campo, assumem diferentes fundamentações que levam a intervenções clínicas bastante divergentes entre si.

Gostaria, então, de trazer algumas considerações acerca da extensão conceitual que o termo precoce assume na clínica com bebês a partir do corte epistemológico que a psicanálise – sobretudo pela transmissão de Freud e Lacan – produz no campo específico da clínica interdisciplinar com bebês.[3]

---

[1] Texto apresentado no IV Encontro Nacional sobre o bebê, Brasília, novembro de 2002 vinculado à dissertação de mestrado de mesmo nome.

[2] Psicanalista, especialista em estimulação precoce, membro da APPOA, professora do Centro Lydia Coriat, professora da pós-graduação da COGEAE PUC-SP, mestre e doutoranda em psicologia clínica como pesquisadora do Laboratório de Psicopatologia Fundamental da PUC-SP, bolsista da CAPES.

[3] Considerações estas que são mais amplamente abordadas no livro: Julieta Jerusalinsky (2002). *Enquanto o futuro não vem – psicanálise na clínica interdisciplinar com bebês*. Salvador, Ágalma.

168 CUIDADOS NO INÍCIO DA VIDA: CLÍNICA, INSTITUIÇÃO, PESQUISA E METAPSICOLOGIA

O termo "precocidade" faz uma referência direta à questão do tempo na clínica com bebês. Aponta uma intervenção que ocorre em um momento da vida no qual estão ocorrendo as primeiras inscrições constituintes do sujeito psíquico e as primeiras aquisições instrumentais.

Nos primeiros meses e anos de vida, o organismo se caracteriza pela neuroplasticidade e pela permeabilidade da estrutura psíquica às inscrições significantes.

Se bem às vezes encontremos crianças com severos problemas em sua constituição psíquica e aquisições instrumentais, em relação às quais se diz "parece um bebê", sabemos que há uma diferença radical entre parecer um bebê e sê-lo, pois se não se produziram inscrições constituintes nos primeiros anos de vida, caracterizados pela extrema permeabilidade a elas, estaremos diante de uma criança que já mostra os efeitos disso em sua constituição enquanto sintomas patológicos, o que é bem diferente de um bebê.

Daí que o registro real da temporalidade precise ser considerado nesta clínica, devido aos efeitos que a passagem do tempo – este tempo que se esvai sem retorno – tem sobre o organismo. Isto marca a importância da detecção precoce de situações de sofrimento do bebê que se impõem como obstáculo à sua constituição, sem que, para isso seja preciso estabelecer uma correlação fechada com quadros nosográficos e, portanto, sem deixar o tempo passar à espera da configuração de sintomas que venham a estabelecer um quadro patológico plenamente configurado e, portanto, tanto menos permeável à intervenção.[4]

Temos assim o registro real do tempo enquanto flecha que segue uma direção sem retorno e se esvai independentemente de nossos atos e vontades, tempo correlacionado a uma cronologia maturacional, ao qual o organismo está submetido, tomando de

---

[4] Capítulo "É possível prevenir ou só resta remediar?", Julieta Jerusalinsky, obra citada.

Questões metapsicológicas sobre a clínica com bebês **169**

assalto psiquicamente o sujeito diante do surgimento de um dente, a queda de outro, o surgimento de pêlos no corpo ou o nascimento de um novo cabelo branco.

Por sua vez, a temporalidade simbólica diz respeito ao desejo, à temporalidade do futuro anterior, sustentada para o bebê pelos pais, que já antecipam simbolicamente o bebê como todo um homenzinho ou mulherzinha quando este ainda nem sequer saiu dos cueiros[5]. Temos um claro exemplo disso quando o bebê de quase seis meses chuta casualmente o cordão de brinquedos pendurado sobre o berço, enquanto o pai afirma orgulhoso: "é um craque de futebol". Tal fala se produz antes mesmo de o bebê se apropriar de seus pés – tanto no sentido do estabelecimento de uma apropriação imaginária de seu corpo, quanto da maturação neuroanatômica que lhe permita executar um ato voluntário a partir do estabelecimento de um esquema psicomotor com eficácia funcional.

Nesta temporalidade simbólica trata-se da colocação em cena deste tempo do desejo parental desde o qual o bebê já é suposto simbolicamente numa posição que, de fato, ainda não tem condições reais de ocupar – e já podemos perceber aí como um bebê está deparado a registros temporais que são um tanto irreconciliáveis entre si.

É diante da impossibilidade de conciliar tais registros que este bebê, ao tornar-se criança, brincará de faz-de-conta, respondendo ao paradoxo temporal ao qual a criança está confrontada – entre a antecipação simbólica desde a qual já era um herói e a atual imaturidade real de seu corpo, que muitas vezes lhe dificulta até mesmo a possibilidade de tirar a bainha de uma espada de brinquedo sem solicitar à mamãe. A criança responderá a tal paradoxo temporal por meio de uma dilatação imaginária na qual poderá brincar de ser o que ainda não tem condições de realizar, mas que já aparecia para si antecipado desde uma estrutura simbólica.

---

[5] Alfredo Jerusalinsky (1988), *Psicanálise e desenvolvimento infantil*, Porto Alegre, Artes Médicas.

170 Cuidados no início da vida: clínica, instituição, pesquisa e metapsicologia

Ao brincar, uma criança constitui sua resposta singular diante da sobredeterminação da estrutura que lhe coube. Por isso brincar é sintoma de estrutura da criança enquanto sujeito psíquico em constituição. Um bebê, no entanto, não tem possibilidade ainda de contar com o brincar de faz-de-conta como uma resposta perante o seu Outro. Por isso é com o corpo que o bebê responde, tanto quando o seu laço com o Outro sustenta um investimento pulsional que lhe permite um funcionamento das funções e quando ao se introduzirem aí sintomas que desorganizam tal funcionamento, mostrando-nos como o mesmo não é um simples efeito "natural" da maturação orgânica.

Há ainda uma temporalidade imaginária – como a possibilidade de produção de imagens identificatórias idealizadas que são sustentadas para o bebê pelos pais e que permitem colocar em cena antecipações funcionais em relação ao bebê. Ou seja, é na medida em que o bebê é imaginado como capaz de certa realização que uma demanda lhe é dirigida e que lhe é ofertada nos cuidados cotidianos uma cena na qual ele possa desdobrar tal produção. É porque se imagina que um bebê é capaz de realizar balconeio que é ofertada a ele a possibilidade de ficar de bruços no chão. É porque se antecipa que é capaz de dar seus primeiros passos sozinho que alguém lhe estende os braços e lhe diz "vem".

Tal cena, típica do bebê no início da deambulação, é retratada no quadro de Van Gogh intitulado *Primeiros passos*. A partir deste quadro podemos considerar a articulação dos três registros da temporalidade que incidem na realização instrumental produzida por um bebê.

Nessa cena apresenta-se, de um lado, uma figura feminina que podemos supor como a mãe que, com seus braços, ajuda a armar postura e manter o equilíbrio do bebê enquanto este procura, mesmo que cambaleante (dada a imaturidade real de seu corpo), se segurar em pé. Do outro lado, há uma figura masculina, que podemos supor como pai, que estende os braços na direção ao bebê em claro convite para que vá a seu encontro.

Há ali uma distância real a ser percorrida, mas também uma distância simbólica, entre a posição em que o bebê efetivamente se encontra com seu corpo cambaleante e a que se espera que ele possa vir a ocupar após realizar a travessia, mirando-se numa imagem ideal que é para ele sustentada desde tais coordenadas simbólicas e à qual o bebê se aliena.

É interessante que, ainda que o quadro chame-se *Primeiros passos*, o que ele retrata não é o acontecimento dos primeiros passos em si, mas o momento imediatamente anterior. Diante deste quadro podemos experimentar a expectativa que rodeia a cena:

O bebê é convocado, implicado, referido a um ideal. Para poder efetuar tal produção, o bebê apóia-se nos braços da mãe e também nessa certeza antecipada do Outro que o supõe como capaz de tal produção.

Mas, além desta sustentação do Outro encarnado, será preciso que o bebê se lance nessa produção, que possa aventurar-se a produzir seus primeiros passos, precipitar-se na realização. Ao fazê-lo, apesar de esperado, surpreenderá a todos por apropriar-se como ator de tal ato.

Este quadro retrata assim a importância da expectativa, da antecipação, por parte dos pais, necessárias à constituição do bebê. Mas nos permite também pensar em algo que está fora desta cena e é um tempo seguinte em relação ao da expectativa: a surpresa quando o bebê se precipita na realização de um ato e pode ser reconhecido como sujeito-autor de uma realização.

Isto marca que a produção de um sujeito se instaura dentro de uma dimensão temporal na medida em que não dispõe de todo o tempo, e nisso suas produções e sua fala diferem da estrutura da linguagem que dispõe de todo o tempo.[6]

---

[6] Jacques Lacan (1954). Seminário 2, Rio de Janeiro, Jorge Zahar, apud Julieta Jerusalinsky, obra citada,   pág. 295.

Consideramos que os efeitos constituintes para um bebê se produzem na medida em que o circuito de desejo e demanda parental em que ele é tomado possa circular por estes diferentes registros da temporalidade, articulando-as em sua incompatibilidade, circulando entre seu destempo. É quando um destes registros deixa de ser considerado, fixando, coagulando o circuito de desejo e demanda sobre um dos registros da temporalidade, que surgem obstáculos, que surgem efetivamente contratempos para a constituição do bebê.

Bem sabemos que a maturação orgânica coloca limites às produções de um bebê ou criança, mas ela por si só não é a causa de uma produção. Por isso não dá no mesmo exigir o controle esfincteriano com um ou dois anos de idade. Mais ainda: quando não se consideram as condições de maturação de um bebê, quando se exige que ele responda já ao que dele se antecipava desde a estrutura simbólica, ele fica exposto a uma hiperexigência que não é constituinte, mas desorganizadora.

Por outro lado, quando se intervém apenas com a eficácia do funcionamento da função[7] de modo desarticulado à temporalidade simbólica e imaginária parental, perde-se o ponto de mira que permite que a produção do bebê possa ser tomada como ato de realização de um sujeito. Perde-se o ponto de mira desde o qual o bebê poderá vir a apropriar-se imaginariamente de uma função orgânica em nome de um desejo.

Como um bebê está situado diante da temporalidade face à sua constituição produz algumas especificidades que comparecem na demanda que é dirigida ao clínico.

Os adultos padecem de uma passividade em relação ao passado e, por isso, ao demandar tratamento, trazem uma queixa em relação a marcas já sofridas, constituindo o infantil que se atualiza nos sintomas e fazendo-os temer pelo seu presente e futuro.

---

[7] Jean Bergès (1988). Função estruturante do prazer, *Escritos da Criança,* n.2, Porto Alegre, Centro Lydia Coriat de Porto Alegre.

Já na infância a passividade que se padece é em relação ao futuro: a criança padece de um futuro que já foi antecipado, mas que ela não tem condições reais de realizar num presente – como situamos, é diante disso que ela brinca.

Quando se trata de um bebê são os pais que constituem, sustentam uma ficção acerca desse futuro. Mas quando um bebê apresenta um problema são os pais que vem demandar tratamento para o filho, pois recai uma ameaça sobre o futuro do mesmo.

Produz-se então o que situamos como uma duplicação pela interrogação acerca do futuro: pois não só não se sabe como o futuro do filho será, por que disso efetivamente ninguém sabe, mas se perdem as coordenadas simbólicas que permitem aos pais imaginar algum futuro para o filho

Diante desta situação o que muitas vezes ocorre como efeito psíquico para os pais, com conseqüências diretas na constituição do filho, é a permanente antecipação de um fracasso do bebê. Assim suprimem-se nos cuidados cotidianos as brechas temporais e espaciais nas quais a realização do bebê poderia advir.

Por exemplo, a suposição de que o bebê jamais irá falar faz com que os balbucios de valor lingüístico, como "mamama" ou "papapa", não sejam sancionados como mamãe ou papai e, portanto, não dêem lugar à produção de uma fala.

Esse efeito direto da antecipação do fracasso que comparece nos cuidados dirigidos ao bebê exige que a intervenção do clínico diversas vezes se produza em ato, pela introdução na cena de uma certa ficção que reordene a posição do bebê como sujeito diante do Outro e, portanto, diante daqueles que o encarnam para o bebê: os pais.

Propomos então considerar a intervenção clínica interdisciplinar com bebês na direção de possibilitar uma articulação entre estes três diferentes registros da temporalidade.

Produzir tal articulação, possibilitar que o circuito de desejo e demanda parental possa circular por estes três registros não é

174 Cuidados no início da vida: clínica, instituição, pesquisa e metapsicologia

tarefa fácil. Exige do clínico não só uma posição de escuta do discurso parental e uma leitura das produções do bebê. Também é decisivo em diversos momentos de tratamento que o clínico se implique em uma oferta dirigida ao bebê e que implique também sua palavra – emprestando significante – para supô-lo como sujeito e sustentar uma demanda constituinte.

Na sustentação de antecipações funcionais, o clínico não só está atento ao momento da maturação em que o bebê se encontra e à legalidade da seqüência de aquisição instrumental, mas também a produzir na cena com o bebê este efeito de temporalidade subjetiva que se apresenta na expectativa e na surpresa:

A expectativa produz-se na medida em que o bebê é endereçado a ideais, a partir dos quais algo dele se espera. A surpresa, por sua vez, implica na sustentação da alteridade, da brecha na qual o bebê, ao implicar-se em uma realização, pode surpreender, pode ir além do demandado.

Por isso a clínica com bebês e pequenas crianças implica tantas brincadeiras de cosquinhas, de "vou te pegar", de "um, dois, três e já". Brincadeiras na qual o infante experimenta a temporalidade intersubjetiva que o situa no laço com o Outro.

A intervenção do clínico com bebês guarda sua semelhança com seguinte chiste popular:

Depois de alguns meses de preocupação, os pais resolvem fazer uma consulta, pois seu pequeno filho, em vez de dizer como primeiras palavras *"mamãe"* e *"papai"*, diz *"truco"*.

Durante a consulta, os pais insistem:

– Diz maa-mãe, diz paa-pai.

– *Truco* – diz o menino.

– *Retruco* – responde o doutor ao menininho, como se estivesse a aumentar a aposta do jogo.

– *Vale quatro* – sustenta o pequeno paciente.

– *E então, doutor, o que o menino tem?* –perguntam os pais.

– Acho que tem um ás de espadas.[8]

Para que um bebê possa chegar a brincar algum dia, para que possa chegar a pôr ativamente seu desejo em jogo, é preciso que, num primeiro tempo, um Outro não anônimo tenha posto em jogo, tenha apostado na suposição de um sujeito no bebê.

Supor um sujeito no bebê quando ele não está de fato constituído é uma das operações fundamentais sustentadas pelo Outro encarnado, que implica, nos termos de Winnicott, uma *loucura necessária das mães*. Quando esta operação não se sustenta com um bebê, seja porque suas produções caem ao não serem atreladas a uma rede simbólica, seja porque são lidas sempre como signos estranhos relativos à patologia, sua constituição como sujeito fica em risco.

Nesse sentido, poderíamos dizer que a intervenção com bebês implica, como no chiste popular, uma espécie de *loucura necessária do clínico*, na sustentação das antecipações simbólica, imaginária e funcional constitutivas para o bebê.

Mas a intervenção do clínico não se reduz a ser ele quem produza uma loucura necessária, a ser ele quem sustente, ao brincar ou ao dirigir-se ao bebê, a articulação temporal – real, simbólica e imaginária – constituinte do sujeito e instauradora do desenvolvimento.[9] Como no chiste, tal intervenção aponta também a realizar intervenções, cortes de sentido e escanções no discurso parental, para que os pais possam vir a ocupar seu justo lugar e sustentar tal articulação temporal para o filho. É sobre esta dupla operação que incide a intervenção do clínico em estimulação precoce.

O clínico, a partir da transferência parental, passa a integrar a constelação do Outro primordial do bebê; ele opera como

---

[8] O ás de espadas é a carta mais alta no jogo de *truco* (literalmente, truque), muito popular em países de língua castelhana e conhecido no sul do Brasil, ainda que com algumas regras e baralho diferente. Tal jogo, originalmente, utiliza o baralho espanhol e tem regras muito simples, mas torna-se desafiante ao implicar o blefe e a aposta em progressão geométrica, seguindo a seqüência de truco, retruco e vale quatro.

[9] Ver capítulo *Temporalidade na clínica com bebês*.

176 CUIDADOS NO INÍCIO DA VIDA: CLÍNICA, INSTITUIÇÃO, PESQUISA E METAPSICOLOGIA

um agente articulador do circuito de desejo e demanda que possa vir a repuxar a corda pulsional do bebê e enlaçá-la ao campo do Outro; e opera com os pais no sentido de propiciar que eles possam situar-se como agentes das funções maternas e paterna para o bebê. Tal articulação, que se encontra com obstáculos, impedimentos ou fraturas, é inicialmente suportada desde a transferência depositada na pessoa do clínico.

Se, como clínicos, somos convocados pela família a integrar a constelação do Outro primordial do bebê, é importante considerar que isto é efeito de uma transferência/resistência a ser trabalhada. Desde a transferência, o clínico é colocado em diferentes lugares pelos pais ao longo do tratamento – pode ser colocado como avó ou avô, diante do qual os pais ficam situados como crianças; como a mãe ideal do bebê, dando lugar a movimentos de identificação ou de rivalidade; como um terceiro do laço mãe-bebê, enquanto pai que efetua cortes desde a lei; entre tantos outros lugares que dependerão da tela simbólica parental e do momento do tratamento. Mas isto não é o mesmo que considerar que o clínico tome efetivamente para si o lugar de avô, mãe, pai, amigo ou tia.

Se, ao longo do tratamento, ocorre uma atribuição ao clínico de diferentes personagens (diferentes transferências imaginárias), sua função não é a de ficar efetivamente colado a uma suplência imaginária de família ideal, mas de possibilitar os efeitos instauradores da constituição do bebê e do exercício das funções imprescindíveis para que ela se dê.[10]

---

[10] Desde a transferência se produz uma superposição entre estes pequenos outros imaginários e a função do Outro na pessoa do analista. Como fica, aliás, claramente evidenciado pelo costume que se tem no Brasil de que a família ou a criança chamem o clínico a cargo do tratamento de "tio" ou "tia". Mas a diferença da ética clínica atravessada pela psicanálise implica que o clínico deixe uma brecha aberta, deixe um intervalo desde o qual ora sim e ora não, sustenta esta função de Outro para o bebê. Se ele de fato se acredita como tio ou tia, mãe ou pai, se tenta plantar-se efetivamente como aquele que sabe do bebê a partir da transferência, impede que as funções materna e paterna possam articular-se desde o parental.

É, no entanto, preciso reconhecer que, na clínica com bebês e pequenas crianças, apresenta-se esta condição diferencial, esta especificidade: o clínico intervém durante o momento em que estão se efetuando as marcas primordiais, as marcas fundantes da constituição psíquica do *infans*. Ao intervir antes que tal estrutura se feche em uma sincronia, o clínico fica implicado, desde a transferência, na constituição desse bebê ou pequena criança. E, para que tal constituição se dê, é preciso que, em certos momentos do tratamento, o clínico empreste seus próprios significantes ao bebê ou à criança. Algo do *anonimato do clínico ali se rompe* e torna necessário na clínica com a infância efetuar *intervenções de outra ordem que não somente a do ato analítico*.[11]

Mas são os efeitos da intervenção que precisam ser instauradores da articulação da pulsão do bebê ao campo do desejo e da demanda do Outro. O que precisa se inscrever e permanecer é tal inscrição, tal articulação à ordem simbólica, e a presença do clínico cumpre-se ali desde um caráter transitório. Por isso, uma vez que o funcionamento pulsional do bebê está enlaçado a um circuito de demanda e desejo, uma vez que este circuito opera, quando seu funcionamento encontra-se instaurado no bebê e sustentado desde o parental, passa-se a prescindir do suporte transferencial (da dobradiça que o articula) encarnado no clínico.

Uma vez que o circuito de desejo e demanda opera circulando por estes três diferentes registros da temporalidade, quando sua articulação pelo laço parental produz efeitos constituintes para o bebê, passa-se a prescindir do suporte transferencial encarnado no clínico. É então que, para além do tempo cronológico que marca o fim da primeira infância, é chegado o tempo simbólico, o tempo da resolução transferencial que permite concluir o tratamento. Temos aí o tempo de concluir.

---

[11] Ver a este respeito Ângela Vorcaro (1999), *Crianças na psicanálise*, Rio de Janeiro: Companhia de Freud, pág. 16 e 17.

REFERÊNCIAS

BERGÉS, J. Função estruturante do prazer. *Escritos da criança*, n.2, Porto Alegre: Centro Lydia Coriat de Porto Alegre, 1988.

JERUSALINSKY, A. *Psicanálise e desenvolvimento infantil.* Porto Alegre: Artes Médicas, 1988.

_____. *Enquanto o futuro não vem – psicanálise na clínica interdisciplinar com bebês.* Salvador: Ágalma, 2002.

LACAN, J. Seminário 2, Rio de Janeiro: Jorge Zahar, *apud* Julieta Jerusalinsky (2002), obra citada, pág. 295.

VORACARO, Â. *Crianças na psicanálise.* Rio de Janeiro: Companhia de Freud, . 1999, págs. 16 e 17.

QUEM É ESSE BEBÊ, TÃO PRÓXIMO, TÃO DISTANTE?

Regina Orth de Aragão[1]

Na *Interpretação dos Sonhos*, Freud refere-se ao "umbigo do sonho", ponto onde o sonho se liga ao desconhecido, e que resta indecifrável. Será um acaso se ele evoca justamente o umbigo para nomear esse ponto obscuro, esse "ininterpretável" que resiste sempre? Que relação com o enigma do nascimento, cuja marca no corpo para cada um de nós indica ao mesmo tempo nossa ligação à mãe e nossa filiação, mas também a confirmação do corte do nascimento, da ruptura que permite a entrada na vida de um novo humano, singular e único?

Assim é o bebê, familiar e enigmático para cada um de nós. A cada novo nascimento, o bebê nos interroga. Ele está ali, ao mesmo tempo tão próximo, e tão distante. Tão diferente, por suas reações, seu modo arcaico de estar no mundo, mas também tão semelhante a cada um de nós, pelo humano que o caracteriza.

Esse texto tenta tocar no que, de familiar e de estrangeiro, o bebê provoca em cada um de nós, adultos em torno dele. Do encantamento ao horror, temos toda a gama e todas as combinações de reações possíveis. As mães nos contam bastante sobre

---

[1] Psicanalista, mestre em Psicologia Clínica pela PUC-SP, Coordenadora do Centro de Acolhimento, Cuidados e Pesquisa Primeira Infância, Membro Fundador da ABEBE - Associação Brasileira de Estudos sobre o Bebê.

180 CUIDADOS NO INÍCIO DA VIDA: CLÍNICA, INSTITUIÇÃO, PESQUISA E METAPSICOLOGIA

isso. Desde a devoção nomeada por Winnicott como "preocupação materna primária", passando pela ambivalência, com os temores e as fobias de impulsão, por vezes com as depressões pós-parto, e até, no extremo do que a chegada de um bebê pode desencadear, com as psicoses puerperais.

A questão da "estrangeireidade" do bebê

Todo bebê representa um enigma, o recém-nascido é um ser radicalmente estrangeiro à nossa percepção de adultos. Ao chegar, ele suscita inúmeras perguntas, que podem ser formuladas assim: o que sabemos dele? O que ele traz consigo? De onde vem ele? E, por fim, talvez a pergunta fundamental: irá ele me amar? Talvez nosso grande esforço para produzir teorias sobre o bebê corresponda a uma tentativa de dar conta dessa questão, desse enigma primeiro colocado pelo bebê. Para além da interrogação sobre as origens, ponto de confluência de nossos questionamentos, na busca do inatingível ponto zero, instante inicial de cada um de nós, que nos reenvia, no fim das contas, à fantasia do momento de nossa concepção, da cena primitiva, o bebê em carne e osso produz essa série de questões, que podem ser resumidas assim: quem é ele? E quem será ele?

Mas existe uma dificuldade em reconhecer a parte de estranheza presente em nossa relação com o bebê. Na construção do espaço "entre" intimidade e estrangeireidade, numerosas zonas ficam não-identificadas, como pertencentes a um ou a outro campo. Na verdade, uma parte de nossa própria intimidade é estrangeira a nós mesmos, porque é fonte de sofrimento que precisamos rejeitar para o exterior, por evacuação, projeção ou deslocamento, o estrangeiro passa então a ser o depositário daquilo que rejeitamos, sem que tenhamos consciência disso.

O sentimento de estranheza resultaria da confusão, da superposição dessas duas sensações, como se essa perturbação fosse o resultado de uma indecisão entre o percebido e o imaginado. E o bebê, estranho, estrangeiro, com seus comportamentos, com seu "eu arcaico" ao mesmo tempo nos fascina e nos afasta. Mas ele também nos é familiar, pelo que nos assemelha, pela identidade do humano que o bebê traz em si e pelo que nos faz reviver de nosso próprio "tempo de bebê". Sem esquecer, ainda que não trataremos desse ponto aqui, da condição de dependência radical do bebê, que nos impõe uma responsabilidade absoluta, e, portanto um poder de vida e de morte sobre ele. Para algumas mães, esse poder pode ser apavorante, insustentável, alucinante.

Segundo Bertrand Cramer (1989), há algo na chegada de um bebê que desencadeia em torno dele as reações mais surpreendentes. O bebê pode ser visto como um salvador, um redentor, que dará uma segunda chance às ambições feridas dos pais, que promete uma relação de amor perfeito. Como personagem ideal, ele obtura todas as faltas.

Mas o bebê pode também ser um mensageiro da desilusão, um duplo de nós mesmos que desprezamos, ou aquele parente detestado, ou aquele que carrega uma marca no corpo da falta ou do fracasso, por sua aparência, seu sexo, ou por doença. Assim, do mesmo modo que todo bebê pode provocar um amor apaixonado, pode também trazer a inquietação e até o ódio.

Duas fontes de angústia para o psiquismo humano são o vazio e o desconhecido. Em torno do vazio desenham-se marcas, significações, busca-se preenchê-lo com conteúdos, fantasias, lembranças. Diante do desconhecido que é o bebê, os que o recebem apressam-se em encontrar para ele uma identidade, atributos, semelhanças, maneira também de inscrevê-lo em sua filiação, modo de transmissão entre as gerações.

Por esses mecanismos, os pais se familiarizam com o recém-chegado, superando o medo do desconhecido por ele representado. Porque o nascimento produz esse efeito extraordinário: no espaço de alguns instantes os pais se vêem ligados, para a vida, com um desconhecido, fonte de angústia, como o vazio.

182 CUIDADOS NO INÍCIO DA VIDA: CLÍNICA, INSTITUIÇÃO, PESQUISA E METAPSICOLOGIA

Ao atribuir então ao bebê uma série de características, buscamos preencher o vazio e transformar o estranho em familiar, e para isso os efeitos intensos dos mecanismos de projeção se colocam em funcionamento. Essa seria uma das tarefas da função materna. (Berlinck, 2000). A projeção inaugural deve ser suficientemente maciça para ser plenamente eficaz, enquanto o bebê não tenha ainda interiorizado partes de sua mãe, enquanto ele esteja entregue aos elementos sem forma, sem fronteiras, que constituem sua vida pulsional ainda inorganizada. A criança é estrangeira a ela mesma, estrangeiro ao que os movimentos e exigências de seu corpo lhe impõem, e que ela vai aprender a conhecer, em parte, através das modificações que sua mãe, por meio dos cuidados, produz em seu corpo, modificações que transitam pelo aparelho psíquico materno, portanto sendo pensáveis para a mãe, que as dá de volta para o bebê num formato "pensável" para ele (Bion, 1979).

Todas essas são questões suscitadas pelo processo de adoção de um novo humano entre nós. As culturas, os grupos humanos, desenvolvem diferentes ritos para lidar com essa espécie de pequena invasão, a cada vez que chega um novo bebê. No ocidente, comemorações e rituais, como o batismo religioso, buscam oferecer o enquadre para essa integração do recém-chegado ao seu grupo de pertencimento. A adoção, aliás, produz um caso de figura dessa situação própria a qualquer bebê humano. Assim relatava uma mãe adotiva sua primeira impressão ao receber o bebê, no entanto esperado e sonhado durante os dois anos que durou o processo de adoção, até sua chegada. Ao sair do abrigo onde ela fora buscar seu bebê, com ele no colo, ela se pergunta: "quem é esse estranho que levo agora em meus braços?". A familiaridade constrói-se pouco a pouco.

O bebê, enigmático, com seus comportamentos incompreensíveis, produz nos pais uma reviravolta radical em relação à posição deles na vida: tudo muda com o nascimento de um bebê, sobretudo se for o primeiro. Ele empurra os adultos a se tornarem pais, e ao fazê-lo, atinge o bebê neles (Aubert-Godard,1998) e nisso consiste a violência feita ao humano pelo nascimento de um bebê real, mesmo desejado. A essa violência, cada um reage como pode, em função de sua própria história. E a grande dificuldade é produzida pela experiência da inquietante estranheza, que corresponde ao fato de não poder se ver, não se reconhecer nesse pequeno "mesmo", "igual", entretanto tão radicalmente "outro".

Sem dúvida a ausência de linguagem verbal do bebê contribui muito para esse sentimento de inquietante estranheza, mas também seu funcionamento essencialmente sensório-motor, parte de nós mesmos tão esquecida no passado, mas profundamente registrada em nosso ser. Ainda, a pulsionalidade crua do bebê, sem contornos, contribui para essa experiência de estranheza e de familiaridade dos adultos em torno dele.

Estranho para os pais, antes de seu nascimento psíquico o bebê é também estrangeiro a si mesmo. Ele nada sabe de quem ele é, um estranho para o outro, um estranho para si próprio. O bebê precisa então desesperadamente do funcionamento psíquico do adulto para acolher sua estrangeireidade. Esse é um trabalho da parentalidade, a domesticação da estranheza do bebê. Se do lado do bebê o registro das sensações ligadas à mãe da vida intra-uterina dá a ele as primeiras chaves para decifrar os sinais presentes em seu encontro com a mãe de fora, de quem ele pode reconhecer o ritmo, os odores, a voz, é preciso, no entanto todo um trabalho de sua parte, pois ele confronta-se também com uma mãe "outra", estrangeira, com quem será preciso que o bebê construa, passo a passo, uma intimidade e uma familiaridade. Como se dá esse trabalho?

Relembrando o que Albert Ciccone (1997) propõe como condições para o advento da vida psíquica do bebê, é preciso que:

— ele se encontre em um ambiente que pensa, com um adulto que pensa no bebê, pensando em parte por ele e em parte por si mesmo. Um sujeito só pode pensar no seio de outros pensantes, apoiando-se sobre o pensamento de um outro, ou de vários outros;

— e também que esse ambiente invista no bebê e lhe atribua pensamentos.

Lembramos assim, a partir do postulado de Freud do desamparo original, que a subjetividade funda-se sobre a alteridade. O bebê precisa então que a mãe lhe atribua pensamentos e interprete seus gestos, seus atos e suas mímicas, assim como seus choros. Trata-se de uma interpretação necessária, mesmo se, por sua própria essência, ela se caracteriza como uma violência feita à criança (Aulagnier,1975), violência necessária e condição para o advir do bebê ao mundo humanizado. Para Resnik (1994), trata-se de uma "inter-prestação", a mãe empresta um pensamento, um sentido à expressão do bebê, e o bebê reconhece a mãe como mãe, fazendo-a nascer assim para a parentalidade. Mas essa interpretação parental – inter-prestação intersubjetiva – que ao mesmo tempo funda a intersubjetividade e é testemunho de seu surgimento, repousa sobre uma ilusão, a ilusão primária necessária, chamada por Ciccone (idem, 1997) de matriz simbiótica pós-natal, que faz crer que o bebê é uma pessoa, que ele compreende o que lhe dizemos, e que podemos do mesmo modo compreendê-lo. Essa ilusão simbiótica é paradoxal, na medida em que ela enuncia a separação – são dois em presença, um e outro – ao mesmo tempo em que a ignora, reconhecendo-a e ignorando-a então simultaneamente.

Entre os contextos perturbadores do nascimento da vida psíquica, está a criança que decepciona. A criança decepcionante, seja por suas características ou pelas próprias condições de seu nascimento, rompe a matriz simbiótica pós-natal, nega a ilusão primária, porque ela afirma brutalmente sua alteridade de maneira precoce, produzindo assim uma experiência de separação psíquica traumática para a mãe.

É então através do encontro com o outro que o bebê, de estrangeiro, torna-se pouco a pouco familiar, ao outro e a si próprio. Os pais se constituem pais no encontro com o bebê, e esse se constitui a partir do outro. Assim, o trabalho psíquico dos pais consiste em transformar o estranho em familiar, para eles próprios e para o seu bebê.

Esse trabalho psíquico dos pais envolve lidar com a ambivalência inevitável no encontro com esse outro, o bebê, mesmo tendo sido ele desejado, fantasiado, imaginado. Como sabemos, todo encontro com o outro nos relança em uma situação potencialmente traumática, na medida em que representa uma efração ao narcisismo.

Durante a gestação, para a mãe, esta invasão de seu espaço interno, essa efração narcísica, está presente no âmago mesmo de sua relação com o feto, depois bebê. Será Winnicott quem explicitará o ódio da mãe por seu bebê, no texto "O ódio na contratransferência" (1947), assim:

> no entanto, a mãe odeia seu bebê desde o começo. Eu acho que Freud julgava possível que uma mãe só tivesse... amor por seu menino, mas podemos duvidar disso. Nós conhecemos o amor materno, e apreciamos sua realidade e seu poder. Permitam-me dar algumas das razões pelas quais uma mãe odeia sua criança, mesmo um menino... É preciso que uma mãe possa odiar sua criança sem nada poder fazer. Ela não pode expressar-lhe seu ódio... A sentimentalidade é inútil para os pais, porque ela nega o ódio e a sentimentalidade de uma mãe não vale nada do ponto de vista da criança.

Além de explicitar o ódio, Winnicott afirma sua necessidade.

Se retomarmos, de um lado, a noção da continuidade entre o processo psíquico da maternalidade entre o período pré e pós-natal, e a acepção freudiana do ódio, determinado pela existência mesma do objeto, constataremos, que o ódio descrito por Winnicott se enraíza no ódio inevitável da mãe dirigido ao embrião e ao feto, objeto estranho, invasor de seu espaço narcísico e corporal. Entre realidade e fantasma, podemos considerar o feto como um operador simbólico, que nessa condição pode

186 CUIDADOS NO INÍCIO DA VIDA: CLÍNICA, INSTITUIÇÃO, PESQUISA E METAPSICOLOGIA

vir a ser alvo de qualquer representação que tenha sido fonte de ódio no curso do desenvolvimento infantil da mãe, figurando nessa cadeia simbólica cuja emergência é facilitada pelo estado de transparência psíquica materna. Cada gravidez impõe à mulher, sem que ela o saiba, uma volta às etapas infantis de seu desenvolvimento que foram fontes de ódio e de ambivalência. Sabemos agora que o investimento do feto é progressivo e descontínuo, entrecortado por passagens de desinvestimento, efeitos do conflito devido à ambivalência, e que sua própria existência tem um papel importante na perturbação psíquica da futura mãe.

De que modo o ódio da mãe pelo feto, estranho invasor de seu espaço psíquico, portanto inevitavelmente objeto de ambivalência, se faz presente na relação mãe-bebê? Se o objeto se faz conhecer pelo ódio, em decorrência da experiência de invasão do espaço do ego, como indica Freud, ou então a partir da vivência de sua perda, como isso se transporta da relação de objeto virtual, com o "bebê de dentro", para a relação com o "bebê de fora", o bebê da realidade?

Todo adulto tem "uma criança em sua mente", que resulta de sua história, de seus desejos, de seus sofrimentos. Essa criança "imaginária" terá de se confrontar com a realidade psíquica outra de uma criança real. A educação e o cuidado são marcados pela "criança imaginária" dos pais e dos profissionais, comportando então necessariamente uma série de desilusões. À medida do desenvolvimento da criança, o adulto, na melhor das hipóteses, pode abandonar seus sonhos e seus medos para uma vivência mais próxima dos desejos e dores dessa criança que cresce. Nesse sentido, podemos dizer que a parentalidade se constrói dentro do mesmo tempo em que o bebê constrói sua identidade, com um jogo contínuo de ligações entre esses dois processos.

Essa "criança imaginária" é inicialmente a herdeira do romance familiar (Freud, 1909), do tempo em que a criança inventava para si uma nova origem, como nos contos de fada, origem marcada pela dinâmica edípica. Mas essa criança imaginária tem raízes mais

QUESTÕES METAPSICOLÓGICAS SOBRE A CLÍNICA COM BEBÊS 187

arcaicas que mergulham no narcisismo do sujeito, no tempo da primeira infância, herdeira do *his majesty the baby*, a "criança maravilhosa" que cada um de nós imaginou ser, em eco aos anseios narcísicos de nossos pais. Serge Leclaire (1975) mostrou que era necessário matar essa representação imaginária para alcançar a palavra, para viver distinto do desejo dos pais. Mas há também a outra face dessa "criança maravilhosa", aquela que Mellier (2004) chama de "criança aterrorizada/aterrorizadora", que corresponde à vertente monstruosa dessa criança imaginária, como no filme *O bebê de Rosemary*. Essa é a criança que evoca as dores e os sofrimentos indizíveis, cuja fantasia é também reativada (ou recalcada) quando do nascimento de um novo bebê. É com essa estranheza radical que nos confrontamos a cada novo nascimento, com a vertigem entre a vida e a morte, entre a maravilha e o horror, entre a realização dos sonhos mais perfeitos, e a experiência das decepções mais profundas. O bebê, que se apresenta como uma *tábula rasa* para todas as projeções, precipita os pais no trabalho, urgente, de atribuição de sentido. Para a mãe, o trabalho psíquico envolvido nesse encontro exige dela a mobilização de todos os recursos disponíveis para fazer face, ao mesmo tempo, ao luto da perda do objeto interno, representado pelo bebê no ventre, e à negociação com sua ambivalência, para transformar, por seus cuidados, esse "outro" bebê em alguém próximo daquele que era esperado por ela, mas também suficientemente diferente para poder nascer psiquicamente.

Como me pergunta insistentemente a mãe de um menininho que consideraríamos um habitante do chamado "espectro autista" – agora que ele já não vive mais colado a ela, e começa a expressar, por seus gestos, mímicas e comportamentos, suas vontades e seus afetos – "mas o que ele quer, afinal? Eu não o entendo, não consigo entender, será mesmo que ele está pensando isso que a gente imagina que ele está pensando?". Criar um laço humanizante com um bebê, adotá-lo para torná-lo plenamente "seu filho", é fazer de conta que se sabe as respostas a

188 Cuidados no início da vida: clínica, instituição, pesquisa e metapsicologia

essas perguntas e então acreditar totalmente nesse faz-de-conta, para que, de uma história imaginada, possa se construir uma história compartilhada entre dois, um e outro, distintos entre si.

Referências

AUBERT-GODARD, A."Entre adulte et bébé, l'étrange désordre de la naissance", in *Le bébé, l'intime et l'étrange,* Mellier, Denis, org., Ramonville Saint-Agne: Ed. Érès, 1998.

AULAGNIER, P. *"La violence de l'interpretation".* Paris: PUF, 1975.

BERLINCK, M. "Autismo: paradigma do aparelho psíquico", in *Psicopatologia fundamental.* São Paulo: Ed. Escuta, 2000.

BION, W. R. *Aux sources de l'expérience.* Paris: PUF, 1979.

CICCONE, A. "L'éclosion de la vie psychique", in *Naissance et développement de la vie psychique.* Ramonville Saint-Agne: Ed. Érès, 1997.

CRAMER, B. *Profession bébé.* Paris: Calmann-Lévy, 1989.

FREUD, S. (1900) *A interpretação dos sonhos,* in vol. IV, Ed. Standard, Rio de Janeiro: Imago, 1969.

_____. (1909) *Romances familiares,* in vol. IX, Ed. Standard, Rio de Janeiro: Imago, 1969.

_____. (1919) *O estranho,* in vol. XVII, Ed. Standard, Rio de Janeiro: Imago, 1969.

GOLSE, B. *Sobre a psicoterapia pais-bebês: narratividade, filiação e transmissão.* São Paulo: Casa do Psicólogo, 2003.

LECLAIRE, S. *On tue un enfant,* Paris: PUF, 1975.

MELLIER, D. *L'inconscient à la crèche*, Ramonville Saint Agne: Érès, 2004.

RESNIK, S. *Espace mental –* Toulouse, Érès, 1994.

WINNICOTT, D. (1947) La haine dans le contretransfert, in *De la pédiatrie à la psychanalyse.* Paris: Payot, 1969.

"Quem dera o doce peito eu habitasse...": Uma articulação entre voz e autismo

Severina Sílvia Ferreira[1]

Por que as sereias cantam? Porque Ulisses as escuta.

Na única aula do Seminário "Os Nomes do Pai", de 20.11.63, ao tratar das concepções de sujeito e objeto, Lacan aponta para as diversidades das formas do objeto pequeno *a*, que se relacionam com o modo pelo qual o desejo do Outro é apreendido pelo sujeito. Pontuando a função do objeto pequeno *a* nas pulsões oral, anal e escópica, Lacan chega à pulsão invocante, para sublinhar o desdobramento do objeto vocal na relação pré-genital com a demanda do Outro. É onde se vê, assegura Lacan, a voz, como o pequeno *a*, vir do Outro, como única testemunha deste lugar que não é somente o lugar do espelhismo.

Está claro, adverte Lacan, que o Outro não pode ser confundido com o sujeito que fala no lugar de Outro, embora, admite, só pudesse sê-lo por sua voz. A partir daí, observa Lacan,

---

[1] Psicanalista, doutora em Lingüística, membro de Intersecção Psicanalítica do Brasil, membro fundador do NINAR-Núcleo de Estudos Psicanalíticos, pesquisadora participante do Laboratório de Aquisição da Fala e da Linguagem-LAFE da UFPB, professora da Faculdade de Ciências Humanas de Olinda-FACHO, monitora na Pesquisa Multricêntrica de Indicadores Clínicos de Risco para o Desenvolvimento Infantil, conduzida pelo Ministério da Saúde.

"a voz do Outro deve ser considerada como um objeto essencial". A voz, como objeto pequeno *a*, caído do Outro, é essencial porque tem uma função estruturante, pois participa das operações de causação do sujeito.

Este tratamento específico dado à voz na psicanálise somente se tornou possível, nota Miller (1997), quando, adotando a perspectiva estrutural, Lacan pôde abandonar as questões de gênese, operando uma separação na teoria do desenvolvimento da libido, que considerava os objetos oral e anal como sucessivamente prevalentes na cronologia do desenvolvimento, até a convergência sobre o objeto genital.

Com o ponto de vista estrutural, que trata o inconsciente como uma estrutura de linguagem, a noção de indivíduo, como suporte do desenvolvimento diacrônico, foi substituída pelo conceito de sujeito, que não é o suporte da estrutura, mas é exatamente o que a supõe. Nessa tese, não se situando o objeto em nenhuma etapa de desenvolvimento, ele passou necessariamente a integrar as operações que determinam a constituição do sujeito.

Se a voz como objeto pequeno *a* vem do Outro como "sua única testemunha" (Lacan, 1963), uma pergunta torna-se inevitável, continua Lacan no Seminário sobre "Os Nomes do Pai", abortado logo após a primeira aula: "quem, mais além daquele que fala no lugar do Outro... quem há mais além, de (quem) o sujeito toma a voz cada vez que fala?"

Pensamos poder refletir sobre essa questão trazendo a fala materna dirigida a um bebê antes dos dois meses de idade. O que vemos revelado no conjunto das enunciações verbalizadas pela mãe no lugar de Outro é uma multiplicidade de vozes cuja variação indica ora um típico manhês, caracterizado por uma série de alterações, particularmente no nível supra-segmental da linguagem (prosódia), que são bastante comuns em diversas culturas, ora uma realização que não configura diferenças em relação ao falar habitual dos adultos, ora uma realização que se aproxima de

Questões metapsicológicas sobre a clínica com bebês 191

um desses dois tipos de produção vocal, embora a fala manhês se destaque por sua maior freqüência.

Enquanto amamenta o seu bebê de um mês e doze dias, a mãe fala durante a seqüência de cuidados que lhe dedica nessa situação (Ferreira, 1990). Inicialmente, acomodando o corpo ao corpo do bebê e ao mesmo tempo auxiliando a criança a ajustar-se ao seu corpo, de modo a possibilitar que a boca da criança alcance o seio, a mãe diz em manhês: Pontu Pontu (.) Pon:tu\ (Ferreira, 1990, p.101).

Contemplando o rosto do bebê com um sorriso, enquanto ele amamenta com voracidade, a mãe fala em manhês: Tô cum fome \ (.) Tô (.) Tô cum fome \ O bebê vocaliza. (op. cit., p. 102).

Mais adiante, quando o bebê deixa escapar o mamilo reto-mando-o em seguida, a mãe volta a empregar o manhês: Tô cum fome mãezinha \ (.) Tô \ (op. cit. p. 104).

No final da amamentação, quando o bebê cochila, escuta-se a mãe dizer Quer mais não/ (op.cit., p. 114). (manhês, do ponto de vista da prosódia e do timbre de voz; estrutura frasal padrão, embora simplificada).

Convocando o bebê para arrotar: Vamu arrotá vamu \ O bebê vocaliza. (op. cit., p. 116).

Quando o bebê arrota: Rotô \ Rotô \ (op. cit., 117).

Quando, logo em seguida, o bebê golfa (ausência de pico prosódico; voz grave): Êita golfou \ Tá vendu / Comeu demais / O bebê observa o rosto da mãe. (op.cit., 119).

A mãe continua repreendendo o bebê: Tá vendu / (.) Tá vendu / (op. cit., p. 119).

Quando o bebê deixa de olhar o rosto da mãe e tosse ela altera a prosódia de sua voz: Tá vendu / (op. cit., p. 120).

O bebê volta a olhar o rosto da mãe e ela continua: Tá vendu /(sussurrando) Tá vendu mamãezinha \ Tá vendu / (op. cit., p. 120).

Mais tarde, quando o bebê se aquieta (manhês): Cadê o menino lindo de mamãe / (op. cit., p. 123).

Como o bebê se mantém quieto, a mãe diz numa prosódia típica da sua língua: Nu cumeu nada cumeu pouco \ (op. cit., p. 213).

Por que a mãe fala tanto? Porque, por um lado, supõe que o bebê a escuta, assim como as sereias cantam porque estão seguras de que Ulisses, embora atado às cordas que o prendem ao barco, não se furta de ouvi-las; e, por outro lado, para dizer de um saber que lhe escapa e que espera escutar da criança, saber atribuído ao bebê por ela mesma.

É importante ressaltar que em situações como essa, em que se observa uma intersecção ou uma sobreposição das pulsões oral e invocante, as enunciações maternas, articuladas às ações específicas de que trata Freud, não deixam de encontrar resposta por parte do bebê, independentemente do modo como elas se expressam (vocalizações, mudanças na direção do olhar, tosse, alterações posturais, etc.), contrariamente ao que ocorre com a criança autista, quando se afasta da presença do outro e notadamente da voz materna.

De quem é a voz que fala no lugar de Outro na seqüência acima? Quem fala a cada vez que a fala da mãe se apresenta? É porque é impossível falar sem voz, observa Miller (1997), que podemos inscrever no seu registro – no registro da voz – aquilo que deixa resíduo, resto da subtração da significação ou do "a significar" com o significante. Nessa operação, a voz é uma dimensão da cadeia significante que, comportando uma atribuição subjetiva, aponta um lugar ao sujeito. No entanto, observa Miller, esta atribuição é distributiva, ou seja, não é unívoca, pois designa múltiplos lugares subjetivos. Assim, a plurivocalidade de toda cadeia significante faz equivaler a voz e a enunciação (Miller, op. cit.).

Respondendo à divisão subjetiva própria do falante, cada vez que a voz da mãe se faz escutar no exercício dos cuidados da criança, ela parece passar de um sujeito a outro, nesse cenário em que os que falam, mesmo aquele cuja voz não sai de sua boca, são necessariamente sujeitos, ainda que o bebê, nesse momento, o seja exclusivamente a partir da suposição materna.

Na primeira enunciação, a mãe é o sujeito que cuida do bebê, que tem o saber necessário para executar a ação específica (Freud, 1977) ou para oferecer a boa resposta (a resposta pertinente) ao sinal vetorizado pela pulsão. Nas seguintes, o sujeito é o bebê, que sabe que tem fome e "comunica" seu estado de tensão à mãe. Nessa operação chamada transitivista por Bergés e Balbo (2002, 2003), a mãe se divide em sujeito-mãe e sujeito-bebê. Por outro lado, emergem na fala materna o sujeito que seduz com seu canto e sua melodia, o que reprime com sua voz grave e censora, o que desencanta, o que busca a reconciliação, enfim uma multiplicidade de vozes que se intercalam.

De acordo com Didier-Weill (1995, p. 148-149), é a música presente na fala materna que tem poder de invocação e convoca o sujeito ao encontro do Outro. Nesse sentido, o autismo viria se caracterizar por uma ausência estrutural e constitutiva do Outro, porque a voz materna, em vez de se revelar cativante, parece repulsiva para os ouvidos do autista, conforme supõe Bentata (2005). Como compreender este poder, de um lado de grande atração, e do outro, de grande repulsa, da voz humana? Como compreender esses efeitos opostos de uma mesma pulsão: atração e recusa do objeto vocal?

"No seio da melodia originária há uma música harmônica e ao mesmo tempo dissonante, que dá conta do conflito trágico da mãe, do modo como ela se posiciona face ao apelo do significante simbólico e à castração", dizem Cabassut e Vives (2005). "A voz da mãe, escutada pelo *infans,* no que ela diz e no além contido na melodia do timbre, pode transmitir um saber sobre a falta, sobre o sofrimento da mãe, em suma uma verdade de sua própria relação ao traumatismo inicial da diferença dos sexos".

A criança se retiraria no campo do Outro quando a voz materna, desabitada pela melodia, não transportasse essas significações sexuais inconscientes. Por isso, o autismo viria se caracterizar por uma recusa da voz do Outro.

O que barra a mãe em seu canto dirigido à criança é a sua feminilidade: a mãe não é apenas uma mãe para a criança, mas é também a mulher do pai do seu filho. Mesmo durante os cuidados do bebê, ela usará a voz para falar ao seu homem; na qualidade dessa voz o filho reconhecerá algo que não está destinado a ele.

Até a constituição da palavra há um percurso que deve ser percorrido pela criança. Num primeiro tempo, que diz respeito à especificidade da pulsão invocante, há uma distinção muito precoce entre a voz e o ruído. Rassial (op.cit.) fala aqui de uma espécie de forclusão, que levaria ao isolamento da voz no conjunto de ruídos. De fato, nós podemos perceber que o recém-nascido prefere a voz humana dentro da série de ruídos do seu entorno, e entre as vozes escutadas a voz materna, principalmente se ela se faz produzir com os elementos dinâmicos de uma prosódia característica do manhês.

Num segundo tempo, a criança evolui em direção à lalação e, depois, ao balbucio. Na lalação, as produções fonemáticas são maiores do que no balbucio, uma vez que a criança pode produzir os sons que pertencem a todas as línguas. No balbucio, há uma seleção dos fonemas: a criança reproduz apenas aqueles que pertencem à língua materna dos seus pais. Num terceiro tempo, a criança passa dos fonemas à palavra.

Nos autistas extremos, parece haver uma preferência do ruído em detrimento da voz. Não se trata, pelo que é dado a observar, de que a criança autista não faça a distinção entre um e outro, mas de sua preferência por ruídos ritmados e repetidos, que busca incessantemente escutar. Aliás, não apenas escutar mas, muitas vezes, de reproduzí-los, como é o caso de João, uma criança autista que acompanhamos (Ferreira, 2004). Os sons produzidos por João em vários contextos eram impossíveis de serem transcritos como fonemas ou grupo de fonemas da língua em uso.

QUESTÕES METAPSICOLÓGICAS SOBRE A CLÍNICA COM BEBÊS 195

Eram como torrentes de sons derramados pela boca de modo inarticulado, fazendo sombra à voz humana.

No terceiro tempo da pulsão, há uma diferença entre a pulsão escópica e a pulsão invocante: "o se fazer ver" vai em direção ao sujeito – é o sujeito que se mostra; "o se fazer escutar" vai na direção do outro, depende do outro – é o outro quem escuta o sujeito (Lacan, 1979). É assim que Lacan mostra a dependência estruturante da criança em relação ao Outro.

Para chegar à subjetivação, o caminho da criança deve ser semelhante àquele de Ulisses, a figura mítica de Homero: deixar-se atrair pelo canto das sereias, sem ser irremediavelmente capturado para o fundo do mar. Isto quer dizer que a criança deve fazer o difícil passo da montagem pulsional da voz, isto é, deixar-se seduzir pela voz materna, mas sem nela se perder, dado que é imperativo que outras vozes se intercalem e se superponham.

Para não ser capturado pela voz das sereias, Ulisses, encantado pela promessa de perdição que dela emanava, ordenou que seus companheiros se tornassem surdos ao canto irresistível, determinando que vedassem os ouvidos. Ele, no entanto, não se privou dessa música. Mas, sabedor do perigo do seu canto, determinou que seus companheiros não o liberassem das amarras que o prendiam ao mastro do barco, por mais dolorosos que fossem seus lamentos, causados pela impossibilidade de ir ao encontro das sereias, cujo canto evocava "a melodia materna ancestral".

A mãe de João não "conversava" com o filho quando ele era bebê. Não existia, portanto, a sedução da melodia. De outra parte, João não era escutado, pois sua mãe não conseguia desenvolver a ação específica de que fala Freud ou a boa resposta a que se refere Rassial (op.cit.), para responder ao filho quando este emitia um sinal vetorizado pela pulsão. Quando, por exemplo, ele chorava, nada era encontrado que pudesse consolá-lo.

Os gritos e urros de João até hoje vivem em meus ouvidos. Ao ler *Música de Câmara*, poemas de James Joyce (2002),

196 Cuidados no início da vida: clínica, instituição, pesquisa e metapsicologia

concebidos para serem musicados e cantados, não posso deixar de escutar o lamento de João, que talvez pudesse ser assim evocado:

> Quem dera o doce peito eu habitasse
> E o vento rude nunca me rondasse
> Por causa do árido ar severo
>
> Tivesse nesse coração morada
> E nele a paz me fosse partilhada...
> Quem dera o doce peito em habitasse.

Referências

BENTATA, H. La voix de sirene: d'une incarnation habituelle de la voix maternelle. Le bébé et la pulsion, *Journées ALI-Espace*. Paris, 2005.

BERGÉS, J. e BALBO, G. *Jogo de posições da mãe e da criança*. Porto Alegre: CMC Editora, 2002.

BERGÉS, J. e BALBO, G. *Psicose, autismo e falha cognitiva na criança*. Porto Alegre: CMC Editora, 2003.

CABASSU, J. e Vives, J. M. *De la "jouissance musicale" au nom premier – Approche psychanalytique et musicothérapeutique del'autisme*. 2005.

DIDIER-WEILL, A. *Os três tempos da lei*. Rio de Janeiro: Jorge Zahar, 1997.

_____. *Invocações*. Rio de Janeiro: Companhia de Freud, 1999.

FERREIRA, S. S. *A interação mãe-bebê: os primeiros passos*. Dissertação de Mestrado, UFPE, Recife, 1990.

_____. *João, uma criança com olhar de estrela*. Tese de Doutorado, UFPE, 2004.

FREUD, S. Projeto para uma psicologia científica. *Obras psicológicas completas de Sigmund Freud*. Rio de Janeiro: Imago, vol. I., 1977.

LACAN, J. *Os nomes do pai*. Lição de 20.11.63.

_____. O seminário, Livro 11, *Os quatro conceitos fundamentais da psicanálise*. Rio de Janeiro, Zahar, 1979.

MILLER, J. A. Jacques Lacan y la voz. In *La voz*, Coleccion Orientacion Lacaniana, Serie Testimonios y Conferencias, Argentina, EOL, 1997.

RASSIAL, J. J. *O que os adolescentes ensinam aos analistas* – ciclo de palestras. São Paulo: USP, Lugar de Vida, 2002.

A ANGÚSTIA INICIAL DE TRANSITAR ENTRE DUAS CLÍNICAS OU O EXERCÍCIO DA CASTRAÇÃO QUE A INTERDISCIPLINARIDADE REQUER

Eloisa Tavares de Lacerda[1]

Fragmento clínico

Albertina[2] *chega ao colo de sua mãe. A fonoaudióloga olha-a e fica impressionada com sua expressão. Com um ano e meio, parece que tem um atraso motor importante, pois ainda não apresenta o controle de cabeça. Mesmo com os dedinhos de sua mão esquerda na boca, sua língua está completamente projetada para fora. Seu olhar está longe e totalmente voltado para o alto. Ela não reage à presença da terapeuta, que conversa com sua mãe ao mesmo tempo em que tenta fisgar sua atenção. Impossível! Tudo isso faz com que Albertina aparente ter um profundo*

---

[1] Psicanalista, membro do Departamento de Psicanálise do Instituto Sedes Sapientiae de SP; membro-fundador da ABEBÊ; coordenadora do Serviço de Acolhimento Relação Mãe/Bebê da Derdic/PUC-SP e do curso de especialização "Clínica Interdisciplinar com o Bebê – a saúde física e psíquica na primeira infância" da Cogeae/PUC-SP.

[2] Albertina (nome fictício) e mãe receberam atendimento (2004/2005 – época em que a autora também atendia neste serviço como fonoaudióloga) na forma de Interconsultas de Psicanálise, Fonoaudiologia e Fisioterapia no Serviço de Acolhimento Relação Mãe/Bebê da Derdic/PUC-SP.

200 Cuidados no início da vida: clínica, instituição, pesquisa e metapsicologia

rebaixamento mental. Pode ser que sim! Pode ser que não! Ainda é cedo para um veredicto de tamanho peso para tão pouca idade!

Sua mãe lhe fala de forma muito carinhosa e seus cuidados para com as poucas demandas da filha também são atentos e regados com muito afeto e com muitas palavras carinhosas. Aos poucos, a fono vai dirigindo toda a sua atenção para Albertina, até que pode pegá-la no colo e levá-la até o colchão, sem que ela estranhe. Ela continua igual: grande parte da língua para fora e o olhar desviado para trás! Não se sabe para onde! O trabalho incide diretamente no corpo de Albertina. São toques delicados da fono que, enquanto fala com ela, vai lentamente organizando seu corpinho. Conhecedora da Coordenação Motora do Bebê e do Conceito Bobath (ambos incluem a Biomecânica e a Cinesiologia), a terapeuta vai colocando o bebê no colchão de um jeito que os dois lados de seu corpo se assemelhem numa atitude simétrica, ao mesmo tempo em que ela vai fazendo com que os pezinhos de Albertina permaneçam apoiados em sua barriga. A fono sabe que um bom apoio para os pés pode provocar, numa reação em cadeia, a possibilidade de Albertina adquirir uma vivência corporal importante. Essa será uma vivência tão global que passará por todo o seu corpinho até chegar à sua primeira vértebra cervical, favorecendo sua primeira atitude contra a gravidade, que será uma extensão de cabeça, visando com isso ajudar Albertina a começar a ganhar o controle de cabeça.[3]

Enquanto a fono vai falando delicadamente com Albertina e vai levando suas mãozinhas à boca, ela também vai dando toques precisos e ritmados em sua língua, que imediatamente reage "escondendo-se" dentro da boca. Muito lentamente, para não assustar a criança, a fono continua falando com ela, dizendo-lhe

---

[3] Para abrir esta direção, sugiro a leitura: Marie-Madeleine Béziers. *O bebê e a coordenação motora: os gestos apropriados para lidar com a criança*, SP: Summus Editorial, 1994.

coisas elogiosas, mantendo seus toques na língua de Albertina e convocando-a a trazer seu olhar para se encontrar com o dela. Depois de uns vinte minutos, esse encontro acontece. Agora Albertina olha para a fono que lhe fala mantendo seu rosto muito próximo ao dela. A partir desse encontro, a fono começa a aproveitar seus movimentos de colocar a língua para dentro da boca, segurando com delicadeza e firmeza o queixinho de Albertina obrigando-a a fechar a boca. A fono percebe que a criança parece gostar e não resistir a esse fechamento forçado de sua boca. Vai elogiando essa sua nova possibilidade e vai lhe dizendo que agora pode ver como ela é bonitinha, pois agora seu rosto está mais relaxado e seu olhar mais interessado e endereçado à fono. Você é esperta Albertina! Ela já está diferente de como estava ao começo da sessão.

A mãe ri dos elogios à filha, mas, quando se levanta e vem olhar para a filha, chora emocionada, ao ver seu rostinho plácido com sua boca fechada e seu olhar presente. Quando Albertina força para abrir a boca, a fono começa a lhe fazer um movimento ritmado de abrir e fechar sua boquinha e, num determinado momento, parece que ela fala /mã/. Aparece também o som de estalinhos de língua quando a fono abaixa seu queixinho com a mão. A brincadeira é agradável, e a fono repete-a inúmeras vezes, até que de um /mã/ isolado começa a aparecer um /mãmãmãmã/, que a fono retoma imediatamente, endereçando a ela um /mamãe/, "você está chamando a mamãe? Tá na hora da gente parar mesmo. Você acertou! Pode chamar a mamãe pra pegar você!"

A segunda sessão é muito semelhante a essa primeira, não fosse o fato de Albertina rir mais quando os olhares dela e da fono se encontram. Depois de um tempo maior de contato olho no olho, ela começa a se acalmar e, enquanto a fono canta uma cantiga de ninar de forma ritmada e lhe faz um meigo cafuné, ela fecha os olhinhos e suspira ao começar a dormir. No silêncio que fica na sala, a fono percebe o choro silencioso da mãe, que

202   Cuidados no início da vida: clínica, instituição, pesquisa e metapsicologia

está muito impressionada com o novo rostinho de sua filha. Mas a terapeuta sabe que o trabalho vai ser longo, até que ela possa prescindir de sua alimentação pelo "botão"[4] que leva os alimentos diretamente ao estômago de Albertina.

Algumas considerações

O percurso clínico acadêmico que ora retraço, tem início em uma área muito abrangente, a dos "problemas alimentares, das patologias da linguagem, dos distúrbios da fala e da comunicação". Buscando situar metapsicologicamente essas vivências clínicas antigas e atuais, percebo que meu desejo está em poder articular teoricamente *dois campos* de atuação clínica: o dos quadros das patologias orgânicas relacionadas à alimentação/amamentação e à linguagem/fala e o dos quadros em que a constituição psíquica é muito precária. Noto-os ainda caminhando de forma muito dissociada entre os profissionais das mais diversas áreas que trabalham com a primeira infância. A maior parte dos que enVereda pelas questões do "organismo doente/funcionamento desviante" ainda não abriu sua escuta para aquilo que é da ordem do "corpo erógeno e do funcionamento simbólico".[5] Em contrapartida, a maioria dos profissionais "psi", com sua escuta voltada para as questões subjetivas, não tem endereçado seu olhar para o corpo. Venho me interrogando como é possível que esses profissionais ainda percorram seus caminhos clínicos de maneira tão unilateral, principalmente na clínica com os bebês e com a primeira infância. No contato sistemático com profissionais dessas duas vertentes,

---

[4] Albertina já chegou em nosso Serviço com Gastrostomia – sonda fechada por um "botão" usada atualmente muito freqüentemente por bebês/crianças que não podem fazer um uso tão prolongado da sonda nasogástrica para se alimentarem.

[5] Para abrir esta direção sugiro a leitura: Piera Aulagnier – "Nascimento de um corpo, Origem de uma História" in *Corpo e História*, Mc Dougall, Aulagnier, Marty e col, Tradução Laila Y. Massuh. SP: Casa do Psicólogo, 2001.

QUESTÕES METAPSICOLÓGICAS SOBRE A CLÍNICA COM BEBÊS   203

exatamente no momento em que venho escrevendo sobre a forma como compreendo as particularidades da "clínica com sujeitos em constituição", explicitando para os profissionais dessas duas áreas que *organismo não é sinônimo de corpo* ou que *o corpo de seus pequenos pacientes precisaria ser olhado*, deparo-me com um texto recente da psicanalista Ângela Vorcaro[6] chamando a atenção do leitor para a seguinte constatação: Freud fez sua passagem da Neurologia para a Psicanálise precisamente olhando para o corpo das histéricas! Para Vorcaro, produz interrogação sabermos que o pai da psicanálise esteve muito interessado no corpo da histérica e nos problemas neurológicos dos afásicos, para sustentar suas primeiras formulações sobre o que nomeou aparelho psíquico. Por que será, então, pergunta-se a autora, que os '*quadros com aspectos orgânicos prevalentes* (as neuropatias, p.ex.) *foram quase abandonados pelos psicanalistas que se seguiram a Freud, como se neles não persistisse uma condição subjetiva?*'[7]

Sem interlocutores que me permitissem fazer a ponte entre esses dois caminhos sempre trilhados nesta ou naquela direção, dentro de um campo muito específico que é o da *"fala em constituição"*[8], ao final de uma longa jornada noto que precisei percorrer, inicialmente, de forma paralela esses dois caminhos, até que pudesse integrá-los, e é o resultado dessa integração que venho trazer nesta apresentação. Inicialmente, não irei me ater às particularidades inerentes à clínica com o bebê. Entretanto, como fonoaudióloga, gostaria de salientar que percorri o terreno de uma clínica muito particular com a primeira infância: o da neurologia, que se caracteriza por apresentar marcas bastante visíveis, tanto no corpo do paciente quanto no funcionamento de suas funções. A particularidade dessa clínica, que lida com

---

[6] Vorcaro, A. "Manifestações psicopatológicas na fala" in *Quem fala na língua? Sobre as psicopatologias da fala*, BA: Ágalma, 2005.

[7] Vorcaro, op. cit. p. 17.

[8] Resolvi usar o termo proposto por Ângela Vorcaro – "Fala em Constituição" – por achar que ele se presta melhor à minha clínica que o termo "Aquisição de Linguagem". Ibidem.

204 CUIDADOS NO INÍCIO DA VIDA: CLÍNICA, INSTITUIÇÃO, PESQUISA E METAPSICOLOGIA

marcas e/ou impossibilidades funcionais importantes, incentiva o uso de técnicas bastante específicas e que foram criadas para incidir diretamente no organismo doente. Esse uso é, muitas vezes, fundamental para a sobrevivência do organismo, e está vinculado a uma extrema urgência – a da alimentação ou, melhor dizendo, a da impossibilidade de o bebê se alimentar. Esta é a direção mais reconhecida para o uso dessas técnicas, exatamente porque pode dar aos profissionais a ilusão de que eles estão cuidando dos "únicos" riscos que o bebê apresenta, ou seja, aqueles relacionados às questões orgânicas. Objetivamente, esses cuidados profissionais acabam caminhando única e exclusivamente no terreno da realidade desse organismo. Em contrapartida, os profissionais que percebem os riscos que o bebê corre na direção da subjetivação, têm um outro tipo de ilusão: aquela que os faz acreditar que escutando os fantasmas da mãe trarão mudanças corporais para o bebê, coisa que não ocorrerá necessariamente, se ele tiver algum tipo de comprometimento em seu desenvolvimento que tenha a ver com alguma causa orgânica.

Os problemas de alimentação em bebês e em crianças muito pequenas que apresentam uma sintomatologia orgânica aparente permitem leituras bastante unilaterais, como aquelas biologizantes, voltadas somente para a criança e para a organicidade das dificuldades que ela apresenta. Essas leituras acabam por excluir, do foco da escuta clínica, a importância da mãe, melhor dizendo, da relação mãe/bebê, na compreensão desses casos. Parece-me que o fato de a mãe não poder compreender objetivamente os transtornos alimentares de seu bebê faz com que ela fique impossibilitada de lidar subjetivamente com eles. Há que se ter um enorme cuidado para que o profissional não fique "tomado" na mesma direção da mãe.[9]

A teoria psicanalítica permitiu-me vivenciar o longo alcance das minhas cenas clínicas fonoaudiológicas, no sentido de poder afirmar que uma boa técnica, bem usada, também pode

---

[9] Para abrir esta direção, sugiro a leitura: Lacerda, E. T. – "A intervenção do especialista na relação de uma criança não falante com sua mãe em tempos de constituição", SP: *Revista Distúrbios da Comunicação*, 13(2): 207-386, jun. 2002, pp. 351-357.

evitar os riscos na direção da constituição subjetiva dos pequenos pacientes, uma vez que um manuseio cuidadoso, ao facilitar a organização corporal do bebê, pode pôr em circulação o afeto entre a mãe e o bebê. Dessa forma, quando preciso fazer algum tipo de intervenção diretamente no corpo de um bebê, geralmente cuido para não pegar a criança do colo da mãe assim de chofre e, principalmente, no primeiro momento da consulta. Às vezes, até trabalho o bebê no colo de sua mãe, tocando-a, e não a ele, quando este precisa de algum tipo de manuseio em seu corpo, porque sei que, geralmente, posso aguardar o tempo necessário para que a mãe me entregue espontaneamente seu bebê. Isso também se dá desta forma na minha vivência clínica de psicanalista nos tratamentos conjuntos bebê/pais.

Da maneira como acabei usando essas técnicas, meu trabalho foi deixando de ser "somente técnico", para dar lugar a um recobrimento simbólico para aquele organismo doente. O manuseio técnico específico foi deixando de ser uma ortopedia biologizante e tecnicista para se transformar na construção simbólica desse corpo. Esse manuseio, realizado e entendido como constituinte para o bebê, também terá efeitos dessa ordem para uma criança um pouco maior. Penso que esse é um argumento importante para poder afirmar que o profissional precisa saber esperar que a mãe possa autorizar o manuseio de sua criança, para que ele "use e abuse" das técnicas relacionadas ao Sistema Sensório Motor Oral, levando em conta que, para a teoria psicanalítica, é o circuito pulsional da mãe (já marcada pelo seu narcisismo, sua castração, seu Édipo e a dissolução dele) que possibilita/impossibilita ao bebê a unificação de suas experiências fragmentárias e arcaicas, ancoradas no corpo e na relação com o outro primordial, antes ainda do nascimento do sujeito... [10]

Como uma rua de mão dupla, essa circulação de afeto entre a mãe e seu bebê põe em "funcionamento a funcionalidade

---

[10] Para abrir esta direção, sugiro a leitura: Aragão, R. O. *A construção do espaço psíquico materno e seus efeitos sobre o psiquismo nascente do bebê*, Dissertação de Mestrado, PUC-SP, 2007.

das funções" do bebê. Mero jogo de palavras? Tenho certeza de que não! Um longo percurso clínico me afinou uma escuta clínica muito particular. Antes mesmo que eu pudesse ler as teorias mais atuais sobre o que escrevo para esta apresentação, posso afirmar que foi meu olhar sobre o bebê e minha escuta tanto para o bebê – que respondia aos meus manuseios técnicos em seu corpo, quanto para sua mãe – que também respondia aos efeitos desses manejos, que me permitem responder que tudo isso não é um mero jogo de palavras. É sim um importante exercício de leitura da clínica!

Minha vivência clínica me permitiu compreender que, ao apaziguar o biológico através de meu olhar unificador e dos meus manuseios técnicos específicos que incidem diretamente no corpo do bebê, caminhei numa direção mais subjetiva para esse tipo de problemática. Compreendi que nas cenas clínicas com bebês (organicamente comprometidos, mas não só estes), vim possibilitando com meus manuseios uma imantação simbólica que permitiu garantir a essa mãe, que estava tão assustada diante de seu bebê, inaugurar um outro campo para que esse filho – vivido somente como um "estranho e/ou organismo patológico" – ganhasse o estatuto de corpo erógeno para ela.

Devo acrescentar que, operando numa sincronia total com esse meu olhar, havia uma escuta atenta aos significantes da fala da mãe sobre seu bebê, sobre o jeito estranho de ele funcionar e/ou sobre ela mesma em sua função materna – capenga que estava de poder efetuar qualquer identificação com aquele organismo "disfuncionante". Conciliar essas duas direções não foi tarefa fácil, além de conduzir a um caminho por vezes muito solitário; sem interlocutores com quem discutir o que se apresentava como um enigma nas interrogações insistentes dessa clínica. Isso porque a força dessas cenas clínicas com as mudanças importantes ocorridas na mãe e no bebê, sem que eu entrasse com quaisquer orientações técnicas de manuseios específicos transmitidas a essa mãe, foi sendo além de surpreendente, algo que me acalmou, e muito.

Ao longo do tempo, meu trabalho com bebês veio se pautando por dois eixos. Inicialmente, as questões que esse campo clínico de um trabalho em momentos tão precoces provocava em mim, quando já atendia os bebês sem conseguir isolar a observação dos movimentos maternos e paternos em direção a eles (com sua "delicada" rede dos tortuosos caminhos dos desejos e dos fantasmas parentais) e da observação de um jeito próprio na maneira de funcionar do bebê em diferentes momentos com sua mãe[11]. Momentos como os da alimentação e de sua impossibilidade, da hora de dormir e de sua impossibilidade; da organização corporal global e da impossibilidade de o bebê ter um colo "redondinho" para ele e, por fim, do silêncio, das vocalizações e da fala em constituição.

Posteriormente, buscando a fundamentação conceitual que a psicanálise sustenta, pude ampliar meu fazer clínico com o bebê para além das questões do desenvolvimento (mas sem desconsiderá-las!), compreendendo nessa interlocução que não é possível isolar aquilo que põe em movimento a constituição do sujeito – no circuito pulsional do bebê, inicialmente com sua mãe, que propicia inscrições ou que pode fazer obstáculos tanto à constituição psíquica quanto ao desenvolvimento. Isso porque, com essa basculação de passagens da clínica à teoria e desta à clínica, e de uma clínica à outra, posso dizer que, atualmente, tenho muito fortemente registrado em mim - teoricamente falando e considerando vivências clínicas das mais atuais e das mais intensas (que têm re-significado as anteriores) – que é a circulação de afeto entre mãe e filho que pode pôr em funcionamento as possibilidades do desenvolvimento e da constituição subjetiva. Esse circuito de afeto poderá favorecer não só o amadurecimento neurológico do organismo desde o nascimento biológico, como favorecerá também o que chamamos de nascimento do sujeito. Hoje, está

---

[11] Para abrir a direção deste parágrafo e do que se segue, sugiro a leitura: Jerusalinsky, J. – "Clínica interdisciplinar com bebês - qual a importância de considerar a especificidade desse campo clínico?", artigo ainda não publicado.

208 CUIDADOS NO INÍCIO DA VIDA: CLÍNICA, INSTITUIÇÃO, PESQUISA E METAPSICOLOGIA

claro para mim que a plasticidade nesses primeiros tempos não está somente relacionada à fundação, à ampliação e à organização das estruturas do Sistema Nervoso Central[12], mas está também, no mesmo grau de importância e na mesma precocidade, relacionada à fundação do psiquismo do bebê.

Ultimamente venho pensando nos efeitos das intervenções que fazia há uns dez anos: em determinados momentos clínicos, meus dois campos de trabalho pareciam tão imbricados e com um mesmo grau de importância para mim que, por milésimos de segundo, eu não conseguia saber se era a psicanalista fazendo leitura das cenas clínicas dos atendimentos conjuntos pais/bebê através de um manuseio técnico específico, ou, se era a fono fazendo um manejo transferencial muito acurado!? Em determinados casos, principalmente com bebês muito novinhos e/ou muito comprometidos do ponto de vista do desenvolvimento, precisei tomar muito cuidado para poder não misturar de qual lugar clínico eu iria responder à convocação do bebê e/ou de seus pais.

Atualmente, no atendimento clínico psicanalítico com sujeitos em constituição, coloco-me na posição que me oferece a metapsicologia, com respostas (sempre "provisórias") às minhas muitas interrogações sobre a basculação entre meus dois campos disciplinares. O mais importante para mim é que somente as reflexões acerca do imbricamento de minhas vivências nessas duas clínicas permitiram-me fazer o que faço da forma como faço e, ainda, atualmente sempre do lugar de psicanalista. E é desse lugar que tenho me posto a *escrever a clínica* nos últimos anos, já que *as cenas clínicas da psicanalista pedem, insistentemente por leituras* e, aprendi como fonoaudióloga que quem lê muito também é capaz de escrever muito.

---

[12] Para abrir esta direção, sugiro a leitura: Cunha, I. *Treinamento perinatal: conhecimentos básicos para a promoção de uma melhor qualidade de vida.* Porto Alegre: SAGRA, 1991.

Referências

AULAGNIER, P. "Nascimento de um corpo, origem de uma história" in *Corpo e História*, Mc Dougall, J., Aulagnier, P., Marty, P. et col, Tradução Laila Y. Massuh. São Paulo: Casa do Psicólogo, 2001.

ARAGÃO, R. O. *A construção do espaço psíquico materno e seus efeitos sobre o psiquismo nascente do bebê*. Dissertação de Mestrado, Puc-SP, 2007.

BÉZIERS, M-M. *O bebê e a coordenação motora: os gestos apropriados para lidar com a criança*. São Paulo: Summus, 1994.

CUNHA, I. *Treinamento perinatal: conhecimentos básicos para a promoção de uma melhor qualidade de vida*. Porto Alegre: SAGRA, 1991.

JERUSALINSKY, J. "Clínica interdisciplinar com bebês - qual a importância de considerar a especificidade desse campo clínico?", artigo ainda não publicado.

LACERDA, E. T. A intervenção do especialista na relação de uma criança não falante com sua mãe em tempos de constituição", São Paulo: *Revista Distúrbios da Comunicação*, 13(2): 207-386, jun. 2002, pp. 351-357.

VORCARO, A. "Manifestações psicopatológicas na fala" in *Quem fala na língua? Sobre as psicopatologias da fala*. Bahia: Ágalma, 2005.

PARTE 5

Escrever, pensar, reformular: reflexões sobre a clínica com bebês

Anorexia neonatal e intervenções precoces

Sonia Pereira Pinto da Motta[1]

*Tudo se passa como se a raiz mais profunda
da pulsão de vida (Eros) fosse minada,
"numa inapetência de viver".*

O real da clínica, privilegiadamente da clínica com bebês, ponto fecundo, interroga a teoria sobre os primórdios do psiquismo e promove empuxo a fazê-la avançar. Os ditos transtornos das grandes funções vitais, que desafiam a clínica médica, servirão aqui como alavanca a estas interrogações. Solicitado a intervir aí, o mais a tempo possível, o que pode um psicanalista?

Anorexia vem do grego *oreksis* e é "tendência para", "desejo", "apetite". O sufixo "a(n)" designando sua antonímia; temos então inapetência. Propomos aqui, a ausência do apetite de viver.

Anorexia neonatal, portanto, coloca-nos de saída na questão: anorexia *de quem*? Sabemos que o período neonatal refere-se ao bebê recém-nascido (RN), inseparável da interação com um

---

[1] Psicanalista, ABENEPI - Associação Brasileira de Neurologia e Psiquiatria Infantil e Profissões Afins, Capítulo Rio de Janeiro e ABEBÊ - Associação Brasileira de Estudos sobre o Bebê.

Outro primordial, conjunção da função maternante suportada pela função paterna. Ao focarmos um grande distúrbio precoce, com sua fenomenologia "espetacular" servindo à mostração de quão são inseparáveis saúde física e saúde mental, o RN e o Outro, torna-se válido interrogar de quem é a anorexia neonatal?

No princípio era o Outro

O filhote humano, em sua prematuridade constitutiva, é totalmente dependente de um outro: "próximo assegurador", no dizer de Freud, o semelhante indispensável, central para a sobrevivência real e psíquica do *infans*; presença desejante, portador de um desejo de vida em relação ao pequenino, de um desejo que "não pode ser anônimo". Por seu lado, o RN, tal como uma "janela do umbigo", oferece seu protopsiquismo, sua imensa plasticidade às marcas maternas, aos registros inconscientes parentais, que constituirão o alicerce de sua mente.

Sabe-se que a privação da função materna em funcionamento, em período muito precoce, colocará o bebê em dificuldade para estabelecer por si mesmo a continuidade de existir. Toda sua montagem orgânica e psíquica ficará em risco. Trata-se de casos de urgência psíquica.

Na raiz da vida humana, há um conflito vida-morte; o bebê, sem o amparo da presença humana desejante, "não pode abandonar os modos arcaicos de satisfação, pertencentes à fase precedente do desenvolvimento"[2] – feto no ventre – quando não tinha necessidade de se alimentar nem respirar. Assim, como nos propõe Lacan, em 1938, a vida é indissociavelmente ligada a um "apetite de morte".

Por que o humano precisa de um <u>laço</u> que o faça humano? Porque há carência de instinto, *déficit* de determinações biológicas

---

[2] Dolto, F. (1981) citada por Mathelin pp. 78

ESCREVER, PENSAR E REFORMULAR: REFLEXÕES SOBRE A CLÍNICA COM BEBÊS **215**

que digam ao bebê como... qualquer coisa humana. Há uma exigência de base, portanto, de um laço estruturante – o amor (Eros).

Na abordagem das psicopatologias da clínica neonatal, não podemos abrir mão do pressuposto lógico e cronológico da anterioridade do Outro. Outro aqui, tanto quanto campo do Outro, o Simbólico, ninho humanizante que pré-existe à possibilidade-sujeito, e, Outro real, o outro encarnado capaz de se colocar na temporalidade da antecipação, e interpretar sinais mínimos do organismo (real) do bebê, atribuindo-lhes intenções, numa dialética de demandas e desejos.

Com esta suposição fundante da anterioridade do Outro, que participa ativamente da pré-história do sujeito, podemos sustentar que, certamente nos casos de grandes acometimentos vitais sem nenhuma base orgânica detectável, o comprometimento do lado do Outro é previsto. Podemos desenvolver a hipótese de uma patologia da ordem da privação do Outro desejante, de uma patologia do laço estruturante, portanto.

Kreisler, levantando dados sobre a história pré-natal desses RN, relata que "os bebês atingidos por anorexia precoce grave sempre tinham mães gravemente depressivas". E que, "antes de serem tomados em seus braços, eles haviam sido contidos por gestantes que desde então estavam convictas de que a criança alojada nelas não viveria. Elas não eram torturadas pela angústia; elas se deixavam levar pelo fluxo calmo de uma renúncia da vida por ele, uma ilusão antecipadora da morte".[3] Cabe acrescentar que, chama a atenção a ausência de sentimento de culpabilidade nestas "mães", culpabilidade esta que seria o primeiro sinal de uma tentativa, por parte do aparelho psíquico, de reapropriar-se daquilo que nos escapa: o sem sentido da repetição. Só a escuta dessas "mães" poderia simbolizar através da fala o do que se trata: pulsão de morte.

Hoje é sabido que a depressão materna pode invadir o *habitat* uterino, atravessando a barreira placentária. Esta apetência de morte

---

[3] Kreisler, L. (1981) pp. 87.

certamente alcança o bebê intra-útero. Pós-nascimento, podemos hipotetizar que se instaura no bebê uma compulsão nostálgica do paraíso perdido, sob o jugo do princípio de Nirvana, eterno retorno à constância absoluta, homeostase do encontro com a "Grande Mãe" – "a mais obscura aspiração à morte", segundo Lacan.

Diferentemente de mãe-bebê se deixarem tomar por esta apetência de morte, podemos contrapor o voto de morte, tão freqüente nas gravidezes e pós-partos, subdito à força do recalcamento, restando deste expressões de conflito do lado do bebê (hipertonia, excesso de vigilância, insônia primária, grande receptividade a estímulos exteriores, cólicas), angústia e ambivalência, do lado da "mãe", com poder de se perpetuarem numa interação conflitiva. Ainda assim, ao revés da patologia da apetência de morte, o voto de morte situa o bebê do lado do vivo e equivaleria à fantasia estruturante do "Bate-se numa criança": "Mata-se uma criança", o mais recalcado e secreto dos desejos humanos.

Se definirmos "mãe" como um estado especial de investimento psíquico, podemos aquilatar o que implica para o bebê o estado depressivo desta. Este pode ser descrito como a expressão clínica de um desamalgamento pulsional, em que a energia tornada livre fica sujeita à pulsão de morte; estado de hemorragia de investimento que impossibilita à "mãe" investir narcisicamente seu bebê. O desejo extravia-se, tornando-a não apta à ocupação da função materna.

Na impossibilidade do amparo de figura terceira, em nome-do-pai, não se elegendo outra figura maternante, o bebê estará à deriva: "pode o Outro me perder?" (Lacan)

O desafio teórico-clínico específico, que a clínica com anorexia precoce do lactente impõe, é saber como o RN "recusa" a apetência de viver. Será esta uma forma extrema de resguardar a possibilidade de existência (do lado do ser) ao preço de perder a sobrevivência, conforme sugere Crespin?[4] Que

---

[4] Crespin, G. (2004) pp. 52

elementos metapsicológicos dispomos para atribuir a um RN tamanha "competência", o quê tal "escolha" comporta?

Estatuto da recusa em jogo

A recusa ativa do bebê, bem como na anorexia de inércia, funciona como sinal de alerta, já que tem implicação vital, mas atinge também em seu âmago, a função maternante. A possibilidade de intervenção precoce aqui, antes que se instale um quadro mais grave, é fazer funcionar uma instância paterna, seja na palavra do médico, seja diretamente com a "mãe", ajudando-a a suportar a manifestação do bebê, como uma expressão legítima de um desejo, que a transcenda em sua função. Se houver possibilidade de um para-além da mãe, a sintomatologia do bebê tende a regredir. No entanto, a resposta usual do outro, tanto da parte médica, quanto dos pais, é a intrusividade nos procedimentos "salvadores" da vida do bebê. Geralmente, procedimentos "de risco", que, por não serem impregnados de investimento libidinal e pela natureza mecânica das trocas propostas, entregam o bebê à depressão, que ultrapassa o âmbito da oralidade, podendo ser desinvestida toda a capacidade de expressão do bebê. Esgotados os recursos corporais, na tentativa de fisgar o desejo da mãe, o que resta ao bebê?

A "mãe", continuando a se ocupar materialmente do bebê ('mãe técnica'), mas "sem que o coração o faça", camuflando com um superinvestimento inadequado de cuidados o corpo do bebê, mas mantendo a interação esvaziada de investimento, priva o bebê de um olhar que o reflita, que o reconheça como parte sua, de adotá-lo enquanto filho do desejo, impedindo-o de ser pólo de atribuições constituintes. Sem lugar psíquico no Outro parental, o bebê se depara com o vazio, o inominável, sendo jogado no mais completo estado de desamparo psíquico. Instala-se uma vivência de estranheza recíproca, de extremo risco, já que esta mantém o estado de não-ligação psíquica.

218   Cuidados no início da vida: clínica, instituição, pesquisa e metapsicologia

O mecanismo da recusa pode instalar-se do lado do bebê, com sua "singular energia de resistência", mantendo-se a apetência para o "nada", único traço do Outro que circunscreve este bebê. Alto risco psíquico e vital! Sabemos que, se as grandes funções orgânicas não são enraizadas num investimento libidinal, se não são "filtradas" em seus excessos de excitação pelo eixo fálico da função maternante, mediada pela função paterna, elas se põem a girar sobre elas mesmas num automatismo de repetição, sob o comando da pulsão de morte. Kreisler alerta: "O ataque direto da desordem alimentar pela via exclusiva de terapêuticas dirigidas sobre a alimentação é não somente inoperante como nocivo. Ela vai no sentido das disposições psicopatológicas da criança que ela aviva".[5]

Toda possibilidade de intervenção aqui aponta para o que se passa no campo do Outro. Contrariamente à operação da recusa, que incide sobre um não-investimento específico de certas representações, limitando-se a reduzi-las a uma espécie de "não significância", a *ligação* é indispensável para que as representações possam ser tratadas no quadro simbólico, de acordo com o princípio do prazer, aquele que pode fazer barra ao gozo – este, imperativo do Supereu, insensato, precipitado das pulsões do Isso, completamente dessubjetivado, pondo em relevo a pulsão de morte, adscrita ao masoquismo primordial: - Goza! Aqui, o ponto nodal é o conceito de repetição.

Se não podemos desintrincar o *infans* do Outro, se a operação de recusa se instala, estaremos atingindo um e Outro.

Freud, em 1924, no texto *Neurose e Psicose* nos diz que o tratamento da percepção, que a faz permanecer inoperante, no plano psíquico, "é um efeito da recusa (*Verleugnung*)". Assim "(...) não só é recusada a admissão de novas percepções, como o próprio mundo interior... vê ser retirada sua significação (*Bedentung*), seu investimento (*Besetzung*)"... As representações

---

[5] Kreisler, L. (1981) pp. 88

marcadas pela recusa tendem a tomar caráter traumático, pois esta operação "fracassa" em reduzir o potencial traumático em causa. Pelo contrário, confere-lhes uma virulência tal, que as pereniza pelo próprio apagamento das ligações simbólicas. Conseqüentemente, no psiquismo materno, aparecem mecanismos desagregadores, verdadeiros "buracos psíquicos", por onde a energia poderá se escoar ainda mais massivamente. À margem de um lugar efetivo no psiquismo da "mãe", o bebê instala-se nestas zonas onde a abolição simbólica é mantida pela recusa. Especificamente estas zonas irão-se manifestar como local de predileção da compulsão à repetição, que assumirá, espontaneamente, o caráter "demoníaco".

" — Pai, não vês que estou-me devorando!?"

Freud, no *Problema econômico do masoquismo*, explicita que o masoquismo primordial é anterior à fusão pulsional. O amálgama necessário da pulsão de morte (pulsão mais originária, pura tendência ao livre escoamento da energia, tendência à desagregação, a um "retorno a um estado anterior - inorgânico, de homeostase") com a pulsão de vida (Eros, agente da união, tendência à ligação, à manutenção, aquela que cria conexões neuronais) é o que anima o desejo de viver. Este amálgama necessário é o componente intrínseco à pulsão invocante, que está no princípio da vocação humana, que tenderá para que o sujeito advenha como ser de fala. Esta traz em seu bojo a necessária e contingente presença do Outro, a alteridade essencial, presença/ausência, capaz de pôr em jogo o circuito das pulsões.

Voltemos ao estado anterior à fusão pulsional. De que elementos dispomos para pensar o que se passa com o bebê? O masoquismo primordial, nome freudiano do gozo, é adscrito à pulsão de morte, já que não se dirige para fora (no sentido do Outro), dando voltas sobre si, em fase virtual: "Isso não pensa; isso goza!" O sadismo originário, nesta aproximação metapsicológica, é protetor do aparelho psíquico, na medida em que, conseguindo "domar" a pulsão de morte, desvia-a, em

220 Cuidados no início da vida: clínica, instituição, pesquisa e metapsicologia

parte, para fora, na busca do objeto, marcando assim o circuito pulsional. A mistura pulsional (*Vermengung*) originária, sadomasoquista, possibilitará o caminho proporcionado por Eros, facilitando certa extração de gozo necessária ao funcionamento do aparelho. Doravante, o aparelho psíquico estará conjugado ao campo do Outro, que, embora já estivesse desde sempre, precisa fazer marca, circuito; precisa ser incorporado – possibilidade de fazer-se um corpo.

Freud resgata, em *Mais além do princípio do prazer*, que "o sentido da vida seria proporcionar, a cada organismo, seu peculiar caminho para a morte." Será este o "sentido da vida" do RN tomado por anorexia neonatal – o desmantelamento pulsional, mantendo-se o corpo esfacelado e entregue à apetência de morte? A desmescla pulsional (*Triebentmischung*) poderia explicar a perigosa exacerbação da pulsão de destruição, subdita à recusa, voltada exclusivamente contra o próprio incipiente aparelho, na medida em que fica impedido o percurso pelo Outro? O desamalgamento pulsional parece-nos, pois, a base funcional onde se apóia a anorexia neonatal.

Isto posto, poderíamos pensar em intervenções precoces (sempre tardias) que possibilitassem, através de um investimento Outro, a reanimação (de ânima) essencial do laço estruturante: função maternante e bebê? A criação da abertura ao princípio do prazer, o único que barra o gozo, não promoveria circuito pulsional, reanimando-se a apetência de viver do bebê, principalmente pelo investimento em outros registros pulsionais (especular e invocante)? A fala endereçada, a um e a outro, instrumento específico da espécie humana, não tem poder de garantir a existência? E por fim, não seria bem-vinda a prevenção em saúde mental, opondo-se o agente da intervenção a que o corpo do bebê seja tomado e lido como puro organismo?

Para que haja humano há que se supor vida psíquica.

REFERÊNCIAS

ANSERMET, F. [1999]. *Clínica da origem – a criança entre a medicina e a psicanálise*. Rio de Janeiro: Contra-capa, 2003.

BRAZELTON, K.B. e KREISLER, L. et al. *A dinâmica do bebê*. Porto Alegre: Artes Médicas Sul, 1987.

CRESPIN, G. C. *A clínica precoce: o nascimento do humano*. São Paulo: Casa do Psicólogo, 2004 – (coleção 1ª. Infância/dirigida por Claudia Mascarenhas Fernandes).

FREUD, S. [1911]. *Formulações sobre os dois princípios do funcionamento mental*. Edição Standard das Obras Completas de S. Freud. Vol. XII. Rio de Janeiro: Imago, 1976.

_____. [1920]. *Além do princípio do prazer*. Edição Standard das Obras Completas de S.Freud. Vol. XVIII. Rio de Janeiro: Imago, 1976.

_____. [1924]. *Neurose e psicose*. Edição Standard das Obras Completas de S. Freud. Vol. XIX. Rio de Janeiro: Imago, 1976.

_____. [1924]. *O problema econômico do masoquismo*. Edição Standard das Obras Completas de S. Freud. Vol. XIX. Rio de Janeiro: Imago, 1976.

_____. [1927]. *Fetichismo*. Edição Standard das Obras Completas de S. Freud. Vol. XXI. Rio de Janeiro: Imago, 1976.

_____. [1930]. *O mal-estar da civilização*. Edição Standard das Obras Completas de S. Freud. Vol. XXI. Rio de Janeiro: Imago, 1976.

LACAN, J. [1938]. *A família*. Lisboa: Assírio e Alvim, 1981.

_____. [1954]. Introdução ao comentário de Jean Hyppolite sobre a "Vernlinung" de Freud. In: *Escritos*. Rio de Janeiro: Jorge Zahar, 1998.

_____. [1959]. *O Seminário*, livro 7. Rio de Janeiro: Jorge Zahar, 1988.

_____. [1964]. *O Seminário*, livro 11. Rio de Janeiro: Jorge Zahar, 1979.

MATHELIN, C. [1997]. Da pulsão de morte ao desejo de vida, ou as vicissitudes de uma terapia intensiva. In Wanderley, D. (org.). *Agora eu era o rei – os entraves da prematuridade.* Salvador: Ágalma, 1999.

PENOT, B. [1989]. *Figuras de recusa – aquém do negativo.* Porto Alegre: Artes Médicas Sul, 1992.

UM CASO CLÍNICO DE INTERAÇÃO COM ALTO RISCO BIOPSICOSSOCIAL

MÃE AIDÉTICA, BEBÊ HIV NEGATIVO. CONSTRUINDO PONTES COM A NEUROCIÊNCIA

Iole da Cunha[1]

Este artigo pretende contribuir para a construção de uma nova síntese teórica das inter-relações entre o biológico e o psicossocial no cenário de uma situação clínica de alto risco.

A partir da experiência empírica de convivência com bebês prematuros e a termo, doentes ou sadios, seus cuidadores e famílias, fez-se a análise documental das fontes primárias com seleção bibliográfica de artigos e livros pertinentes, com ênfase no psiquismo especial da gestação, nas habilidades inatas do recém-nascido desde 22-23 semanas de idade gestacional até três anos, nas suas necessidades epigenéticas específicas, no papel das emoções no crescimento do cérebro em desenvolvimento e no seguimento de prematuros e recém-nascidos doentes egressos das Unidades de Tratamento Intensivo Neonatal (UTIN) tradicionais, além de teses médicas, de evolução filo e ontogenética, de etologia, psicologia, psiquiatria, biologia, filosofia e disciplinas

---

[1] Pediatra e Neonatologista, Preceptora de Residência Médica em UTIN do Hospital Materno Infantil Presidente Vargas, Porto Alegre, Rio Grande do Sul.

224 CUIDADOS NO INÍCIO DA VIDA: CLÍNICA, INSTITUIÇÃO, PESQUISA E METAPSICOLOGIA

que se ocupam de sistemas complexos como o cérebro, a mente e as modificações ocorridas na mãe ou cuidador, enquanto circunstância formadora da subjetividade do bebê em relacionamento com seu entorno.

A literatura médica tem sido pródiga em artigos e trabalhos que priorizam o estudo do psiquismo da gestante, do recém-nascido e das modificações subjetivas que ocorrem no processo de interação. Mas pouco tem sido escrito sobre o sintalismo[2] mente-corpo, na prática pediátrica. Pela análise de um caso clínico, acompanhado do nascimento até vinte e três anos de vida, nascido de parto normal em um banco de praça, de uma gestante em fase terminal de Aids, encaminhado à UTIN do Hospital Materno Infantil Presidente Vargas, Porto Alegre, tenta-se construir um modelo teórico de interação *cérebro-mente-comportamento* para entender o percurso do desenvolvimento do bebê.

Construindo pontes interdisciplinares, principalmente com a neurociência, procurou-se dirigir "novos olhares" para saber *quem é o individuo bebê*. De que forma ocorreu a mudança de *tábula rasa* para sujeito com habilidades e necessidades específicas; o desenvolvimento a partir de sua própria perspectiva, "de dentro para fora"; a gestação enquanto crise existencial com necessidades de suporte social; e quem cuida, como sujeito a ser cuidado.

As memórias da percepção internalizada, de emoções de afetos positivos, permitem ao bebê a capacidade de auto-regulação afetiva, organização dos ritmos comportamentais e aquisição das literacias, necessárias para a formação da individualidade. As emoções da vivência de afetos positivos geram sentimentos e proto-representações internas que podem ser resgatadas mesmo quando as circunstâncias de vida parecem incompatíveis com

---

[2] Sintalismo é um neologismo do novo paradigma da ciência e contrapõe-se ao dualismo do paradigma cartesiano. Diz respeito, basicamente, à relação mente-corpo e está bem descrito no prefácio do livro "Biologia da consciência - as raízes do pensamento", Coleção Epigênese e desenvolvimento do prêmio Nobel Gerald M. Edelman, Instituto Piaget, Basicbooks, 1994.

qualquer esperança de saúde mental futura. Na programação epigenética, a experiência interativa apropriada, por exemplo, de um bebê com seu cuidador, (o "outro", seu mundo ou circunstância) é aquela que determina homeostasia (homeostase ou homeodinâmica), ou seja um estado físico e psicológico isento de tensões, de tal modo que haja um equilíbrio do organismo em relação a suas várias funções e a composição química dos seus fluidos e tecidos, com manutenção da freqüência ventricular, da tensão arterial, da temperatura, da glicemia e dos neurotransmissores que regulam os comportamentos e harmonia entre brotamento sináptico e poda, ou seja, entre crescimento e inibição do tecido neural. Os circuitos neurais registram memórias mnemônicas (imprints) das experiências interativas de emoções, e desenvolvem no bebê o sentimento de estar-com-em-segurança ao mesmo tempo em que modificam a identidade do cuidador tornando-o competente, empático e contingente.

Com esta visão alguns aspectos desta situação clínica são analisados: 1) a relação mãe-bebê não nascido, 2) a importância do apoio social ou *mamaização* (capacitação) do cuidador que substituirá a genitora nos cuidados primários e, 3) como as proto-representações de afetos positivos são internalizadas e resgatadas em futuras situações de desamparo e distúrbios comportamentais, permitindo a necessária regulação afetiva com reforço da auto-estima para a recuperação do equilíbrio: o *presente rememorado*[3].

Para os profissionais do período pré, peri e pós natal do desenvolvimento, os aspectos analisados, aprofundam os conhecimentos sobre *quem é o indivíduo bebê* gerando mudanças de cuidados, que se estendem às competências maternas e familiares, necessárias para a prevenção dos distúrbios do desenvolvimento, ao mesmo tempo que se busca uma revalorização da biologia e um aprofundamento dos processos interdisciplinares que constituem a base de um novo paradigma científico.

---

[3] O momento presente é feito de memórias, que fizeram sentido no passado e que são resgatadas pela experiência vivenciada do presente.

Introdução

Os pediatras neonatologistas aprendem a lidar com a doença de seres tão imaturos como os recém-nascidos pré-termo de extremo baixo peso ou recém-nascidos a termo doentes, os quais provavelmente não sobreviveriam sem a tecnologia sofisticada, precisa, difícil e agressiva, aplicada nas UTIN. Entretanto, pouco é ensinado sobre os processos mentais, as percepções e o pensamento incipiente destes pequenos indivíduos. E também pouco, sobre o fato de a natureza tê-los dotado com habilidades e necessidades específicas, que devem ser satisfeitas pelos cuidadores, a fim de promover o crescimento adequado de seus cérebros em desenvolvimento (Cunha, 1991). Os cuidados em neonatologia são cada vez mais orientados no sentido de buscar a saúde global dos futuros sobreviventes egressos das UTIN (Cunha, 2002).

E nesse sentido, o caso clínico analisado neste artigo de revisão pretende sugerir um modelo de interação cérebro-mente, para entender como as memórias internalizadas de afetos positivos, em situação de alto risco relacional de uma mãe com seu bebê, foram rememoradas durante toda a vida da criança, salvando-a literalmente de uma provável derrocada psíquica. Os neonatologistas e demais profissionais presentes na gestação e no período neonatal, são os primeiros a terem a oportunidade de observar o bebê com seu cuidador: a mãe, o ambiente da UTIN ou outro que se ocupe de cuidar e constituir a circunstância do bebê. Segundo o filósofo Ortega y Gasset "eu sou eu e minha circunstância" e ao nascer uma criança, talvez não se possa modificar as percepções registradas pela circunstância intra-uterina, mas certamente o conhecimento das atividades ligadas à sua vida mental, poderá ser uma ferramenta poderosa, na identificação precoce e profilaxia de possíveis distúrbios do vínculo com a promoção de cuidados contingentes. Para tanto, os profissionais devem constituir-se em *leitores de mentes* para entender a linguagem pré-verbal do bebê e *decifradores de metáforas* para entender a linguagem materna.

OLHOS AZUIS: uma história

Numa fria noite de julho, Rogério é trazido a UTIN, bem aconchegado no capote do policial de ronda, que o aparou ao nascer. Com 3,300 kg e 51 centímetros saudáveis e uma expressão sedutora no olhar, cativa imediatamente os profissionais que o receberam. A mãe, Elisa, "menina de rua" portadora do vírus HIV, entra em coma e morre quando Rogério, assim nomeado pelos muitos pais e mães da UTIN, tem 18 dias. Já em condições de alta nessa época, sua avó Matilde é localizada e trazida, a contragosto, para conhecer o neto. A equipe utiliza-se de *estratégias de mamaização* para convencê-la a *maternar* seu neto. É necessário ajudá-la a *se deixar seduzir por Rogério*.

— "*Veja Matilde, como ele é competente e um vencedor, pois é HIV negativo. Veja como ele prefere teus olhos azuis. Ele está perguntando se vais cuidar dele, se pode dormir tranqüilo, pois vais velar por ele?*" E ela, embora ainda não seduzida, com alguma relutância, concorda em levá-lo a seus cuidados.

Na primeira revisão, Rogério tem um mês e a avó verbaliza que está bastante contrariada, acusando a equipe de tê-la constrangido a cuidar dele. Mas, observando-a, sente-se que rejeição e acolhimento estão em equilíbrio. Seus olhos azuis, antes metálicos e frios, têm novo brilho quando encontram os de Rogério, que sorri e balbucia sempre que encontra os dela.

Na segunda revisão, Rogério tem três meses, é uma criança calma, participativa, com ritmos.

"Ele é meu parceiro. Nunca me senti assim tão amada. Aprendi a cantar a canção de ninar que nunca cantaram para mim, conto a ele minha vida, meus pecados, como eu sou boa e como eu sou má. E ele me entende. Aprendo com ele a recuperar a criança que não fui. Sabe, estou até escrevendo um diário. Ele vai saber que a família dele, que agora sou só eu, com todas as mazelas, foi a melhor família do mundo, pois foi a que o gerou. E Elisa, drogada e aidética, foi a melhor mãe, porque não deixou que ele se contaminasse

228 CUIDADOS NO INÍCIO DA VIDA: CLÍNICA, INSTITUIÇÃO, PESQUISA E METAPSICOLOGIA

com sua infelicidade. Estou aprendendo a ser a mãe que não fui para Elisa". Rogério fixa os olhos azuis da avó, concordando e logo os olhos azuis da pediatra, parecendo identificar uma semelhança entre os dois cuidadores, avó e pediatra, sorri e adormece...

Rogério tem três anos e faz sua terceira visita ao pediatra. É um menino sadio e afetuoso. A pediatra pergunta se ele a reconhece: *"Eu sei tia, que tu e a vovó têm olhos iguais. A vó canta para mim o dorme tranqüilo que tu ensinou para ela. Tu contou histórias pra ela que ela conta pra mim e eu gosto muito...".*

Na sua quarta visita, Rogério está acompanhado por uma tia-avó, proveniente de outro estado para cuidar de Matilde, doente, e que morre alguns dias após, aos 77 anos. A nova cuidadora é solteira, não tem filhos e a única da família que pode tomar conta de Rogério. Não esconde sua contrariedade com a tarefa. Sua atitude com o menino é fria e de rejeição. A consulta satisfaz a um pedido de Matilde, que a incumbiu de entregar à pediatra uma carta de agradecimento, com algumas páginas do diário que ela lhe havia sugerido escrever.

Rogério tem 23 anos. Busca sua antiga pediatra, para que atenda o nascimento de seu filho.

Ele reconta sua história a partir da morte da avó. De como se sentiu rejeitado em seu novo lar, foi viver nas ruas aos 12 anos, *"viciado em drogas e menino de rua, como minha mãe".* Sua internação numa instituição pública, drogado. Como, ao acordar depois de oito dias em coma, encontrou os olhos azuis da "vovó voluntária" da instituição e nesta experiência de *olhar o azul,* rememorou o bem-estar de ser embalado por Matilde ao som de, *"dorme tranqüilo meu bem... Lá no céu o prateado luar, sobre o berço já vem, para teu sono velar..."* Segundo suas palavras, esta lembrança rememorada mudou seu presente e seu futuro. Passou a viver com vovó Mila, inicialmente nos fins-de-semana e logo definitivamente. Lembrou como conseguiu graduar-se em Direito e reencontrou o amor nos belos olhos azuis de sua atual mulher, Mara. *Mas principalmente – relata*

emocionado –, como lembrar dos olhos da avó, ou mesmo a
simples visão de um céu azul, resgatavam a sensação de bem-
estar que seus cuidados lhe haviam prodigalizado e conferiam
sentido à sua então triste vida, ao ponto de modificá-la!

Comentários

Gestação desejada

Elisa engravidou quando estava na fase final da Aids, já com manifestações neurológicas irreversíveis, tuberculose sistêmica e extrema desnutrição. Intrigou os profissionais que cuidaram de Rogério, encaminhado à UTIN, o fato de parecer muito saudável e competente, apesar das grandes chances de ter sido contaminado. Não apresentava sinais clínicos ou laboratoriais da doença e nem testes positivos de infecção pelo HIV. Como poderia tal gestação ter evoluído em condições maternas tão deterioradas? O que teria protegido Rogério de tantos riscos de contaminação transplacentária? As informações de pessoas amigas de Elisa eram incontestes e não discordantes quanto às mudanças que a gestação lhe havia produzido. No estágio final da doença, já selada com o carimbo da morte, tornou-se uma pessoa extremamente alegre e segundo as palavras de uma amiga *"uma cabeça tão cheia de planos como sua barriga"*. Conversava continuamente com o bebê não nascido e dizia que ele era a sua eternidade. Pesava 36 kg quando engravidou e tinha 1,68m de altura. Sua aparência não deixava dúvida quanto à extrema debilidade física, mas parecia iluminada pela alegria emanada do ventre que "abraçava".

A ciência não abriu as portas para certos temas que ainda repousam nas sombras, mas que ressurgem quais fantasmas de memórias quando se vivenciam situações clínicas que mais parecem ficções. Mas, as ficções permitem ao cientista formular hipóteses,

230 CUIDADOS NO INÍCIO DA VIDA: CLÍNICA, INSTITUIÇÃO, PESQUISA E METAPSICOLOGIA

procurá-las e confirmá-las. A depressão materna durante a gestação, bastante estudada, se insere na trajetória do estresse, liberando uma série de hormônios glicocorticóides que são processados pelo córtex límbico-órbito-frontal, tanto da mãe como do bebê, gerando sentimentos de medo e morte e problemas de crescimento e desenvolvimento no concepto. No caso em questão, há grande falta de pesquisas sobre a função e o valor da *alegria* na gestação. Pode-se teorizar que a alegria materna determina no feto a percepção de emoções, de afetos positivos, gerados pelos neurotransmissores endorfínicos que chegam via trans-placentária, resultando em bem estar, homeostasia e sentimentos de-estar-com-em-segurança. E perceber a maravilhosa sensação de que a alegria na gestação o protege dos efeitos danosos de hormônios e outras substâncias secretadas pelo estresse. E é talvez isto que determina o futuro do indivíduo e sua "cultura" relacional com o mundo... (Lebovia, 1987).

Cuidados contingentes - Mamaização

A neonatologia é uma jovem disciplina, ainda não cinqüentenária. Mas nos últimos quinze anos grandes mudanças ocorreram, porque os agentes de saúde da UTIN aprenderam a reconhecer no recém-nascido um indivíduo que necessita receber, junto com a excelência tecnológica que o salva fisicamente, cuidados contingentes que assegurem sua saúde mental. Aprenderam também, que os familiares, principalmente a mãe, estão imersos na *crise existencial da gestação*. E também, que a mudança de identidade de filha da sua mãe para mãe de seu filho, necessita de apoio social para ocorrer.

Continuar a cuidar do bebê após a alta hospitalar, implica em que a mãe possa estabelecer com ele um vínculo e criar um "ninho" seguro. A *mamaização* baseia-se em alguns princípios que hoje a neurociência, com a descoberta dos neurônios-espelho, pode explicar melhor: *enação*, pela definição de Lebovici, é uma habilidade que possibilita ao médico perceber no seu próprio corpo, fenômenos que o paciente vivencia de forma confusa; *empatia* é a tendência para se sentir o que se sentiria, caso se estivesse na situação e circunstâncias experimentadas por outra pessoa; *empatia metaforizante* é a situação na qual os cuidadores captam a comunicação silenciosa que ocorre entre o bebê e seus pais.

O presente rememorado

Prêmio Nobel em medicina, o neurocientista Gerald M. Edelman em sua brilhante tese sobre a teoria da seleção dos grupos neurais, sugere uma explicação para o fato de que algumas experiências, quando repetidas ou mesmo pensadas ou sonhadas, recuperam certas emoções de sentimentos e representações anteriormente vivenciadas. Segundo ele, a experiência continuada de certas vivências, quando têm uma significação especial para quem a percebe, geram um estado físico e mental isento de tensões e com homeostasia. Esta experiência rememorada envia impulsos que selecionam no cérebro certos grupos ou redes neurais, através da formação das sinapses. A experiência continuada imprime registros (*imprints*) de memórias, capazes de serem ativados, sempre que algum estímulo recupera o sentimento por ela provocado (Odent, 2007). No início da vida, pelo menos desde 21 semanas de gestação, diferentemente do que se pensava antes da neurociência e da observação atenta dos bebês, o sistema límbico-orbito-frontal direito (ou córtex límbico-órbito-frontal direita) já está maduro para permitir ao bebê não nascido ou prematuro, se for o caso, obviamente *ao bebê de zero a três anos*, a *capacidade de categorização perceptual*; ou seja, a percepção do sentimento de *estar-com-em-segurança* ou de estar-com-em-desamparo (Schore, 1994).

232 CUIDADOS NO INÍCIO DA VIDA: CLÍNICA, INSTITUIÇÃO, PESQUISA E METAPSICOLOGIA

Acompanhar o crescimento de Rogério foi um grande aprendizado *de quem somos e porque somos como somos*. Permitiu também entender um pouco deste fantástico *sintalismo* mentecorpo que deverá, certamente, modificar os olhares dos profissionais de saúde na relação com seus pacientes. Por outro lado, reforça a importância do conhecimento consiliente, para o diagnóstico precoce e prevenção dos distúrbios do desenvolvimento, ensinando os referidos profissionais, principalmente no período pré e peri-natal, a *cuidar de quem cuida*. Ou seja, uma nova função para o pediatra neonatologista, qual seja a de promover os cuidados contingentes e as competências maternas e familiares.

REFERÊNCIAS

CUNHA, I., *Treinamento perinatal: conhecimentos básicos para a promoção de uma melhor qualidade de vida.* Capítulo 8, 77-85. Porto Alegre: Sagra: DC Luzzatto, 1991.

_____. A revolução dos bebês. *Psicanalítica. A revista da SPRJ.* Volume II – número 1 – 2002.

_____. *Neurobiologia do vínculo. Novos olhares sobre a gestação e a criança até os 3 anos. Saúde perinatal, educação e desenvolvimento do bebê. Parte IV: O desenvolvimento da criança e a formação da individualidade.* 353-387. L.G.E. Editora Ltda., 2002.

EDELMAN G. M., Bright Air, Brilliant Fire *On the matter of the Mind.* Library of Congress Cataloging-Publication

LEBOVICI, S., O bebê, a mãe e o psicanalista. Porto Alegre: Artes Médicas, 1987.

ODENT M., The function of joy in pregnancy. Journal of Prenatal and Perinatal Psychology and Health. *JOPPPAH* 21(4) 307-313, 2007.

STERN, D., O mundo interpessoal do bebê – uma visão a partir da psicanálise e da psicologia do desenvolvimento.

SCHORE Allan N., *Affect regulation and the origin of the Self. The neurobiology of emotional development.* Lawrence Erlbaum Associates, Inc., 1994.

Caso clínico: a pequena Elizabeth.
A separação e suas metábolas

Wagner Ranña[1]

A mesma frase musical repetida com estrutura harmônica e orquestral diferente constitui uma metábola. Na música, em que o termo metábola é usado, temos dois bons exemplos: o *Bolero* de Ravel e a *Quinta Sinfonia* de Beethowen, que são obras-primas nos quais a repetição é a característica marcante. Uma seqüência básica é sempre redesenhada harmonicamente, tornando-se outra coisa, outra frase musical, efeito das várias estruturas polifônicas da frase musical básica. É como uma metáfora musical, situando-se no plano pré-verbal.

Metábola é também utilizada no sentido de metabolismo, que consiste no trabalho que o organismo faz para transformar o que foi absorvido, em matéria para o próprio organismo. Em psicanálise, seria a digestão das inscrições psíquicas que o sujeito recebe do outro e as modifica, singularizando-as. É evocada por Silvia Bleichmar para descrever o que ocorre nos

---

[1] Docente da Faculdade de Medicina da Universidade de São Paulo nas áreas de pediatria e medicina de saúde da família e comunidade, Docente do Instituto Sedes Sapientiae, Coordenador e Supervisor de Projetos da Saúde Mental de Crianças e Adolescentes, Autor de trabalhos pioneiros na área de psicoterapia com bebês, Organizador e co-autor da série *Psicossoma*, Casa do Psicólogo, São Paulo.

234 CUIDADOS NO INÍCIO DA VIDA: CLÍNICA, INSTITUIÇÃO, PESQUISA E METAPSICOLOGIA

processos de constituição do inconsciente e subjetivação do sujeito nas suas origens, os quais estão intimamente ligados às relações estruturantes com as figuras parentais, mas conservam sua singularidade, dando origem a um novo sujeito.

Laplanche trabalha o conceito de metábola, referindo-se ao metabolismo que o inconsciente infantil coloca em andamento ao ser invadido por uma representação que vem do OUTRO adulto, modificando-a e imprimindo-lhe uma nova forma significante. Dessa forma, esses autores assumem uma posição crítica à concepção kleiniana, que considera os representantes pulsionais como já dados pela genética, ou pela filogênese, de um lado e de outro lado a concepção lacaniana, ao conceber a constituição do sujeito como uma inscrição direta do desejo do outro.

O posicionamento de Silvia Bleichmar abre um importante debate entre as concepções das escolas da psicanálise da criança, nas suas vertentes teóricas assinaladas, advertindo-nos para o fato de que existe o outro do bebê, sem o qual o sujeito não advém, mas este advir apresenta suas próprias elaborações, metabolizando o que vem do outro. Embora alienado e capturado pelo desejo do outro, desde a origem, o inconsciente do bebê já expressa uma singularidade. A ênfase na diferenciação entre recalque primário e recalque secundário pode então nos orientar para esclarecer os complexos processos de constituição do aparelho psíquico e de intervenção nesses momentos iniciais.

Essa introdução é necessária, pois entendemos que as intervenções precoces são diretamente influenciadas pela forma como concebemos as origens do sujeito psíquico. O objetivo de nosso trabalho é discutir os dispositivos que podemos lançar mão nessa modalidade de intervenção terapêutica, dando destaque à questão do lugar dos pais na psicanálise com crianças (Sigal, A. M R., 2002), e, no caso que será aqui relatado, à posição dos pais na psicanálise com bebês, bem como àquilo que de singular acontece na expressão sintomática da criança.

Partindo da proposta de criar espaços de debate para as modalidades de atendimento ao bebê e contribuindo para o tema da clínica das intervenções precoces e seus efeitos, vamos apresentar o relato de um caso de terapia conjunta pais-bebê. O desenvolvimento das técnicas de intervenção precoce é central neste riquíssimo campo da clínica com bebês, ou a clínica da origem, seguindo François Ansermet (Ansermet, F., 2003), tendo sido objeto de um artigo anterior apresentado no Encontro da ABEBÊ em Brasília (Ranña, 2004).

Questionamos os enfoques nas supostas "prevenções", ou nos "sinais de risco". Desta forma, valorizamos as intervenções que se dão a partir de um acontecimento presente e, portanto, o que é considerado um sinal de risco em algumas perspectivas, aqui é tomado como elemento sintomático de um transtorno ou sintoma presente no bebê e que demanda intervenção. Trata-se aqui de um *a posteriori*, embora muito cedo na perspectiva do tempo linear, mas de um quadro constituído precocemente, de acordo com uma perspectiva do tempo lógico e de uma ampliação do que consideramos enquanto expressões de sofrimento psíquico, ou problemas na constituição subjetiva de um dado bebê. O aspecto preventivo ou profilático não se trata aqui a nosso ver, de uma orientação no sentido de tornar o bebê vacinado contra as vicissitudes psicopatogênicas que cada indivíduo vai enfrentar na sua estória, mas trata-se de discutirmos os dispositivos necessários para uma intervenção sobre aquilo que se já se expressa como efeito traumático do encontro desse dado bebê com os conflitos parentais e papéis estruturantes desempenhado pelos mesmos. A intervenção possível incide nessa trama de inconscientes que ocorre no presente, trama que pode se constituir numa dinâmica paralisadora, por vezes mortífera para a subjetividade emergente no bebê. Por outro lado, não devemos deixar de ter como aliados a grande plasticidade e mobilidade que o psiquismo do bebê apresenta nesses momentos iniciais da fundação do inconsciente, para redirecionarmos uma via estruturante mais livre de emboscadas e estagnações.

236 CUIDADOS NO INÍCIO DA VIDA: CLÍNICA, INSTITUIÇÃO, PESQUISA E METAPSICOLOGIA

Devemos também diferenciar o que pode ser considerado um transtorno, daquilo que é um sintoma. O transtorno se refere a um excesso pulsional, ou uma falha simbólica que determina a eclosão de algo no corpo, ou no agir, por estar fora de inscrições simbólicas que dariam conta de um processo em rede, ligando o excesso à cadeia significante. O funcionamento psíquico do sujeito está predominantemente sob a égide da lógica da pulsão de morte, naquilo que entendemos ser o ponto limite entre o representado e não representado. Esse funcionamento está na origem do que se denomina hoje de clínica do real. No ponto onde atuam forças ligadoras e forças desligadoras do vivenciado pelo novo ser no seu encontro com o adulto cuidador. É nesse ponto que vamos encontrar os aspectos metapsicológicos para entendermos os transtornos psicossomáticos, as atuações, o agir impulsivo e extravasamento direto do inconsciente, como nas psicoses (Bleichmar, S., 1994). Já o sintoma analítico refere-se ao retorno do recalcado, implicando deslocamentos e condensações do material psíquico já inscrito no inconsciente e submetido às forças da dinâmica do aparelho psíquico clivado em tópicas pelo efeito do recalque secundário. Esse aspecto é importante para podermos adiante discutir o que ocorre com o bebê, cujo psiquismo ainda não está constituído pela marca da clivagem das tópicas e, portanto mais ligado à vertente dos transtornos, diferentemente dos adultos, que por já estarem *a posteriori* do recalque secundário, possuidores de uma tópica completa, estariam com substrato psíquico para apresentar um sintoma em cuja formação existe um recalque.

Quando estamos diante de um transtorno, e principalmente diante de um transtorno em um bebê, o que se nos apresenta, como problema metapsicológico, é podermos entendê-lo a partir de referenciais teóricos que não façam do transtorno algo que se origina num inconsciente primitivo e biológico, dado desde sempre, nem o tome como efeito direto e em espelho, daquilo que se passa no inconsciente dos pais. Devemos advertir, no entanto, que os conceitos de função materna, narcisização, libidinização, mãe fálica e metáfora paterna, bem como o conceito de estágio de espelho na concepção lacaniana são ferramentas indispensáveis para esse campo da intervenção terapêutica, contribuindo para desvelar a trama significante dos transtornos ou dos sintomas naquilo que eles têm de articulação com a posição do bebê alienado na conflitiva ou no desejo dos pais (Lacan, J., 1998 e 1999). Porém não devemos deixar de considerar o bebê como já ocupando o lugar de um novo ser, lançando mão de dispositivos que dêem conta de incluir diretamente o bebê no processo terapêutico, naquilo que ele já tem como sujeito.

Focando a questão dos dispositivos, enfatizaremos aqueles que objetivam uma intervenção no bebê, em que destacaremos as dificuldades decorrentes da ausência da linguagem e a singularidade lúdica do mesmo. Além disso, enfocaremos também os dispositivos que tentam contornar os problemas decorrentes das resistências dos pais, que ao demandarem uma ajuda para enfrentar os problemas com o novo ser em constituição, nem sempre estão dispostos a perceberem suas implicações no problema. A nosso ver são esses dois aspectos os que constituem as maiores dificuldades que enfrentamos nesse tipo de terapia (Debray, R., 1988).

Trata-se do caso de um bebê de um ano e seis meses, que vamos chamar de Elizabeth e, que desde os seis meses de vida vinha apresentando crises de apnéia, ou crises de perda de fôlego, ou ainda de espasmo do soluço (são nomes diferentes do mesmo fenômeno). Elizabeth, sua mãe Rita e seu pai Túlio estiveram em psicoterapia conjunta pais-bebê sob minha responsabilidade por oito meses.

O caso chegou até mim através de um encaminhamento do pediatra a partir de sua participação em um curso de psicanálise para pediatras, no qual tivemos a oportunidade de discutir com o mesmo alguns aspectos do caso. Relata o pediatra que a criança vinha apresentando mais de dez crises de perda de fôlego por

238 CUIDADOS NO INÍCIO DA VIDA: CLÍNICA, INSTITUIÇÃO, PESQUISA E METAPSICOLOGIA

dia. Estava recebendo anticonvulsivante, receitado pelo neuropediatra consultado. A pediatra expressa sua preocupação com uma morte súbita, pois o bebê tinha crises muito freqüentes e longas. Pela gravidade do caso e pelo interesse da pediatra nos colocamos à disposição para um estudo do caso.

O espasmo do soluço

O espasmo do soluço é um distúrbio funcional que foi estudado pelos psicossomaticistas da escola de Paris, principalmente Leon Kreisler, Michael Fain e Michael Soule (Keisler, L. et al, 1981). Segundo esses autores, estaria relacionado a três aspectos: no plano somático, uma descarga vagal, com síncope: uma parada cardíaca instantânea com retomada dos batimentos após alguns segundos; do lado psíquico, uma mãe ou outra pessoa importante na vida do bebê muito dominadora ou dominada por ele; que tem as crises desencadeadas por uma contrariedade, ou, por uma interação colorida de brutalidade.

Falhas nos processos de simbolização e de inscrição do objeto, aliadas à intensidade dos afetos vivenciados, resultam em uma não "realização alucinatória", sendo, portanto, a falta ou a frustração, desencadeadoras do trauma em função da impossibilidade de suportar a ausência, não ocorrendo uma inscrição psíquica do real. É comum encontrar nas crianças que tem esse fenômeno uma associação com a insônia, o que estaria de acordo com a hipótese de uma falha na função onírica. Trata-se, portanto, de um transtorno ou fenômeno psicossomático. As síncopes dos adultos diante de visões traumáticas ou de procedimentos dolorosos seriam um equivalente do espasmo do soluço.

Existem dois tipos de crises: as pálidas, ligadas ao pavor e relacionadas às relações com arroubos de brutalidade, e as roxas ou cianóticas, ligadas a sentimentos de ira, nas quais a crianças exerce um domínio sobre seus cuidadores.

De nossa parte, pensamos num processo em que ocorre um investimento maciço num objeto único, sem deslocamentos e um fantasma ligado à ausência do objeto, o que é vivido como grande ameaça. O objeto fica na lógica da necessidade, não se desloca como objeto de presença-ausência e não se inscreve na lógica da falta. Ocorre uma falha no circuito pulsional. Podemos também dizer que, diante da ausência, o bebê não consegue aliviar a intensidade dos afetos ligados à situação traumática através de um jogo, como por exemplo, o *Fort-da*, descrito por Freud (Freud, S., 1920). A impossibilidade de suportar a ausência, bem como a falta de fenômenos transicionais que dessem conta de uma defesa frente à ausência parental, está relacionada a aspectos do lugar imaginário que o bebê ocupa no inconsciente dos pais.

Recebemos após alguns dias a criança e seus pais para uma primeira entrevista com um dossiê contendo vários exames, todos normais.

A investigação clínica nos casos de psicoterapia conjunta pais-bebê, quando o bebê apresenta um problema psicossomático deve incluir:

– um estudo do sintoma do bebê na sua expressão somática, pelo pediatra;

– a observação do comportamento do bebê na sua interação com os pais, com o psicoterapeuta e com os objetos, atentando para suas possibilidades lúdicas;

– A escuta dos pais para identificar os elementos da interação fantasmática e o lugar do bebê no desejo dos pais.

É do conjunto dessas intervenções que vamos poder desvendar a trama da rede de significados articulada ao acontecimento sintomático e revelar o enigma que se nos apresenta.

No primeiro contato, ficamos conhecendo o pai, a mãe e o bebê. Os pais mostram-se muito assustados, interrogando sobre o risco de morte súbita e expressando muita esperança na

240 CUIDADOS NO INÍCIO DA VIDA: CLÍNICA, INSTITUIÇÃO, PESQUISA E METAPSICOLOGIA

nossa ajuda. De saída emerge o medo ou o pânico de morte. Esse aspecto é importante, pois, de um lado os pais necessitam serem contidos em sua ansiedade, de outro, já anuncia um eventual deslocamento para o bebê de um fantasma parental: de quem é o medo de morrer, ou, o que pode morrer?

Digo aos pais que, primeiramente, eu faria uma observação do bebê, pois a técnica recomenda que inicialmente nos ocupemos do sintoma e da observação do bebê, pois é este o caminho mais eficiente para construir a transferência com os pais e não mobilizar suas resistências, conforme aponta Rosine Debray (Debray, R., 1988). A mãe, em tom de brincadeira diz: esta é a Elizabeth "furacão" e vai te dar um baile. Pergunto o porquê desta afirmação, e os pais respondem que ela é exigente, insistente e ninguém consegue nada com ela, e, além disso, quando contrariada tem as crises. Estas colocações evidenciam a posição de domínio do bebê e de submissão dos pais aos seus desejos. De saída, podemos pensar que existe um excesso (já que Elizabeth é furacão!) e uma falha dos pais nessa afirmação, que se sentem dominados pela criança. Dessa forma, também fica comprometido o lugar de fragilidade e vulnerabilidade da criança.

Os pais relatam que o bebê, quando contrariado ou quando sofre algum trauma que o leva a sentir dor ou desconforto, entra em choro agudo, revira os olhos, fica hipertônica, em opistótono, pára de respirar, fica roxa e por último, desmaia, passando muito tempo inconsciente. Os pais saem desesperados em busca de socorro, sendo que já foram várias vezes aos serviços de urgência dos hospitais próximos de casa. Nesses atendimentos, a criança recebe medicamentos para convulsões, inclusive atualmente, está tomando medicação anticonvulsiva prescrita por neurologista.

Durante o exame clínico, a criança teve uma crise que deixou a pediatra muito assustada. Nas sessões de terapia, foi possível identificar que as crises ocorrem principalmente em situações nas quais é contrariada pela mãe, sendo mais raro ter o desmaio na relação com outras pessoas, inclusive com o pai.

Elizabeth fala poucas palavras, não brinca e está o tempo todo ligada à presença real da mãe, mantendo contato olho a olho com ela durante os primeiros momentos da observação.

Em nosso primeiro contato ofereço um brinquedo, reproduzindo a "situação estabelecida" de Winnicott (Winnicott, D.W., 1978), mas a criança recusa o brinquedo e também o contato pelo olhar comigo. Logo após, o aceita, e iniciando um jogo de esconde-esconde com os olhares, desce do colo da mãe e chega até a caixa de brinquedos. Demonstra estar com medo de abrir a caixa, mas logo pede para abri-la e inicia jogo com os brinquedos. Os pais ficam admirados com a interação e desenvoltura do bebê na sessão. Vejo que se trata de uma criança sadia, muito esperta e que, após a hesitação inicial, fica à vontade na sessão. Onde está a "Elizabeth furacão"? A sessão contribui para deslocar os representantes imaginários dos pais sobre a criança, abrindo possibilidades de novas inscrições psíquicas, sendo extremamente importante que as mesmas advenham da situação real criada na sessão e que o bebê participe ativamente nesse processo.

Na entrevista direta com os pais ficamos sabendo que Elizabeth é a segunda filha do casal, que tem outra mais velha de 12 anos, uma adolescente exemplar. Já estavam separados quando a gravidez ocorreu, em função de um encontro "casual". O nascimento do bebê, e, principalmente a doença da criança fizeram o casal retomar o casamento. Esse relato vem levantar questões não pensadas até então, pois a criança emerge em condições especiais, em que a vida dos pais se vê muito alterada nos seus supostos objetivos pessoais. Metaforicamente muitas coisas "morreram" ou "viveram" com o aparecimento do bebê.

A técnica psicoterapêutica proposta vai incidir sobre três eixos: primeiro focado no bebê, para trabalhar as inscrições de cadeias colaterais de escoamento da pulsão, diminuindo sua violência

242 CUIDADOS NO INÍCIO DA VIDA: CLÍNICA, INSTITUIÇÃO, PESQUISA E METAPSICOLOGIA

(Bleichmar, S., 1994, p. 23). Ou seja, colocar o bebê em situação lúdica, além de ajudar a revelar o sentido do sintoma, cria possibilidades de outras inscrições e de escoamento menos violento da excitação, criando um *setting* continente para os pais, dominados pela gravidade da situação, vivendo uma neurose traumática. Segundo, criar uma situação que produza deslocamentos e novas posições do bebê no discurso dos pais. O terceiro eixo consiste em abrir espaço para que emerjam os elementos parentais implicados. Neste ponto, procuramos fazer sessões com o casal e com os pais em separado.

É importante ressaltar que aquilo que se manifesta no agir da criança é da ordem do impensável e que os seus significados emergem de um duplo movimento, tanto no psiquismo dos pais como no do bebê: um movimento de desrecalcamento, bem como um movimento de inscrição e significação *après-coup*. Fizemos um contrato de sessões semanais que seriam divididas em dois momentos: um com o bebê e outro com os pais, juntos ou separados.

Primeiras sessões: quando tentamos deixar o bebê sozinho, sem a mãe, ela entra em pânico, um super pânico. Este acontecimento inesperado abre o processo da transferência terapêutica, pois o que era desmaio fora do *setting* terapêutico, nas sessões torna-se pânico ao ver-se impossibilitada de visualizar a mãe. Mesmo com o pai tentando acalmá-la, o choro desesperado não estanca. Elizabeth nunca desmaia nas sessões. Este fato é indicativo de que houve para-excitação, deslocamento e, portanto é também indicativo de que um processo transferencial estava ocorrendo. Algo no campo da para-excitação, sustentada pela transferência, ocorria. O fantasma ligado ao sintoma no inconsciente dos pais também deve ter sofrido um deslocamento, ou, uma ligação simbólica, não pela(s) via(s) da(s) interpretação, o que não estava sendo feito pelo terapeuta, mas pela via da inscrição simbólica que as sessões e a transferência podiam desencadear. Os fantasmas estavam emergindo de um estado de pura excitação para a ordem do inscrito no aparelho psíquico. Podemos dizer que algo da via do retorno do recalcado estivesse operando no psiquismo dos pais, mas no bebê, a via da inscrição operava exclusivamente.

Nas sessões, o trabalho com o bebê utilizava-se dos seguintes dispositivos:

O jogo do cadê (esconde-esconde).
O jogo da espátula.
O jogo da presença e ausência dos objetos.
O jogo da presença e ausência da mãe.

Elizabeth vai enriquecendo os jogos, assim como seu repertório de palavras e gestos. No meio de cada sessão tentávamos ver se ela suportava o desaparecimento da mãe, o que desencadeava a crise de pânico, mas sem os desmaios. Ao final de algumas sessões, ela não permitia que a mãe saísse da sala, mas, ao invertermos a situação colocando-a numa posição ativa – ela saindo comigo da sala para dar um passeio pelo corredor – ela já não entra mais em pânico com o desaparecimento da mãe.

No final de cada sessão os objetos são colocados na caixa e depois no armário e Elizabeth vai aos poucos aceitando se despedir deles. Pede para levar um brinquedo escolhido, eu não permito. E ela aceita o limite, para surpresa dos pais. No início das sessões entra e fala: "abi", apontando para o armário. As possibilidades de lidar com a presença e a ausência dos objetos estão bem mais arborizadas na rede psíquica do bebê.

Em uma sessão, pergunto sobre a existência de objetos transicionais e eles não existem. Discuto com os pais o que a ausência de tais objetos pode significar. Na sessão seguinte, os pais dizem que Elizabeth adotou naquela semana uma boneca como companheira e que quando contrariada, chora e vai buscar a boneca, agarrando-se a ela. Este comportamento revela que o bebê já está suportando a ausência dos objetos e principalmente dos pais, através de representações psíquicas e objetos transicionais. Os desmaios passam a ocorrer em uma freqüência bem menor, chegando a ficar um dia inteiro sem ocorrências. Em um contato com a pediatra, optou-se pela retirada gradual do anticonvulsivante. Tal conduta não gerou nenhum efeito de recaída com relação aos desmaios.

A partir desse ponto o trabalho de escuta dos conflitos e fantasmas parentais passa a ter um terreno mais fértil, tanto pela transferência, como pelo fato de que o trauma das crises do bebê os deixava sem possibilidades de abrir as vias psíquicas para inscrições e desrecalcamentos.

Sessões com a mãe: Rita fala sempre dos desmaios do bebê, indagando se irá ficar boa ou se poderá morrer. Depois deste ritual fala do pai, contando que ele a abandonou por causa de um envolvimento afetivo com outra pessoa. Conta que com a outra filha foi uma mãe adequada, mas Elizabeth a "tirou do eixo". Repete suas perguntas sobre os riscos que corre Elizabeth e indaga sobre as possíveis seqüelas produzidas pelos desmaios. Fala que teria uma coisa para revelar, mas não tem coragem. Nesse momento, pede para interromper a sessão e sai quase abruptamente da sala. A sessão tem uma "morte súbita", ou um "espasmo do soluço". Algo muito forte está para ser falado. O "desmaio" da sessão com a mãe é uma metábola da crise de perda de fôlego do bebê. Assim, podemos pensar que existe algo da ordem do indizível, que talvez seja também da ordem do impensável. Cabe ao terapeuta sustentar o desejo da própria paciente falar e deixar que possa fazê-lo no seu tempo. Mas um bom caminho já percorremos até aqui.

Em várias sessões a mãe hesita sobre retornar à conversa iniciada. Até que pede para retomar a questão, depois de repetir as mesmas perguntas sobre morte, seqüelas e evolução do bebê. Sob grande emoção, conta que a separação do marido era "caso resolvido", que ela antes era forte e independente, mas depois que engravidou, deprimiu, enfraqueceu e desejou abortar. Não se perdoa, nem ao marido por isso, e chegou a pensar, em seguida, em acabar com a própria vida, ou ainda, com a vida "daquela" – referindo-se à nova relação do marido. Os pensamentos envolvendo o infanticídio, o suicídio ou um assassinato puderam então ser falados, sob forte emoção.

Como a revelação foi inesperada, uma vez que a mãe falou de seus pensamentos num ato impulsivo, Elizabeth acabou ouvindo as palavras maternas, pois tudo se passou de forma muito inesperada. Elizabeth, que naquele momento brincava no chão, pára de brincar, sobe no colo da mãe e começa a fazer para mim uma cara de assustada, enterrando a cabeça entre as costas da mãe e o encosto do sofá, mostrando que estava perfeitamente sintonizada com a intensidade dos relatos maternos. Entendemos que a colocação de sentimentos tão violentos em palavras pela mãe e em gestos pela criança, era uma forma de mostrar a violência do que estava sendo dito. Mãe e bebê, juntos, demonstram os efeitos psíquicos de uma situação traumática, até então indizível.

Os representantes psíquicos ligados à cena eram próximos demais do real para serem expressos pela via psíquica, mas escoavam pela vertente somática e pela vertente do agir, originando os transtornos no bebê e as atuações dos pais. Porém, nesse momento a linguagem toma seu papel, duplamente reveladora e instauradora de uma instância psíquica.

Sessões com o pai: Túlio começa falando que Elizabeth domina Rita, mas que estão melhorando. Conta que se casou com a Rita e viveram bem por um tempo, mas a relação se desgastou. Eles chegaram a se separar e ele estava apaixonado por outra pessoa, "mas eles se encontraram e rolou uma relação sexual". E, segundo ele, foi na "mosca", pois veio a Elizabeth. Frente à doença da filha e sob a pressão de seus familiares, voltou a viver

246 CUIDADOS NO INÍCIO DA VIDA: CLÍNICA, INSTITUIÇÃO, PESQUISA E METAPSICOLOGIA

com a mulher. Após alguns meses, começou a ter crises de pânico quando ia trabalhar. Perdeu o emprego, a namorada. Perdeu o eixo de sua vida. Não sabe mais o que fazer.

Em uma determinada sessão conjunta os pais entram na sala dizendo que agora descobriram que o problema da Elizabeth não é convulsão, ou outra doença neurológica, mas sim, que ela não suporta separações! O terapeuta interroga-os: é só ela que não suporta separações?

Nesse momento, uma troca de significante começa a se dar: passamos do significante *convulsão* para *separação*.

O transgeracional: em uma sessão conjunta pergunto: com quem Elizabeth é parecida? Os pais respondem prontamente que é com a avó paterna, que é super intrusiva, mandona, dominadora.

Numa sessão com Túlio, ele conta sua história, marcada pela separação dos pais, após muitos anos de brigas e discussões. Após a separação, Túlio tem pouquíssimo contato com o pai, exemplo negativo para ele. Assume o lugar de "filho querido, amigo, companheiro, sócio da mãe". Com 12 anos já sustenta a família e é continente para a "mãe depressiva".

Porém, vive com a mãe uma relação de domínio. Não consegue ser autônomo nem ter relações afetivas com mulheres. Diz que a Rita foi aceita com muita dificuldade pela mãe. Tem um *insight* na sessão: minha mãe me impedia de separar-me dela e a Elizabeth me impediu de separar-me de Rita. Revela-se o lugar inconsciente em que está o bebê para o pai, identificado com aquele que domina e castra o desejo do casal. Lugar também assumido por sua própria mãe.

Revela-se também uma situação na qual a separação é vivida com grande sofrimento. Transgeracionalmente, os personagens da trama vão ligar-se de forma intensa uns aos outros, para não viver a falta, intolerável, burlando a castração. Essa impossibilidade é revelada pelo bebê de forma dramática.

O pai assume o seu desejo de retomar o relacionamento anterior, dizendo que iria enfrentar a separação, mas precisaria de minha ajuda para isso. A mãe vê-se diante desta situação e pede ajuda terapêutica para retomar sua vida pessoal, ainda que mesmo sem o companheiro.

Após algumas semanas, fico sabendo que o pai parou de tomar os medicamentos para o pânico e foi trabalhar. A mãe, nas sessões em que trabalhamos juntos com Elizabeth, conta que agora que a filha está mais independente e sem os desmaios, irá tocar sua vida, mas ainda fala de Túlio com muita agressividade.

Elizabeth está sem crises. Foi para a creche e no primeiro dia chorou um pouco, mas pôde ficar sem a mãe. Quando chegou em casa não quis mais ser alimentada por outros, escolhendo comer com as próprias mãos. Está suportando separações e exercendo sua autonomia.

A mãe pede para vir à sessão sem a filha, para que possa falar de suas dificuldades em reassumir seu trabalho, no qual sempre teve bom desempenho.

Vemos através do relato que existe um grande conflito envolvendo os pais que, em primeiro lugar, recuam da decisão de separarem-se ao saberem da notícia da gravidez de Rita. Porém, podemos supor que esta gravidez já se constituía num sintoma parental determinado pelo medo e dúvidas de enfrentarem a separação. Os sintomas do bebê revelam os elementos inconscientes dos pais: pânico de separação, medo de morrer ao se verem separados. Por outro lado, com seus sintomas o bebê exerce um domínio sobre os pais, mantendo-os numa neurose traumática paralisante.

A revelação destes conflitos no processo terapêutico vai remetendo cada um aos seus próprios conflitos, liberando ou libertando Elizabeth deste lugar de espelhamento das conflitivas parentais, possibilitando-a de assumir um lugar de sujeito. Todos na família viviam o mesmo drama, porém, de forma diferente, demandando acolhimentos diferentes.

Se estivermos advertidos podemos escutar nas histórias de cada sujeito deste caso, bem como em outros casos investigados,

248 CUIDADOS NO INÍCIO DA VIDA: CLÍNICA, INSTITUIÇÃO, PESQUISA E METAPSICOLOGIA

as metábolas do Bolero de Ravel, ou da Quinta Sinfonia de Beethoven.

REFERÊNCIAS

ANSERMET, F. *Clínica das origens: a criança entre a medicina e a psicanálise*. Rio de Janeiro: Contra Capa Livraria, 2003.

BLEICHMAR, S. *A formação do inconsciente*. Porto Alegre: Artes Médicas, 1994.

_____. Em: *Clínica psicanalítica e neogênese*. São Paulo: Annablume, 2005.

DEBRAY, R. *Bebês/mães em revolta*. Porto Alegre: Artes Médicas, 1988.

FREUD, S. (1920) Mas allá del principio del placer. *Obras Completas*. Madri: Biblioteca Nueva (OC-BN), 1981.

KREISLER, L. *A criança e seu corpo*. Rio de Janeiro: Zahar, 1981.

LACAN, J. A lógica da castração. Em: *O seminário: as formações do inconsciente*. *Livro 5*. Rio de Janeiro: Jorge Zahar, 1999.

_____. O estádio do espelho como formador da função do eu. Em *Escritos*. Rio de Janeiro: Jorge Zahar, 1998.

RANÑA, W. A clínica com bebês: eixos da constituição subjetiva e modalidades de intervenção. Em *O bebê, o corpo, e a linguagem*. Regina Orth, (org.). São Paulo: Casa do Psicólogo, 2004.

SIGAL, A. M. R. *O lugar dos pais na psicanálise de crianças*. São Paulo: Escuta, 2002.

WINNICOTT, D. W. A observação de bebês numa situação padronizada. Em: *Da pediatria à psicanálise: obras escolhidas*. Rio de Janeiro: Imago, 2000.

Cuidar do bebê, cuidar da mãe: sobre recursos e limites da terapia conjunta

Patrícia Cardoso de Mello[1]

Neste VI Encontro Nacional sobre o Bebê, cujo tema são os cuidados no início da vida, apresentarei um caso clínico no qual fica evidente que os cuidados prestados ao bebê se articulam diretamente, ou melhor, dependem dos cuidados prestados aos pais.

Com efeito, quando se trata dos primeiros anos de vida, é inviável pensar em cuidar da criança sem de algum modo cuidar dos pais, ou, mais precisamente, daqueles que mantém com ela um vínculo primário. Afinal são fundamentalmente eles quem podem cuidar desse bebê em seu cotidiano, humanizando-o[2]. Isto significa que o trabalho do profissional que presta atendimento à pequena infância tem necessariamente que considerar e articular dois universos: o universo do bebê e o universo do adulto, o

---

[1] Psicóloga, psicanalista. Doutora em Psicopatologia Fundamental e Psicanálise pela Universidade de Paris VII, especializou-se em Psicopatologia do Bebê na Universidade Paris VIII - trabalha há vários anos com crianças de 0 a 6 anos em situação de risco. Atualmente, atende crianças e adultos em consultório particular.
[2] Mesmo em casos extremos, como por exemplo o das crianças criadas em abrigos, em que o profissional é convidado a ocupar este lugar de maneira provisória, a história e a origem destas crianças deveriam ser sempre colocadas em primeiro plano.

250 Cuidados no início da vida: clínica, instituição, pesquisa e metapsicologia

universo do corpo e o universo do discurso, o universo do visível e o universo do invisível.

Sabemos que esta não é uma tarefa fácil, por diversas razões. Citarei apenas duas. Em primeiro lugar, os profissionais são freqüentemente formados para se ocuparem unicamente de um destes registros, estimando portanto que só lhes compete cuidar do bebê ou dos pais. Em segundo lugar, é muito difícil manter a capacidade de se identificar com os pais e o bebê ao mesmo tempo. Esta dificuldade aumenta consideravelmente em casos graves, nos quais a negligência e a incapacidade de cuidar que muitas vezes afeta os pais beiram os maus-tratos. Nestes casos, os profissionais tendem facilmente a se identificar com a criança, em detrimento dos pais, esquecendo que o sofrimento é mútuo. Tendem assim, portanto, a se colocar numa posição de rivalidade com estes últimos, procurando simbolicamente tomar-lhes o lugar.

Esta complexa duplicidade de registros inerente à clínica do bebê traz dificuldades específicas, que exigem manejos técnicos específicos. E isto para cada uma das modalidades de atendimento que se fazem na área. O presente trabalho pretende discutir os recursos e limites da terapia conjunta mãe-bebê. Para isso, apresentarei o caso de uma adolescente cuja história é marcada por rupturas e traumatismos recorrentes, e em que a dificuldade de relação com seu bebê é notável.

Em casos deste tipo, uma terapia mãe-bebê aparece como boa indicação. Esta modalidade de atendimento pretende justamente ajudar a paciente a articular pensamentos e afetos, passado e presente, realidade e fantasia, de modo a permitir que um vínculo consistente e saudável entre ela e a criança possa se constituir. Deste modo, tal trabalho visa por um lado criar laços entre a mãe e o bebê real, e por outro entre a mãe e o bebê que ela foi, de tal modo que a maternidade possa se construir.

No entanto, estas costumam ser situações de grande dificuldade para o terapeuta. A ameaça de ruptura dos vínculos é freqüentemente onipresente. Qualquer atitude precipitada do terapeuta pode ser vivida como um ataque a estes vínculos precários, desencadeando uma grande quantidade de angústia e possivelmente, o abandono do tratamento. A dificuldade de se estar a três é imensa. A intervenção do terceiro corresponde facilmente a um corte violento, que pulveriza o laço mãe-bebê.

Neste contexto, nos primeiros tempos do atendimento, o terapeuta deve funcionar como garantia da relação, operando enquanto sustentação do laço mãe-bebê. Somente num momento posterior ele poderá agir como facilitador da separação. Parece-me que é neste sentido que Laznik compara o terapeuta a um cupido, ou seja, àquele que promove o vínculo amoroso entre a mãe e a criança, quando há grande dificuldade em construí-lo.

Rosa é uma moça de 16 anos. Ela foi encaminhada ao Infans – Unidade de Atendimento ao Bebê em novembro de 2004, pela psicóloga da maternidade onde nasceu seu bebê. Após dar à luz, permaneceu internada neste hospital durante dois meses por ter tido um episódio de psicose pós-parto. Foi atendida no ambulatório por esta psicóloga por mais dez meses.

No fim deste período, a psicóloga se viu numa situação de extrema dificuldade com a paciente e decidiu encaminhá-la para nosso serviço. Segundo ela nos conta, Rosa ficou totalmente obcecada por ela, expressando livremente seus desejos homossexuais. Começou a procurá-la no hospital diariamente, invadindo sua sala, revistando seus cadernos. Queria vê-la a todo instante, ameaçava matá-la se não respondesse aos seus anseios, insinuava que raptaria sua filha.

Neste contexto dramático, o tratamento é encerrado apesar da grande resistência de Rosa. A interrupção desta relação de profunda dependência é vivida por ela de maneira traumática, como rejeição e abandono, reiterando abandonos precedentes que descreverei em seguida.

Rosa nasceu na Bahia. Foi trazida para São Paulo aos nove meses por sua mãe adotiva, que resolveu "pegá-la para criar" ao lado de seu namorado. Não regularizaram a adoção, e tampouco contaram à criança que ela era adotada.

Rosa era uma menina irrequieta, com dificuldades de aprendizagem. Por volta dos dez anos, ligou-se a uma policial que trabalhava como vigia na escola onde estudava, e acabou sendo vítima de abusos sexuais por parte desta mulher. Algum tempo depois, a policial foi assassinada por bandidos. Rosa tentou socorrê-la e a viu morrer, ficando extremamente impactada pela situação. Estes eventos traumáticos têm grande importância, pois voltam à consciência de Rosa durante a gravidez e constituem o tema principal de seus delírios e alucinações durante a crise psicótica.

Após este acontecimento, Rosa começa uma terapia. A terapeuta orienta os pais a contarem que ela é adotada. Mas antes disto acontecer, ela acha sua certidão de nascimento na qual figura o nome de sua mãe biológica, bem como a menção de "pai desconhecido". Ela leva um choque. Passa por uma crise muito intensa e rejeita vigorosamente seus pais adotivos. Sente-se enganada e quer conhecer suas origens. Os pais ficam ofendidos com esta reação e um clima de grande incompreensão se instala definitivamente entre eles.

A entrada na adolescência é marcada por um terrível conflito entre Rosa e sua mãe. O conflito edípico é extremamente violento. A gravidez de Rosa surge neste contexto.

Rosa engravida com 15 anos. Ela não sabe quem é o pai do bebê, pois teve relações com vários homens. Fica muito desesperada e esconde a gravidez de seus pais. Não faz acompanhamento pré-natal. Vai pela primeira vez ao ginecologista somente no sexto mês. Esta única visita ao posto de saúde é marcada por uma situação muito violenta. Enquanto espera a consulta, Rosa começa a conversar com uma outra adolescente que tenta acalmá-la, dizendo que no início também tinha medo de contar para sua mãe que estava grávida, mas que finalmente o fez e a mãe ficou feliz com a notícia. Diz que está agora preparando a chegada do

ESCREVER, PENSAR E REFORMULAR: REFLEXÕES SOBRE A CLÍNICA COM BEBÊS **253**

bebê, que pintou o quarto de azul, comprou roupinhas, etc. Rosa se acalma progressivamente. A adolescente é então chamada para sua consulta. Mais tarde, há uma confusão no hospital, muita agitação e gritaria. Rosa compreende que o bebê da adolescente havia morrido sem que ela se desse conta, e estava morto em sua barriga. Rosa fica desesperada, grita muito, chora e tem que ser medicada para poder voltar para a casa.

Um mês depois, ela desmaia na rua e é levada para o hospital. Tem eclâmpsia; ela e o bebê correm risco de vida. Nasce um menino que ela nomeia Igor. Ela se recusa a vê-lo durante vários dias. Tem muito medo do que pode encontrar, já que tomou diversas drogas para abortar. "Tinha medo de ter destruído o cérebro dele", ela me diz. Quando finalmente concorda em se aproximar do bebê, acompanhada de uma enfermeira, não sabe bem o que fazer com a criança. Pouco a pouco esta profissional a ajuda a amamentar e algo importante se produz. Graças à amamentação, ela começa a se sentir mãe. Sente que tem algo de bom para dar ao seu bebê. Mas logo em seguida é obrigada a interromper a amamentação por causa da medicação que está tomando. Ela reage muito mal a esta restrição, se fecha e piora consideravelmente.

No momento em que se encontra impossibilitada de sair da maternidade pela gravidade de seus sintomas psiquiátricos, um problema legal se coloca. Como Rosa é menor de idade e não está em condições de cuidar do bebê, é necessário que um parente próximo se responsabilize pela criança. Do contrário, esta será dada à adoção. Considerando que a adoção de Rosa por seus pais nunca foi legalizada, eles não têm direito algum sobre o bebê. Um impasse jurídico é então criado.

A solução legal encontrada naquele momento foi a seguinte: os pais receberam a guarda provisória de Rosa até que ela completasse 18 anos, bem como a guarda provisória do bebê, até a mesma data. Ou seja, do ponto de vista da lei, Rosa e seu bebê estão sob a tutela do casal, numa situação familiar extremamente

254 CUIDADOS NO INÍCIO DA VIDA: CLÍNICA, INSTITUIÇÃO, PESQUISA E METAPSICOLOGIA

ambígua: filhos do mesmo pai e da mesma mãe, eles têm de algum modo o estatuto de irmãos, reforçando assim a ausência da diferença entre as gerações, típica dos fenômenos de natureza psicótica. Esta telescopagem das gerações transparece perfeitamente na maneira como os membros da família se posicionam frente à criança. Todos se referem à avó como mãe de Igor, e ao avô como pai; é assim também que Igor os chama.

Alguns elementos sobre o atendimento de Rosa

O tratamento comigo é iniciado num contexto de grande resistência. Rosa está ressentida com a interrupção da terapia com a psicóloga do hospital, tem medo de novamente se ligar a alguém e ter de se separar de novo. Ela impõe a condição de ser atendida sozinha, sem a criança. Neste momento, como é incapaz de cuidar de seu filho, seus pais pagam uma senhora para fazê-lo, a quem Rosa chama de maneira hostil: "a muié". Aceito sua exigência de ser atendida individualmente, e vou pouco a pouco entendendo o significado que isto pode ter para ela.

Toda a primeira parte do tratamento gira em torno do abuso sexual sofrido na infância. Ela me conta detalhadamente a situação do abusado. Tem vergonha, medo, ódio. Mas também conta como sentiu prazer. Neste momento, meu trabalho consiste em colocar sua experiência em palavras.

Rosa fala também do nascimento e de sua crise de loucura, suas lembranças e impressões. Vai organizando seus pensamentos. Sua identidade já frágil parece ter sido demolida no momento em que virou mãe. Esta conversa se materializa nas sessões através de um hábito. Rosa anda sempre com sua carteira de identidade no bolso. Mas vive perdendo o documento. Sempre que chega em minha sala, coloca-o em cima do sofá. Segundo mencionei, nele figura o nome de sua mãe biológica e a menção de pai desconhecido, o que se repete na história de Igor. Vamos falando de todas estas coisas e todo um trabalho de construção identitária vai acontecendo.

ESCREVER, PENSAR E REFORMULAR: REFLEXÕES SOBRE A CLÍNICA COM BEBÊS **255**

Como disse, desde o início dos atendimentos, o vínculo comigo é permanentemente ameaçado. Rosa não passa uma sessão sem me perguntar se vou continuar a atendê-la, se não vou abandoná-la, quem garante que eu não interrompa o tratamento como fez a psicóloga do hospital... Tem medo que eu deixe de vê-la se me disser certas coisas, como por exemplo, o fato de estar metida com tráfico de drogas.

O vínculo com seus pais é também extremamente frágil. Ela tem medo que eles a mandem embora de casa. A insegurança afetiva vem se somar à precariedade do vínculo legal entre eles. A mãe a ameaça reiteradas vezes de colocá-la na rua assim que completar 18 anos, data em que vence a guarda provisória. Num primeiro momento, o pai é quem sustenta a permanência de Rosa em casa, mas face ao intenso conflito entre ela e sua mãe, acaba concordando que a filha deverá achar outro lugar para morar quando atingir a maioridade.

A fragilidade da relação entre Rosa e seu filho é também evidente. Muitas vezes ela cogita abandoná-lo. Tem muita raiva, pois no seu entender foi ele quem acabou com sua felicidade. Por causa dele brigou com sua mãe, que a expulsou momentaneamente de casa logo que saiu da maternidade, sob a acusação de que a criança fosse fruto de uma relação incestuosa com seu pai. Perdeu seu lugar de filha adulada e se deparou com inúmeras responsabilidades. Lembra com nostalgia da época em que se sentia feliz ao lado dos pais adotivos, quando ainda era uma criança sem preocupações e sem saber que era adotada.

Coloca-se numa posição de rivalidade com seu filho frente ao amor dos pais. De maneira análoga, diz que não quer trazê-lo às sessões por ciúmes e medo que eu goste mais dele do que dela. Ela fala: "Cê só tá me atendendo por causa dele", "Cê quer mesmo é que eu traga ele aqui". Ao mesmo tempo, vou compreendendo que deixar Igor fora do tratamento é também uma maneira de protegê-lo da violência de suas representações. Por exemplo, Rosa conta fantasias eróticas que tem com ele e me pergunta o que eu faria se dissesse que o incita a acariciar seus seios e seu sexo. Ela diz de maneira provocativa: "Cê vai chamar a polícia?" Neste sentido, revela-se *a posteriori* a importância vital de se respeitar o pedido da paciente de ser atendida sozinha para poder abordar questões dificilmente abordáveis em presença da criança.

Progressivamente, Rosa vai se sentindo cuidada por mim, e vai vislumbrando a possibilidade de exercer a maternidade. E é assim que abruptamente, no mês de abril, depois de brigar com a "muié" e acusá-la de negligência, ela decide cuidar de Igor durante o dia. Mas esta decisão não é fácil de ser sustentada. Rosa é muito impaciente com o menino, quer que ele fique quieto o tempo todo, que ele faça tudo como ela manda. Ela grita por qualquer coisa, ameaça-o e bate nele.

Ela me conta várias cenas de violência entre os dois sem nenhuma inibição. Ao contrário, parece querer me assustar e me agredir. Num momento em que fica realmente desesperada com nossa separação iminente por causa das férias, me fala pelo telefone do desejo de matá-lo, de deixá-lo ser atropelado, de sumir com ele e depois desaparecer. Este ódio em relação à criança é seguramente fruto de um deslocamento do ódio que está sentindo em relação a mim. Mas suas fantasias são extremamente reais e não devem ser subestimadas. Do ponto de vista da contratransferência, me é bastante difícil sustentar uma posição terapêutica de aposta em suas capacidades. Cogito fazer apelo aos pais ou encaminhá-la a um psiquiatra. Mas progressivamente as coisas se acalmam, e posso falar de seu medo de ficar sem mim e com isso de perder completamente sua possibilidade de ser mãe.

Contando-me suas fantasias, Rosa certamente me testa, quer ver se sou capaz de agüentar seus aspectos mais destrutivos. Ao mesmo tempo, procura se apoiar em mim e em minha capacidade de acreditar que ela pode ser uma boa mãe. Posso então dizer que se em alguns momentos não suporta seu filho, em outros é muito ligada a ele, mostrando-se carinhosa e atenta.

Pouco a pouco, sem que eu jamais solicite, Rosa começa a trazer Igor às sessões. Presencio então alguns momentos de ternura e outros bastante violentos, em que é muito difícil suportar sua agressividade e sua falta de preocupação com a criança. Ela vai estabelecendo com seu filho uma relação tirânica, de tolhimento de suas iniciativas. Cada vez que ele deseja algo, olha para ela, amedrontado, esperando sua reação. Ela lhe dá broncas, grita, aumentando a inibição e o mal-estar da criança.

Contratransferencialmente, identifico-me com o menininho sistematicamente violentado e desrespeitado, que em boa parte do tempo não tem um espaço existencial mínimo para se desenvolver. Fico preocupada em ver que ele vai construindo com sua mãe uma relação de grande submissão. Ele está magro, freqüentemente doente. Tem uma diarréia crônica e uma hipotonia que me interrogam. Ele cai freqüentemente, mostrando a fragilidade do *holding* que sua mãe pode lhe oferecer.

Quando interage com seu filho durante estas primeiras sessões conjuntas, Rosa é extremamente intrusiva. Ela não o deixa brincar, pois quer que ele faça tudo do jeito dela. Ela pega a mão dele e faz por ele sem parar. Fica irritada se ele não a obedece, colocando-o numa posição passiva. Igor se submete em muitas ocasiões, mas pouco a pouco começa a rejeitar e provocar sua mãe; bate nela, joga os objetos no chão, claramente no intuito de irritá-la. Quando tento intervir, Rosa fica furiosa, não ouve, ou diz, ironicamente, que então vai fazer tudo do jeito que eu quero, como se também eu fosse uma mãe tirânica e intolerante que quer tudo do seu jeito.

Estes momentos de intrusão e proximidade excessivas se alternam com longos momentos nos quais Rosa parece esquecer da presença de Igor, reivindicando minha atenção só para ela. Ela reage violentamente se ele nos solicita, e deixa-o de lado. Ao mesmo tempo, em outros momentos, tolera mal que ele brinque sozinho, explorando os objetos, e me explica que já que é mãe dele, ele deve querer brincar com ela o tempo todo. Em termos

258 Cuidados no início da vida: clínica, instituição, pesquisa e metapsicologia

da interação, oscilam portanto entre o perto demais da indiferenciação e da simbiose, e o longe demais do abandono – ambas as situações insustentáveis.

Vou descrever uma seqüência simples que ilustra esta dinâmica relacional. Igor pega um brinquedo barulhento e se senta ao lado de sua mãe. Rosa é muito sensível ao barulho. Ela fica nervosa e quer que ele pare de brincar imediatamente. Pergunto se o barulho não será mais suportável para ela se o brinquedo for colocado mais afastado. Mas ela não quer experimentar, se o filho é dela, deve ficar perto dela, e portanto sem o brinquedo, que ela arranca de sua mão. Ele acaba chorando e se distanciando. Mãe e filho estão sempre perto demais ou longe demais... E minhas tentativas de mediar a relação entre eles são facilmente interpretadas por Rosa como uma usurpação de seu lugar de mãe. O lugar do terceiro é assim extremamente precário.

O manejo desta situação é muito difícil. Se me dirijo a Igor, Rosa se sente imediatamente excluída e fica enciumada, com muita raiva. Tem medo que eu me encante por ele e que eu queira atendê-lo sem ela. Teme também que seu filho goste mais de mim do que dela, falando de tudo isso muito abertamente. E acrescenta: "Eu não tô gostando nada disso." Se, por outro lado, decido manter certa distância da criança, Rosa também fica descontente. Por exemplo, numa das primeiras sessões com Igor, ele pede para se sentar no meu colo. Consciente da ambivalência dos sentimentos de Rosa, proponho a ele que se sente no tapete, ao meu lado. Mas ela fica ofendida, diz que não gosto de seu filho, que certamente não sou mãe, que não sei cuidar de crianças.

Quando Igor não se conforma às tiranias de Rosa, ela ameaça abandoná-lo, diz "tchau", sai da sala e se esconde, desencadeando o choro da criança. Pergunto-lhe a certo momento por que faz isso, se sabe o quão dolorido é o abandono. Ela parece incapaz de entender minha pergunta, pedindo-me para repeti-la várias vezes. E eu demoro a entender sua resposta. Ela me explica que é preciso que eu entenda, que se eu não atendê-la mais, ela não será capaz de cuidar mais de Igor. Diz que só é capaz de ser mãe porque tem vindo aqui conversar comigo, que do contrário não conseguiria ficar com ele nem um minuto. Sua resposta mostra que ela ouve minha pergunta como uma ameaça de abandono, mostrando claramente que sua posição "abandonante" é defensiva, fruto de uma identificação ao agressor.

Neste período, Rosa me conta, envergonhada, que Igor não aceita que ela lhe dê comida. Ela tem certeza de que nunca vai conseguir ser uma boa mãe, como foi sua mãe para ela, mostrando todo um lado depressivo e uma enorme idealização da imago materna. Ela diz que se Igor recusa-se a comer com ela é por desamor, por desapego. Diz que ele não a trata como mãe, que não sabe que ela é sua mãe. Diz que aliás ele chama todo mundo de mãe. Quando, durante a sessão, ele balbucia sons que se aproximam do mã, ela imediatamente diz: "Tá vendo, ele tá te chamando de mãe".

Igor começa com efeito a chamar Rosa de "Osa", e sua avó de "mãe". Rosa fica muito triste e fala muito sobre isso nas sessões. Não percebe que ela própria se refere à sua mãe não como avó de Igor, mas como mãe dele. Por exemplo, ela diz a ele: "Fica com a mamãe enquanto eu vou até ali". A própria avó se dirige a Igor como se fosse sua mãe: "Vem com a mamãe", diz a avó a seu neto. Falo da confusão que deve ser para Igor se todos se referem a sua avó como "mãe", que ele não sabe o que a palavra mãe quer dizer, que precisa dos outros para aprender, que só tem um ano e meio...

O avô também se denomina e é denominado como pai. Mas quando falo desta confusão, Rosa não quer ouvir. Ela diz: "Mas eu quero que ele tenha um pai."

Num determinado momento, podemos encontrar um significado importante para o intenso ciúme que Rosa vive quando Igor se aproxima de mim. Ela me diz: "Quando ele brinca com você, parece que eu sou lixo." Sentir-se um lixo quando excluída nos remete a uma cena que sua mãe adotiva lhe contou a respeito de suas origens. Ela disse que encontrou Rosa no lixo enquanto sua mãe biológica se prostituía com um homem a poucos metros dali. Não sabemos se tal estória é verdadeira, mas o fato é que Rosa estabeleceu uma íntima relação entre o abandono e esta cena erótica da qual é excluída. A partir desta associação podemos começar a trabalhar algo fundamental em sua relação com a criança.

Momentos de prazer compartilhado entre mãe, bebê e terapeuta, contribuem decisivamente para o fortalecimento do laço mãe-bebê.

Por exemplo, numa das sessões mostro a Igor um livrinho com figuras de animais e vou fazendo sons e gestos correspondentes. Ele fica muito interessado. Rosa se irrita, está visivelmente com ciúmes. Progressivamente, no entanto, ela se deixa levar e se interessa também pela brincadeira, superando momentaneamente a rivalidade com seu filho. Mas para tanto, ela se coloca numa posição infantil: subitamente, é como se eu estivesse lendo o livro para duas crianças pequenas. Rosa se diverte como uma menininha, menos atenta ao prazer da criança do que ao seu próprio. Proponho em seguida que ela leia o livro para Igor, mas ela recusa.

No final da sessão, diante da dificuldade da criança de se separar do livro, sugiro que o levem emprestado e que me devolvam na próxima sessão. Rosa hesita, mas aceita. Aposto portanto na idéia de que ela poderá mais tarde ler o livro para seu filho. Mas não posso deixar de me perguntar qual o significado que este empréstimo poderá adquirir para ela, já que as emoções despertadas ao longo da sessão são extremamente complexas.

Na sessão seguinte, Rosa traz o livro de volta e me diz que ela e Igor o leram inúmeras vezes juntos. Conta-me com divertimento que também sua mãe tentou ler o livro para Igor, e que ele ficava olhando para os pés da avó, esperando que ela os batesse no chão como eu na hora de fazer o pocotó, pocotó do cavalo. Mas a avó não sabia o que ele queria.

Nesta cena, o livro – objeto que provém do espaço

Escrever, pensar e reformular: reflexões sobre a clínica com bebés   261

terapêutico – parece colocá-la frente à sua própria mãe numa posição de saber sobre seu bebê que raramente ocupa. É sempre a avó quem sabe cuidar dele, quem sabe acalmá-lo, quem sabe do que ele precisa. Desta vez, é Rosa quem se sente mãe. Portanto, quando lhe cedo o lugar, propondo que leia o livro na sessão ou em sua casa, lhe dou a possibilidade de assumir um lugar materno viável. E ela pode aproveitá-lo. Não quer mais que eu leia o livro nas sessões, mas fica muito contente a cada vez que o empresto para que leiam em casa juntos.

Esta lenta apropriação da maternidade se dá ao mesmo tempo em que vai aparecendo uma diferenciação entre seu lugar de mãe e o lugar de avó de sua própria mãe. Em seu discurso, começa a se referir à sua mãe como "a velha", como se uma diferenciação do ponto de vista das gerações fosse aparecendo. Num segundo momento, quando fala com Igor diz: "sua vó isso, sua vó aquilo". As três gerações vão assim se diferenciando progressivamente no psiquismo de Rosa.

Neste processo, aparece a importância de se pontuar as trocas possíveis entre mãe e criança, dirigindo-se diretamente à mãe ou lhe falando através da criança. Sublinhar o que vem da criança real para que esta possa se descolar das fantasias maternas é também um recurso fundamental. Reconhecer e valorizar os movimentos afetivos autênticos da mãe ajudam-na sem dúvida a se apropriar deste lugar materno, inicialmente tão inacessível. O uso de brinquedos e objetos que funcionam como terceiros pode ser muito interessante.

Mas inúmeras são as questões que ficam. Será que a terapia mãe-bebê é capaz de assegurar as condições mínimas de constituição psíquica para a criança em situações tão graves? Será que o bebê pode esperar que a capacidade de maternar de sua mãe se desenvolva, sendo que ele vive num outro tempo, o tempo do desenvolvimento e da construção de seu aparelho psíquico? As marcas deixadas neste psiquismo nascente pelo tipo de vínculo que descrevi – e que funciona no registro do excesso pulsional, oscilando entre o excesso introduzido pela presença abusiva do outro e o excesso gerado pela ausência absoluta do outro –, poderão ser mais tarde transformadas? Quando deverá o terapeuta sair do *setting* e prestar um cuidado mais concreto?

Eis algumas questões que me parecem importantes e merecedoras de reflexão.

Risco e resiliência em problemas de alimentação infantil — um olhar para a digestão da experiência emocional na relação pais/bebê

Mariângela Mendes de Almeida[1]

Descreve-se neste artigo um estudo e intervenção clínica realizados com bebês de até 18 meses de idade com dificuldades alimentares, atendidos com seus pais num serviço de saúde mental infantil, associado ao atendimento pediátrico em um hospital geral. Apresentam-se vinhetas ilustrativas, e investiga-se a correspondência entre modos de continência psíquica presentes na relação pais-bebê e problemas iniciais de alimentação. Emergem desta análise, similaridades e diferenças entre os casos, sugerindo indicadores de risco/vulnerabilidade e indicadores de resiliência/ plasticidade frente a problemas de alimentação infantil. Sugere-se que o reconhecimento destes indicadores pode

---

[1] Psicóloga Clínica com Mestrado em Observação Psicanalítica pela Tavistock Clinic e University of East London. Associada Clínica do Departamento de Criança e Família da Tavistock Clinic de 1988 a 1993 (curso Child Psychotherapy). Membro afiliado ao Instituto de Psicanálise da Sociedade Brasileira de Psicanálise de São Paulo. Desenvolve atividades clínicas e didáticas em consultório e no Setor de Saúde Mental do Departamento de Pediatria da Universidade Federal de São Paulo (UNIFESP). Docente do Curso de Introdução à Intervenção Precoce e Membro do Departamento de Psicanálise de Criança no Instituto Sedes Sapientiae. mamendesa@hotmail.com

facilitar a sensibilização de profissionais de Saúde para a percepção e acompanhamento da necessidade de intervenção precoce em problemas alimentares no contexto das relações iniciais paisbebê nos casos em que haja risco de interferência significativa e desestabilizadora para o desenvolvimento infantil, fortalecendo recursos de proteção e resiliência frente a possíveis riscos de cristalização.

Entrada:
Pitadas introdutórias - Apresentando a cena

Ninguém mais indicado para nos estimular o apetite para o tema, do que alguns protagonistas das cenas que demonstram as preocupações que deram origem a este trabalho, bem como o contexto em que ele se constituiu:

Samuel, de 9 meses, é admitido à enfermaria pediátrica do hospital geral em que trabalho como Psicóloga (Setor de Psiquiatria Infantil e Adolescente) e permanece por 22 dias, por constantes vômitos, recusa alimentar e intensa dificuldade em ganhar peso. Num de nossos contatos, encontro-o no colo de Susan, sua mãe, numa posição intermediária entre sentado e deitado. Susan se prepara para lhe oferecer a mamadeira. Inicialmente, lhe limpa o nariz. Samuel se mostra irritado e incomodado, contorcendo a face e o corpo. Imediatamente, Susan lhe oferece a mamadeira com leite, enquanto Samuel parece ainda estar às voltas com o incômodo anterior. Gradativamente, ao sugar a mamadeira, Samuel vai se acalmando. Sua mão se apóia firmemente na mamadeira segurada pela mãe. Seu sugar é vigoroso, parece com fome. Samuel faz algumas pausas para respirar, soltando ar pelo nariz e parando de sugar ativamente, entretanto, a mamadeira se mantém o tempo todo em sua boca, segurada pela mãe. Quando finalmente a mamadeira é removida de sua boca após uma longa mamada, depois de alguns segundos um forte jato de leite é projetado sobre o colo da mãe. Grande parte do leite ingerido é devolvida de maneira não processada. Susan parece bastante aborrecida e incomodada, mas resignadamente, pega um pano para se limpar. Logo depois, começa a tentar alimentar Samuel mais uma vez e ele começa a sugar bem novamente. Conforme o bebê vai demonstrando suas necessidades de pausa, conversamos sobre a possibilidade de intervalos durante a mamada, sobre os sinais que ele dá de que necessita de uma parada, mesmo estando com fome, e sobre o que faz às vezes ser difícil para ela perceber esses sinais. Susan comenta que, como ele está tendo dificuldade em aceitar alimento, ela quer aproveitar ao máximo os momentos em que ele se alimenta. Às vezes, até, quando ele está dormindo, ela tenta dar-lhe o restante da mamadeira que ele não tomou. Apesar de Susan sentir que pode ser um pouco desconfortável, ela comenta, de maneira angustiada, ser esta a única maneira que ela tem de garantir que ele tome toda a mamadeira.

Silvia me fora encaminhada por uma pediatra do hospital aos 11 meses, após internação por gastroenterite, num contexto de intensa ansiedade materna com sua seletividade alimentar e ritmo de ganho de peso ("algo está errado dentro dela", desespera-se a mãe.) A divergências de opinião dos pais a respeito da gravidade dos problemas de Silvia trazem intensos conflitos e brigas entre o casal. Com um ano e quatro meses, num de nossos encontros, Silvia brinca em volta da caixa de brinquedos, e sua mãe, Lisa, pega uma canequinha de leite da sacola e oferece para a criança. Muito, mas muito rapidamente, Silvia bate na mão da mãe e na canequinha. Lisa comenta, desapontada, que esta é sua maneira recente de dizer que não quer algo. Silvia olha para a mãe e para mim e sorri com uma expressão marota. O pai, Edson, rapidamente oferece sua visão diferente da exposta pela esposa, dizendo, muito sério e assertivo, sem muito espaço para considerações, que não acha isto muito típico de Silvia. Comento com os pais e com Silvia como ela tinha sido muito rápida em dispensar o que lhe estava sendo oferecido, talvez antes mesmo de olhar, pensar sobre o que era, se estava com fome ou não... Também o pai tinha imediatamente rejeitado a preocupação da mãe, como Silvia, sem aparentemente nem "digerir" a idéia do que era sugerido, ou considerar o que era oferecido. Conversamos sobre as semelhanças entre a recusa de Silvia, e situações em que os pais também às vezes não parecem poder receber o que lhes está sendo comunicado, ou se aproximar de um sentimento que o outro sugere (como agora, por exemplo, ou em outras intensas discussões aqui vivenciadas ou por eles relatadas).

José, encaminhado com um ano e meio, apresenta vômitos e recusa alimentar desde os 3 meses, sem causa orgânica envolvida. Não há perda de peso, mas as trocas entre mãe e bebê são coloridas por fantasias de danos recíprocos e intensos sentimentos de culpa e necessidade de distanciamento (infecção mútua levando a abrupta interrupção da amamentação, dificuldades com a erupção de dentes, hesitação e relutância do bebê em mastigar e engolir, controle e expressão de irritação pelo morder). No primeiro de nossos encontros, José vai direto à sacola onde a mãe, Aline, guarda biscoitos, muito determinado a apanhá-los. Ele não faz menção nenhuma de contato com a mãe como um objeto intermediário entre ele e o alimento. Havíamos comentado antes sobre a "independência" de José ao fazer as coisas sozinho, sem precisar de outras pessoas. Aponto as associações dessa auto-suficiência com a alimentação também. Aline comenta que lhe dava a mamadeira para segurar quando ele era muito pequenininho, ao invés de segurá-lo em seus braços e oferecer-lhe a mamadeira, pois ele demonstrava se sentir desconfortável quando segurado, e parecia preferir deitar e segurar ele mesmo a mamadeira. Atualmente, à noite, ele sabe onde a mamadeira está e quando quer, vai buscá-la sozinho. Aline parece valorizar essa "autonomia". Num outro momento, no mesmo encontro, chama a atenção um sutil movimento de José, que ao sentir a mamadeira, que ele suga avidamente, escorregar de suas mãos, transforma este movimento de possível perda passiva em um ativo atirar a mamadeira ao chão, de maneira tão abrupta e violenta quanto talvez possam ter sido sentidas suas experiências de engajamento e desengajamento (vínculo de dependência e autonomia, amamentação e desmame).

Problemas alimentares durante o desenvolvimento inicial, apresentam-se constantemente como uma fonte de preocupação e intensa ansiedade para pais e foco de atenção para profissionais de saúde envolvidos com os cuidados no início da vida. Dificuldades como pouco ganho ou redução de peso, recusa a aceitar alimentos ou resistência a mudanças no tipo de alimentação, pouco apetite, dificuldades de engolir e metabolizar alimentos, vômitos constantes, podem apresentar-se de forma transitória ou persistente. Intensas angústias e receios de perda são mobilizados nos pais, e processos de culpabilização podem vir a fazer parte da cena.

Um de meus focos de interesse clínico e investigativo vem sendo a reflexão sobre áreas de vulnerabilidade na relação pais-criança, sobre fatores de risco e de plasticidade quanto à possibilidade das díades ou do núcleo familiar, de superar pequenos obstáculos, desencontros, mudanças, que naturalmente surgem no desenvolvimento da relação pais-criança e no processo de desenvolvimento infantil.

O que contribui para que esses pequenos desencontros sejam superáveis, transitórios, ou se tornem parte de uma estrutura potencial de risco, de caráter menos passageiro, no relacionamento pais-bebê?

Quais seriam os possíveis fatores facilitadores ou complicadores na superação de dificuldades de alimentação que inicialmente podem se apresentar como desencontros transitórios?

Estariam as dificuldades de alimentação evidenciando algo a respeito das formas de relacionamento entre mãe-bebê-família

268 CUIDADOS NO INÍCIO DA VIDA: CLÍNICA, INSTITUIÇÃO, PESQUISA E METAPSICOLOGIA

e das formas desse núcleo lidar com os problemas apresentados pela criança? Haveria correspondência entre o sintoma apresentado pelo bebê e as modalidades de relacionamento pais-criança ou padrões de funcionamento mental desenvolvidos pelos indivíduos no contexto familiar?

Prato Principal:
Cardápio do estudo realizado

A partir das questões delineadas, realizei trabalho clínico e investigativo em que seis bebês de até 18 meses de idade com problemas não orgânicos de alimentação e seus pais foram acompanhados em contatos durante internação na enfermaria pediátrica, em sessões clínicas periódicas no serviço ambulatorial, e em uma visita domiciliar a cada família. Investigou-se a correspondência entre o relacionamento pais-bebê /modos de continência utilizados e problemas iniciais de alimentação, através da análise de material clínico detalhado registrado ao longo do atendimento desses bebês e suas famílias.

O treino em Observação Psicanalítica da Relação Mãe-Bebê, modelo Esther Bick[2], e seus desdobramentos (Williams, Mélega, Reid) junto ao campo das intervenções clínicas/terapêuticas com pais e bebês (Winnicott, Lebovici, Fraiberg, Brazelton, Cramer, Acquarone) foram utilizados como referencial para o trabalho realizado e como instrumento básico para a tentativa de compreensão das problemáticas apresentadas. Minha intervenção consistia em oferecer escuta e acolhimento às ansiedades parentais e manifestações da criança, e em conter internamente, elaborar e compartilhar percepções emergentes durante o contato, na tentativa de facilitar a comunicação pais-bebê, fortalecer a função

---

[2] Realizado no Centro de Estudos Psicanalíticos das Relações Mãe-Bebê-Família, São Paulo e na Tavistock Clinic, Londres.

parental e o funcionamento da família como um "campo de continência" (refiro-me aqui a uma rede de relações receptivas ao sofrimento psíquico, que facilita a elaboração e tolerância a conteúdos emocionais). Situações de jogo simbólico e de alimentação puderam ser observadas, na medida em que se exploravam com os pais suas preocupações, ansiedades e potencialidades de sintonia com as necessidades infantis, no contexto dos distúrbios alimentares apresentados.

Tendo como foco a investigação de processos emocionais na relação pais-bebê, valorizou-se a atenção a detalhes, tanto no contato terapêutico quanto nos registros que serviram como base para análise de dados e surgimento de categorias emergentes.

A análise do registro das intervenções (relatos detalhados das sessões ao longo de todo o período de atendimento) viabilizou o estudo aprofundado dos casos clínicos, observando-se:

similaridades que emergiram do material clínico, se mostrando presentes de maneira recorrente em todos os casos.
Não havia pressupostos anteriores de categorias pré-estabelecidas (conforme os princípios da própria Psicanálise e da metodologia da Observação da Relação Mãe-Bebê, modelo Esther Bick). Os elementos comuns que se destacaram do material, por vezes emergiam no formato de aspectos curiosos, intrigantes, aparentemente sem ligação linear. Fizeram-se consistentes e importantes pela recorrência no contato com as famílias.

singularidades que se destacaram no material clínico de cada caso, evidenciando formas peculiares de cada núcleo lidar com o desconforto psíquico (aspectos que diferenciavam os casos entre si, dentro de um amplo espectro comum).
Tais diferenças pareciam apontar para aspectos de maior ou menor plasticidade na maneira de vivenciar a experiência de um transtorno eventualmente transitório no desenvolvimento infantil. Diziam respeito à intensidade, qualidade e conteúdo das projeções parentais,

270 CUIDADOS NO INÍCIO DA VIDA: CLÍNICA, INSTITUIÇÃO, PESQUISA E METAPSICOLOGIA

permeabilidade das projeções ao impacto da experiência de fato com a criança, graus de suporte intra-familiar, social e emocional aos pais (efetividade do campo de continência), valores atribuídos à pseudo-independência da criança (estímulo ou não à onipotência e auto-suficiência), plasticidade e resistência da criança na sustentação de sua identidade, relacionamentos continentes alternativos.

O estudo das **similaridades** e **singularidades** permitiu configurar categorias flexíveis que apareciam em modulações diferentes dependendo do caso ou do momento do atendimento, aparentemente contribuindo para uma maior transitoriedade/plasticidade ou risco de cristalização em problemas precoces de alimentação.

A análise de tais similaridades e particularidades emergentes do estudo aprofundado do material clínico, no contexto do acompanhamento de problemáticas alimentares que apresentaram diferentes graus de evolução e repercussão no desenvolvimento infantil, nos permitiu hipotetizar aspectos complicadores ou facilitadores para a superação de dificuldades precoces de alimentação. Puderam ser visualizados elementos que estariam contribuindo para a possibilidade de superação da problemática apresentada pelo núcleo pais-bebê, ou que estariam indicando risco quanto à cristalização das dificuldades.

Possíveis ingredientes: indicadores de risco e resiliência

A partir da investigação clínica, elaborou-se uma relação em duas colunas interligadas e interdependentes, de *indicadores de risco/vulnerabilidade e indicadores de resiliência/ plasticidade* (recursos de proteção, tanto individuais quanto relacionais para se defrontar com obstáculos, capacidade de enfrentar as adversidades com elasticidade, sem sofrer deformações estruturais), na qual os fatores de plasticidade/resiliência amenizariam e promoveriam tentativas de equilíbrio junto aos fatores de risco, rompendo circuitos cristalizadores e facilitando a retomada de ciclos de desenvolvimento na relação pais-bebê.

Levantaram-se aspectos relacionais pais-criança, aspectos parentais e aspectos observados nos bebês, dinamicamente interligados, que estariam contribuindo para a superação das dificuldades alimentares (indicando resiliência) ou que estariam fomentando uma possível cristalização (indicando risco). Numa alusão metafórica, podemos pensar numa lista de ingredientes, que, dependendo das dosagens e combinações podem originar quitutes com consistência e sabores diferentes, que alimentam, nutrem, ou que provocam "revertérios" mais ou menos intensos na saúde de quem os experimenta, podendo até levar à intoxicação. Entretanto, como numa boa receita culinária dos tempos de nossas avós, esta nunca é estanque, existem sempre os toques pessoais do *gourmet* e um ingrediente adicionado em demasia, pode ser amenizado por um outro que lhe equilibre o efeito excessivo. Tais aspectos estão dispostos, de forma graficamente discriminada, na tabela que apresento a seguir, como aspectos relacionais pais-criança, ASPECTOS PARENTAIS e *aspectos observados nos bebês:*

INDICADORES DE RISCO	INDICADORES DE RESILIÊNCIA
GRAVIDEZ CONFLITUOSA PARTO E PÓS-PARTO CONFLITUOSOS	
DESISTÊNCIA DA AMAMENTAÇÃO AO SEIO, DESMAME ABRUPTO	
ESTADOS DE DEPRESSÃO MATERNA	*Capacidade do bebê de "reavivar" a relação com a mãe*

INTENSO INVESTIMENTO EMOCIONAL ATRIBUÍDO À QUESTÃO ALIMENTAR	
PERDAS / LUTOS NÃO ELABORADOS	CAPACIDADE PARENTAL DE TOLERAR A PRÓPRIA DOR E SE IDENTIFICAR COM O BEBÊ
DESVALORIZAÇÃO DA FIGURA MATERNA	
TENSÃO NOS RELACIONAMENTOS FAMILIARES	RECURSOS DE CONTINÊNCIA NA FAMÍLIA - CAMPO DE CONTINÊNCIA
Tendência do bebê à auto-suficiência	*Aceitação de dependência pelo bebê*
Evitação e defesa contra entradas externas	
Inibição das atitudes exploratórias	
Alimento como resposta imediata a qualquer desconforto	Pais disponíveis para explorar os sinais do bebê
Modalidades de relacionamento anti – continente (evacuação de ansiedade e ação). Reversão da relação de continência: Bebê como receptáculo	Modalidades de relacionamento continente (receptividade e metabolização de conteúdos emocionais)
Falta de outros relacionamentos continentes para a criança	Suporte de relacionamentos continentes alternativos
Dificuldade em se ver o bebê real devido à atribuição ao bebê de sentimentos e estados mentais dos pais: projeções intensas de iminência de morte, culpa e hostilidade, difíceis de serem metabolizadas	Permeabilidade das projeções ao impacto da realidade, da experiência com o bebê de fato *Capacidade da criança de sustentação de sua identidade*
Estímulo parental à auto-suficiência do bebê	Aceitação da dependência infantil

Sobremesa:
Apreciações finais - digerindo a experiência emocional

Como diria Winnicott a respeito da consulta terapêutica, o piquenique é do paciente, assim para finalizar, deixemos que novamente pais e bebês falem por nós:

Quando Silvia está com um ano e dois meses, comparecem à consulta com a criança Lisa e sua mãe (avó materna). Lisa comenta, desapontada, que Silvia ainda não comeu nada hoje. São dez horas da manhã e Lisa lhe trouxe algo para comer, mas se mostra descrente de que Silva se interesse. De forma bastante desanimada, Lisa pega um biscoito da sacola e o oferece à Silvia, que segura o biscoito com bastante firmeza e vai comendo devagar, em pequenas mordidas, em seu ritmo, sentando perto dos brinquedos, brincando um pouco, dando outra mordida. Comento sobre seu estilo de alimentação e tento explorar quanto espaço existe para aquele estilo no relacionamento deles. Lisa diz que às vezes ela deixa que Silvia manifeste interesse pelo tipo de comida ou por como ela gostaria de se alimentar, mas normalmente Lisa fica muito incomodada e aflita quando Silvia deixa a comida de lado, mesmo que seja só por pouco tempo. Comento que Lisa parece considerar essa atitude como uma absoluta rejeição, mais do que como o ritmo de Silvia ou seu estilo de alimentação. Lisa concorda. Com o passar do tempo de sessão, tanto Lisa quanto a avó parecem muito surpresas e genuinamente contentes quando Silvia termina o biscoito, não tendo acreditado que ela o comeria inteiro.

Mirian é encaminhada aos cinco meses por dificuldade em ganhar peso e recusa alimentar, principalmente, referente a sólidos. É uma criança de saúde delicada, apresentando propensão a resfriados e sendo diagnosticada asmática aos sete meses. Laura, sua mãe, a descreve como um bebê assustado, tenso, "nervosinha". Laura perdeu sua própria mãe aos 9 meses de idade, é mãe solteira, e vive momentos de intensa ansiedade desde a gravidez, ambivalentemente desejada. Sentiu-se muito deprimida após o nascimento de Mirian e interpreta as recusas alimentares do bebê como uma punição e acusação a seus sentimentos de rejeição pela bebê e por não ter, ela própria, se alimentado bem durante a gestação. Em nosso sexto encontro, Mirian está com dez meses. Laura se senta com Mirian em seu colo. Logo a coloca sentada no chão, no meio da sala, de frente para a caixa de brinquedos. Mirian permanece do jeito que foi colocada, de costas para a mãe, relacionando-se timidamente com os brinquedos, parecendo amedrontada em tocá-los ou explorá-los mais ativamente. Durante grande parte do tempo, segura firmemente um bloco de madeira, movendo sua mão enquanto permanece próxima da caixa. Mirian mantém contato visual comigo, parece às vezes tranqüila, mas se move bem pouco, raramente explorando o ambiente ou os brinquedos disponíveis. A passividade de Mirian, sua pouca solicitação em direção à mãe, e seu entretenimento com o mesmo objeto surpreendem. Comento que Mirian parece brincar do mesmo jeito que a mãe descreve sua alimentação: come pouco, seleção restrita, não mostra "fome". Começamos a conversar sobre o brincar de Mirian e sobre o envolvimento da mãe nesses momentos. Laura comenta que Mirian gosta de brincar quietinha em seu próprio canto, e eu pergunto se, mesmo quando Mirian parece satisfeita, o que será que acha quando a mãe se aproxima e tenta brincar com ela? Laura se aproxima de Mirian, redirecionando seu rosto para o bebê e mudando sua própria posição na poltrona, como se estivesse experimentando e se permitindo uma nova perspectiva em seu olhar para a bebê. Mirian então se engaja num contato olho a olho contínuo com a mãe, enquanto brinca de entregar para a mãe e pegar de volta o bloco de madeira ao qual ela havia antes se "agarrado" de maneira tão forte e contínua. Pela primeira vez na sessão, Mirian solicita contato ativamente, e daquele momento em diante, não pára de olhar para a mãe, movendo-se em direção a ela, oferecendo-lhe outros brinquedos, movimentando braços e face de maneira mais viva e expressiva. Vemos que, dada a oportunidade, Mirian mobiliza recursos para responder muito mais ativamente e demonstra interesse por contato, pelos brinquedos, e possivelmente (por que não?) por alimentos. Converso então com Laura sobre a significativa diferença observada em Mirian desde que ela começou a se dirigir para a criança e brincar com ela.

Acompanhamos, através destes *flashes*, como é fácil que oscilações no apetite infantil e necessidades de adaptação a novas realidades (do seio para a mamadeira e para a comida sólida) evoquem muitas ansiedades parentais, criando um círculo vicioso, no qual essa ansiedade interfere na experiência de alimentação, que é então mais consistentemente recusada pelo bebê, o que intensifica ainda mais o desespero dos pais. O que seria transitório pode tender a se cristalizar. O papel da rede de profissionais que intervém neste momento é facilitar que este ciclo de anticrescimento possa se redirecionar para um caminho que permita um desenvolvimento do bebê e da relação pais-bebê como um espaço de crescimento psíquico. Nosso olhar relacional pode, como demonstrado nestas vinhetas, oferecer novas perspectivas para o olhar dos pais, que por sua vez fortalecem novas possibilidades de experimentações e aproximações para os bebês, antes por eles recusadas. Isto pode ocorrer na medida em que, num contexto de intervenção clínica e atenção aos detalhes relacionais, através do atendimento conjunto a pais e bebês nesta etapa precoce do desenvolvimento:

- Valoriza-se a potencialidade dos pais para sintonia com as necessidades e sinais do bebê e, portanto o fortalecimento da comunicação pais-criança e da função parental.
- Oferece-se continência às angústias dos pais na relação com o bebê. O profissional se oferece como "mente"

receptiva a projeções nem sempre facilmente verbalizáveis, contendo-as mentalmente até que elas possam ser "pensamentos pensáveis" pelos pais.

- Promove-se a integração entre a linguagem pré-verbal do bebê, suas manifestações somáticas e expressões via conduta e o relato dos pais.

- Projeções parentais têm a oportunidade de se tornarem claras e passíveis de confronto com a realidade pelo contato com as evidências experienciadas no observável com o bebê ali presente, facilitando-se assim, novas perspectivas na maneira de se ver o bebê. Estimula-se a discriminação entre as vivências dos pais e a experiência do bebê.

- Oferece-se um espaço para a manifestação dos aspectos infantis, tanto no vínculo e oferecimento de voz e subjetivação ao bebê, quanto no contato com os aspectos primitivos da mente no contato com os pais.

- Investigam-se, desvelam-se e acolhem-se possíveis aspectos intergeracionais e transgeracionais que possam estar interferindo no contato com o bebê real frente a eventuais projeções excessivas e narcísicas dos próprios pais.

- Estimulam-se, como já mencionado anteriormente, recursos internos em cada família para funcionar como um "campo de continência", ou seja, uma rede de relações receptivas ao sofrimento psíquico, que facilita a elaboração e tolerância a conteúdos emocionais. Tal processo poderia, então, supostamente, caracterizar-se como base para outras experiências de continência interna e "digestão" / metabolização de conteúdos a serem internalizados.

Ao longo do contato com bebês como Samuel, Silvia, José e Mirian, foi se delineando um cenário em que as relações alimentares entre os bebês e seus pais, mais do que de uma simples maneira metafórica, pareciam estar refletindo modalidades de continência, "digestão" e processamento de conteúdos emocionais, experienciados no contexto do relacionamento pais-criança. Os resultados do estudo apontam para a confirmação de que problemas não orgânicos de alimentação, como os apresentados pelos bebês atendidos, poderiam corresponder a dificuldades no processamento da experiência emocional, conforme expresso pelos pais e pela relação pais-bebê. Demonstra-se assim uma correspondência entre a capacidade de continência mental, digestão e elaboração psíquica de conteúdos emocionais e a possibilidade de digestão de experiências alimentares pelo bebê.

As experiências alimentares, como primeira janela clínica (Stern, 1997) para se compreender e, se necessário, intervir no desenvolvimento inicial das relações, constituiriam, desta forma, ao mesmo tempo, matrizes e campo para expressão de modalidades de trocas relacionais vivenciadas pelo bebê e seus pais. Tais modalidades dinâmicas de troca configuram-se, assim, como base importante para o contínuo desenvolvimento das interações pais-crianças.

Pretendo prosseguir no aprofundamento do estudo destes indicadores, incluindo possível validação dos sinais sugeridos, em uma amostra mais ampla e possível formulação de instrumentos para sensibilização de profissionais de Saúde para a percepção e acompanhamento destes sinais. Espera-se que tais desdobramentos facilitem o reconhecimento da necessidade de intervenção precoce em problemas alimentares infantis no contexto das relações iniciais pais-bebê, nos casos em que haja risco de interferência significativa e desestabilizadora para o desenvolvimento infantil. Fatores de resiliência seriam então fortalecidos, promovendo tentativas de equilíbrio junto aos fatores de risco, rompendo circuitos cristalizadores e facilitando a retomada de ciclos de desenvolvimento na relação pais-bebê. Estaria também fortalecida uma rede de cuidados multiprofissionais de suporte aos vínculos pais-bebês. Pretende-se que a continência oferecida pelos profissionais na detecção e acompanhamento de dificuldades alimentares com potencial de risco e cristalização possa multiplicar-se e reverberar na capacidade dos pais para digestão e metabolização de sua experiência emocional, gerando capacidades de oferecimento de alimentos "menos contaminados" ao bebê e favorecendo a constituição de bebês-indivíduos com capacidade de conter e aproveitar os alimentos e nutrientes psíquicos oferecidos.

REFERÊNCIAS

ACQUARONE, S. M. (1986) Early interventions with disturbed mother-infant relationships. Third Congress of the World Association for Infant Psychiatry and Allied Disciplines, *Infant Mental Health Journal*, 1987, Vol. 8 (4), 340 - 351.

BICK, E. (1964). Notes on infant observation in psychoanalytic training. In *Collected Papers of Martha Harris and Esther Bick*, ed. M. H.Williams, Londres: The Rolland Harris EducationTrust, 1987.

BION, W. R. (1962). *Learning from experience*. London: Heinemann.

BRAZELTON, B. e CRAMER, B. *The earliest relationship: parents, infants and the drama of early attachment*. London: Karnac, 1991.

BRIGGS, S. *Psychological insights from infants with eating disorders*. Tavistock Clinic Paper 135, 1993.

FRAIBERG, S.; ADELSON, E.; SHAPIRO, V. Ghosts in the Nursery: A Psychoanalytic Approach to the Problems of Impaired Infant-Mother Relationships em FRAIBERG, S. (Ed.) *Clinical studies in infant mental health: the first year of life*. London: Tavistock, 1980.

LEBOVICI, S., STOLERU, S. *La mère, le nourisson et le psychanalyste, les interactions precoces*. Paris: Le Centurion, 1983.

MÉLEGA, M. P. O observador psicanalítico como modelo continente da função materna, em *Publicações Científicas* (Publ. pelo Centro de

Estudos Psicanalíticos Mãe-Bebê-Família, São Paulo)- Volume 1, 2ª edição, 1990.

MENDES DE ALMEIDA PINHEIRO, M. (1993). *Clinical study of early feeding difficulties: risk and resilience in early mismatches within Parent-Infant Relationship*: Tese de Mestrado em "Psychoanalytic Observational Studies", Tavistock Clinic/ University of East London, Londres, Inglaterra, 1993 – (Tavistock Clinic Paper).

_____. Intervenção clínica em problemas de alimentação infantil a partir da observação psicanalítica da relação pais-bebê, em *Observação da Relação Mãe-Bebê - Método Esther Bick – Tendências*, São Paulo: Unimarco, 1997.

_____. Studio clinico delle difficoltà precoci di alimentazione: fattori di rischio e di recupero nelle inizialli difficoltà di relazione tra genitori e neonato, em Bertolini, R., Caccia, O. Cerbo, R. Houzel, D., Maiello, S., Morra, M., Pinheiro, M., Quagliata (ed.), E., Rhode M., Stein, A., *Un bisogno vitale: L'ímportanza del rapporto alimentare nello sviluppo del bambino*. Roma: Casa Editrice Astrolábio, 2002.

_____. "Feeding difficulties in infancy: Faruk and Shereen", em *Exploring feeding difficulties in children*, ed. Gianna Williams et al., London:Karnac, 2004.

MENDES DE ALMEIDA, M., MARCONATO, M. SILVA, M. C. P. Redes de Sentido: evidência viva na intervenção precoce com pais e crianças. *Rev. Bras. Psicanál.*, 38 (3): 637-648, 2004.

STERN, D. "Missteps in the dance" em Stern, D. *The first relationship: infant and mother*, Massachussets: Harvard University Press, 1977.

_____*A constelação da maternidade: o panorama da psicoterapia pais-bebê*. Porto Alegre: Artes Médicas, 1997.

WILLIAMS, G. "Reversal of the container/contained relationship", Acts of the American Academy of Child Psychiatry, 1992.

_____. *Internal landscapes and foreign bodies – Eating disorders and other pathologies*. London: Duckworth, 1997.

REID, S. (Ed) *Developments in infant observation - the tavistock model,* London: Routledge, 1997.

WINNICOTT, D. W. (1965) O valor da consulta terapêutica em Winnicott, C., Shepherd. R. & Davies, M., *Explorações Psicanalíticas: D.W. Winnicott.* Porto Alegre: Artes Médicas, 1994, pp. 244 – 248.

_____. (1971) *Consultas terapêuticas em psiquiatria infantil,* Rio de Janeiro: Imago, 1984.